KB116172

심리치료와 철학상담

노성숙 저

Psychotherapy
and
Philosophical
Counseling

프롤로그

"나를 죽이지 못하는 것은 나를 더 강하게 만든다(Was mich
nicht umbringt, macht mich stärker)."

프랭클은 니체의 이 구절을 가슴에 품고, 죽음의 수용소에서 얼
토당토않았던 고통을 버텨냈다. 삶에서 만나는 고통과 실패의 경
험을 나는 어떻게 마주하고, 무엇을 통해 버텨낼까? 뜻밖의 기쁨과
성공은 나를 밝고 환한 빛의 세계로 인도하지만, 뜻밖의 고통과 실
패는 전혀 예상치 못한 어둠의 세계로 떨어뜨리고 만다. 물론 전혀
예측하지 못한 사고를 당했을 때는 얼른 도움의 손길을 받고자 손
을 뻗기도 한다. 그러나 만성적인 고통을 앓고 있을 때나 혹은 변화
의 기미가 전혀 보이지 않는 사건들을 만났을 때 우리는 각자 그 고
통에 압도당한 채 그저 옴짝달싹 못한다. 그런데 질식하거나 압사
당할 것 같은 고통을 견디어내다 보면, 끝이 보이지 않던 고통에 단
련이 되기도 하고 그 이전의 삶과는 다른 삶으로의 질적인 변화를
경험하게 되기도 한다.

물론 인간의 고통을 전담하는 전문가들이 없는 것은 아니다. 오
늘날 인간의 신체적 고통에 대해서는 의사의 도움을 받고, 정신적

고통에 대해서는 정신과 의사나 심리치료사들의 전문적 도움을 받을 수 있다. 그런데 이러한 전문가들도 치료하는 데에 실패를 경험한다는 사실도 눈여겨볼 필요가 있다. 치료 효과와 성공사례를 상업적으로 광고하며 현대적 삶의 질주를 돕는 치료자들과는 달리 자신의 실패로부터 기존의 치료 방향을 달리 설정하고 새로운 치료를 시도했던 진지한 의사들과 심리치료사들도 있다.

이 책에서 내가 특히 주목한 의사이자 심리치료사인 빈스방거도 자신이 실패했던 치료를 곱씹어서 새로운 치료에 도전했다. 그가 치료에 실패한 사례이자 '현존재분석'의 대표적인 사례가 바로 '엘렌 베스트'의 사례이다. 이 책의 본문에서 상세히 다루었듯이, 비록 나는 그의 현존재분석에 전적으로 동의하지는 않지만, 그가 정리해서 남겨 놓은 엘렌 베스트 사례와 새롭게 열어 준 심리치료의 길은 많은 사람에게 지속적인 반향을 일으키고 있다. 심리치료자로서 메이와 로저스는 1958년 새롭게 결성된 AAP(American Academy of Psychotherapist)에 의한 학술대회에서 엘렌 베스트 사례에 대한 심포지엄을 열었고, 2002년 튀빙겐에서 개최된 '빈스방거의 정신의학 전반'에 대한 국제학술대회에서도 이 사례가 다루어졌다. 이 외에도 환자이자 내담자였던 엘렌 베스트의 고통에 대한 관심들도 이어졌는데, 미국의 시인 비다트는 1990년 '엘렌 베스트'라는 제목의 시를 발표했고, 이 시에 근거하여 작곡가 고든은 오페라를 만들어 2019년 뉴욕에서 상연한 바 있다. 그렇다면 당시 치료에서 실패한 엘렌 베스트 사례가 왜 이토록 깊숙한 공명을 낳고 있을까?

인간의 고통을 성공적으로 이겨낸다는 것은 단순히 환부를 도려내는 데에만 있는 것은 아니다. 오히려 그 빙산의 일각으로 표출된 고통은 삶 전체를 뒤흔드는 파고가 되어 삶과 죽음의 경계를 오가며 요동치기 때문이다. 햄릿이 '사느냐 죽느냐'의 귀로에서 겪었던 그 고통은 살자니 버티기가 너무 힘들고, 그렇다고 죽지도 못하면서 삶과 죽음의 경계에서 떨고 있는 구체적인 한 존재 전체의 내적 투쟁을 담고 있다. 그러한 고통의 극한 속에서 어떤 전문가도 친구도 만나지 못했던 프랭클은 철학자 니체의 한 구절을 수없이 되뇌이며 그를 '죽이지 못한' 고통을 견디고 버텨내면서 강해졌고 결국 살아남았다. 고통 속에서 체험한 철학의 위로를 바탕으로 프랭클은 심리치료에 철학적 차원을 도입했고, 이로써 그의 로고테라피는 현대인들이 겪는 고통에 대한 철학적 층위를 분명히 밝혀 주었다.

최근 철학상담이 대두되면서 철학이 과연 어떤 치료적 도움이 될 수 있으며, 심리치료와 어떤 점에서 다를 수 있는지에 대해 많은 논쟁이 있었다. 나는 이 논쟁이 단지 추론적인 이론의 차원에서 진행될 수 없다고 생각한다. 따라서 나는 치료자들이 치료현장에서 만난 철학적 차원이 구체적으로 무엇인지가 궁금했고, 이에 대해 철학이 어떻게 응대할 수 있을지를 고민했다. 이 과정에서 이미 의사나 심리치료사들이 자신들의 치료가 지닌 한계와 실패의 경험으로부터 자기 비판적인 성찰을 거듭해 왔다는 사실을 만날 수 있었다. 또한 이들이 인간의 고통을 단지 부분적으로만이 아니라 총체적으로 이해하려고 시도했으며, 그 가운데 철학적 인간 이해의 중요성을 재차 확인하고 있었다는 사실을 발견할 수 있었다. 이 외에도 역사적으로 많지는 않았지만, 하이데거나 가다머와 같은 철학자가 실제 의사나 심리치료사들을 만나 지속적으로 대화했다는 사실은 의료 및 심리치료와 철학, 철학상담의 접점과 갈래를 매우 구체적으로 숙고하는 데에 많은 시사점을 제공했다.

그런데 오늘날에는 이처럼 의사 및 심리치료사의 자기성찰, 그리고 실제 의사 및 심리치료사와 철학자의 만남은 아주 예외적인 것이라고 치부할 정도로 의료, 심리치료, 철학상담은 각자도생(各自圖生)의 길을 걷기에 바쁘다. 더욱이 인간의 고통을 전문 영역으로 나누어 상품화해야 하는 자본주의적 삶의 방식은 각 치료의 전문가들로 하여금 경계설정을 명확히 함으로써 전문성을 바탕으로 우위와 차별성을 강조하도록 압박하고 있다.

그러나 인간의 고통은 단순히 한 전문 영역으로 환원되어 다루어질 수 있는 대상이 아니다. 인간은 부분의 합이 아닌 유기적이고 전인적인 존재이기 때문이다. 물론 각 전문영역이 지니는 고유성과 독특성이 고통을 덜어내는 데에 도움을 줄 수 있으며, 이를 위해 각각의 치료적 접근들은 '협력과 경쟁'을 하지 않을 수 없다. 따라서 이 책의 초점은 주로 인간의 고통을 대하는 대화치료의 현장에 새롭게 등장한 철학상담이 기존의 정신과 치료 및 심리치료와 어떻게 협력하고 경쟁할 것인지를 분명히 하는 데에 있다. 제1부에서는 지나온 심리치료의 역사적 전개 과정을 뒤돌아보면서 심리치료에 필요한 철학이 무엇이었고, 철학이 어떤 유용성과 중요성을 지녀왔는지를 살펴보았으며, 제2부에서는 여성주의 상담, 현존재분석, 인간중심치료, 외상치료에서 각각 사례를 다루는 의료적, 심리치료적 방식과 철학상담적 방식의 교차지점과 차별화 지점이 무엇인지를 밝혀내고자 시도했다.

이 책을 집필하면서 나는 인간의 고통을 치유하기 위한 다양한 대화방식에 대해 꾸준히 관심을 가졌다. 즉, 각 개인끼리의 대화, 의료적 차원에서의 의사와 환자 또는 상담자와 내담자의 대화, 고통에 대한 치료를 담당하는 의사와 철학자의 대화, 약물치료를 넘어서서 대화치료를 담당하기 시작한 심리치료사와 철학자의 대화,

심리상담자와 철학상담자의 대화 등은 어떻게 진행되었으며, 어떻게 진행되어야 할까를 고민했다. 이 모든 대화를 숙고하면서 그 근간에 어떤 대화방식이 놓여 있어야 할지를 자문해 보았다. 특히 인간의 고통을 마주하는 대화를 해나갈 때 각 전문 영역을 넘어서서 지침으로 삼을 수 있는 대화방식은 없을까?

나는 치료적 대화만이 아니라 개인적 혹은 집단적인 대화의 근간으로 삼을 수 있는 것이 '소크라테스 대화'라고 생각한다. 이미 벡이나 엘리스, 프랭클은 이 대화를 치료기법으로 삼기도 했지만, 소크라테스 대화가 지향하는 바는 '영혼의 돌봄'이었다는 점을 되새기고 싶다. 나를 나로 만드는, 나이게끔 하는 '프시케'에 대한 '관심'과 지속적인 '돌봄'이야말로 소크라테스 대화가 추구한 바가 아니었을까? 프로이트의 정신분석도 바로 그 '프시케'에 대한 관심에서 생겨난 치료적 접근이었다고 할 수 있다. 아쉽게도 이번 책에서 정신분석과 철학상담의 연관성에 대해서는 본격적인 논의를 펼치지 못했다. 너무나도 엄청난 주제여서 별도의 지면에서 집중적으로 탐구하고자 한다.

이 책을 읽는 순서에 대해 제안하자면, 제2장에서 시작하거나 제2부에서 독자가 관심 있는 심리치료와 철학상담의 연관성을 먼저 읽으면서 앞뒤의 순서로 흥미를 넓혀가도 좋을 것이다. 처음부터 제1장의 방대한 역사적 시도를 독파하는 것이 어려울 수도 있다고 생각하기 때문이다. 그러나 전체적인 지형도를 알고 나서, 심리치료사와 철학자의 만남, 각 심리치료와 철학상담의 연관성을 알고 싶다면 처음부터 순서대로 읽어 나가기를 권한다.

거의 완성된 원고를 가지고 있으면서도 몇 해 동안 계속해서 보완하느라 출간이 늦어지면서 감사할 사람들이 더 많아졌다. 미국에서 잠시 한국에 들렀다가 코로나19로 인해 체류가 길어져 힘든 시간을 보내면서도 내가 책 쓰는 데에 전념할 수 있도록 아주 맛나고 멋진 요리를 선사한 셰프 육선경에게 꼭 고마움을 전하고 싶다. 길어지는 책 집필기간에도 출간 의사를 계속 드러내 보였을 때 늘 흔쾌히 응답해 주시고 멋진 책이 될 수 있도록 지원을 아끼지 않으신 학지사 김진환 사장님께 깊은 감사를 드린다. 이번 교정작업을 도맡아 주신 편집부 백소현 차장님의 섬세한 눈길과 기민한 손길은 마치 홀로 연주하는 단선적인 멜로디가 좀 더 청명하게 울려 퍼질 수 있도록 잡음을 제거해 주는 듯한 색다른 동행의 경험을 선사해 주었다. 그 부지런한 노고에 따뜻한 고마움을 전한다. 한국에서 새롭게 '철학상담'을 배우고 실천해 나가는 데에 앞장서고 있는 한국상담대학원대학교 '철학상담' 전공 제자들과 '철학상담'의 장을 열어나가는 데에 가장 가까이서 응원과 격려를 아끼지 않으신 이혜성 총장님께도 깊은 감사를 전한다. 아울러 '심리치료'와 '철학상담'의 관계를 고민하면서 '철학상담'의 이론적, 실천적 도전들로 때로는 갈 길을 잃고 주저앉아 있을 때마다 무한한 신뢰와 우정으로 화답해 주었고, 첫 독자로서 책을 읽고 추천의 글을 정성껏 써 준 친구 유성경 교수에게 한껏 고마움을 전한다. 잘 보이지 않고 잘 들리지 않아도 늘 마음으로 가장 먼저 알아듣고 고해(苦海)에서 삶의 지혜를 건져 올리며 멋진 노년의 삶을 풍요롭게 꾸려가고 계신 대전의 부모님께, 그리고 외로운 첼로 선율과 같은 삶의 멜로디를 든든한 화음으로 함께 연주해 주는 남편 박승찬 교수에게 특별한 감사를 전한다.

이 책의 소망대로 '심리치료'와 '철학상담'이 협력과 경쟁을 통한 상생의 관계로 이어지기를 진심으로 바라고, 나아가 양자 모두가 고통을 마주한 많은 사람의 영혼을 돌보는 대화이자 따뜻한 눈길의 동행으로 자리 잡기를 바란다. 물론 '영혼의 돌봄'을 향한 소크라테스의 형형한 눈빛을 떠올리며 그가 대화하는 가운데 늘 '무지(無知)의 지(知)'를 고백했다는 사실도 잊지 않고 가슴에 새기고자 한다.

2021년 신축년 설날
노성숙

추천의 글

유성경(이화여자대학교 심리학과 교수)

30여 년간 상담 실무와 연구에 몰두해 온 상담심리학자로 내가 깨달은 것은 과학과 실무 영역에서 수렴되는 핵심은 서로 맞닿아 있다는 것이다. 다양한 문제로 상담실 문을 두드리는 내담자들은 그 문제가 무엇이든 간에 공통적으로 '고통스럽다'는 내적 경험을 치열하게 하고 있다는 점, 이들이 고통에도 불구하고 변화와 성장을 이루어 내는 것은 고통을 제거해서가 아니라 자기가 고통과 맺고 있는 관계를 새롭게 이해했기 때문이라는 점, 그리고 고통과 새로운 방식으로 관계 맺을 수 있는 것은 상담자와 내담자의 상호주관적 관계 경험이 선행될 때 가능하다는 점들이다. 반세기 이상 진행되어 온 상담 과정-성과 연구들도 상담심리학이 직면해야 할 핵심적 과제에 동일한 제언을 하고 있다. 진단할 수 있는 문제보다는 고통스러워하는 인간, 상담기법보다는 상담관계, 심리적 문제의 원인 규명보다는 자기와 고통스러운 경험에 대한 이해를 하는 것이 다양한 치료를 관통하는 치료적 공통 요인이라는 것이다.

노성숙 교수의 『심리치료와 철학상담』은 심리치료의 실무와 연구에서 공통적으로 직면하게 된 핵심 과제를 어떻게 풀어나갈 것인가에 대해 근본적이고 새로운 가능성을 열어 준다. 상담심리학의 핵심 과제를 상담심리학이 아닌 다른 학문적 관점에서 바라보는 것의 유익한 점은 문제 자체에 대한 본질적 성찰을 가능하게 하고, 학문적 경계를 확장시킬 수 있는 계기를 마련해 준다는 것이다. 이 책은 먼저, 정신의학이 의학적 질병 모델에 갇히지 않고 인간의 고통을 치유하기 위해 철학 및 철학상담과 어떻게 대화를 시작했는지를 구체적 교류의 실례로 보여 줌으로써 심리치료와 철학 및 철학상담 영역과의 학제간 협력 가능성을 열어 주었다. 또한 각기 강조점을 달리하는 다양한 심리치료 이론, 예컨대 핵심 신념과 사고 과정을 강조하는 인지치료, 정서적 타당화와 치료관계를 강조하는 인간중심이론, 실존적 주체성 및 삶의 의미를 강조하는 실존치료이론, 그리고 개인보다는 체계를 강조하는 여성주의 상담이론들에 내재되어 있는 철학적 인간 이해와 사유를 심리치료 바깥에서의 관점으로 조목조목 드러냄으로써 심리치료와 철학상담의 교차지점을 짚어 주었다. 이와 함께 심리치료에서 만나게 되는 구체적 문제를 중심으로 심리치료적 접근과는 차별화된 철학상담적 접근을 보여 줌으로써 심리치료와 철학상담이 어떻게 구체적으로 협력하고 경쟁할 수 있는지 그에 대한 실험적 탐색을 선도적으로 시도하였다.

이러한 시도는 과학적 패러다임 안에서는 제한적으로밖에 탐색할 수 없었던 주제와 방식에 근본적 한계를 느끼고 있던 상담심리학자에게는 새로운 탐색 가능성을 열어 준 고맙고 도전적인 초청으로 받아들여진다. 예를 들면, 심리치료자들은 고통에 압도된 내담자들을 만나지만 과학적 심리학에서 고통(pathos)은 정신병리학

(pathology)으로 변형되어 정신질환 분류체계(DSM-5)를 중심으로 진단중심의 교육/훈련을 받고 있다. 병리적 문제로만 감안될 수 없는 인간의 고통에 대해 보다 심층적 층위로 접근하는 철학적 개념과 사유방식은 상담실에서 만났던 구체적인 내담자들의 고통에 대해 진단적 관점과는 다른 각도의 성찰적인 이해와 염려를 해 보게 하였다.

심리치료와 철학상담은 고통당하는 인간의 치유라는 목적을 공유하고 있으나 학문적 전제 및 언어 자체가 다르기 때문에 소통의 실제적인 어려움이 많다. 그런데 이러한 실제적 어려움보다 더 근본적인 문제는 학제간 경쟁과 차별화를 강조하여 학문적 우위를 점하려는 학제간의 견제와 배타적인 태도이다. 이러한 맥락에서 상담심리학자들에게 협력과 경쟁의 손길을 내민 노성숙 교수의 이 책은 견제와 배타를 감수하겠다는 용기 있는 시도라 할 수 있다. 타학문의 생경한 이론적 계보와 개념, 그리고 구체적 사례들을 집중적으로 검토해 준 노성숙 교수의 지난한 노력과 정성은 가히 놀라운 학문적 시도이다. 건강한 협력과 경쟁을 위한 소통은 상호적인 것이므로 철학상담자로서 노성숙 교수가 시도한 협력과 경쟁의 제안에 대해 이제 상담심리학자들이 반응할 차례가 되었다.

우리 상담심리학자들은 학제간 협력과 소통을 위해 어떠한 준비가 되어 있는가? 심리치료의 태동은 의학과의 차별성, 종교와의 차별성을 강조하고 과학으로서의 정체성을 내세우며 시작되었다. 이렇듯 타 영역과의 차별성을 강조하여 독자적 · 학문적 정체성을 구축해 온 상담심리학은 학제간 대화에 개방적 태도를 취하는 것이 정체성 자체가 흔들릴 수 있다는 위험을 감수해야 하는 어려움이 있다. 그러나 학문적 우위와 차별성을 지키기 위해 고통 가운데에 있는 내담자를 이해할 수 있는 노력과 기회를 제한한다는 것은 상담심리학의 전문성에 반하는 비윤리적인 태도라고 할 수 있다. 이에 오랜 임상 경험과 경험적 연구에 기반한 연구 결과들이 공히 주목하고 있는 심리치료의 핵심 요소에 대해 철학상담적 접근과의 협력 가능성, 또한 경쟁하기 위한 명실공한 정체성 다지기의 노력이 상담심리학 내부에서 보다 활발하게 이루어질 필요가 있다. 노성숙 교수는 이 책의 서론에서 심리치료가 철학상담과 가장 가까운 이웃일 수 있는 접근이라며 대화의 운을 띄웠다. 이러한 따뜻한 개방성이 심리치료와 철학상담의 학제간 협력적 노력과 건강한 경쟁을 시작할 수 있는 소중한 단초가 되기를 진심으로 기대하며 추천의 글을 마감하고자 한다.

차례

// 프롤로그 _ 3

// 추천의 글 _ 11

 서론: 현대인의 삶에서 심리치료와 철학상담 ⋯ 19

•제1부•
심리치료와 철학의 만남과 대화

 제1장 심리치료의 역사적 전개과정에서 철학의 필요성과
중요성 ⋯ 35

1. 오늘날 심리치료에서 만나는 철학 _ 35

2. 의료적 국면에서 만나는 학제간의 대화와 철학의 필요성 _ 40

3. 의료와 심리치료의 역사에서 인간학적 전회와 철학적 인간이해의 필요성 _ 51

4. 인지적 심리치료 전개과정에서 철학의 유용성 대두 _ 61

5. 인간중심치료와 로고테라피에서 철학적 인간이해의 중요성 _ 75

6. 실존적 심리치료의 토대가 된 실존적 인간이해와 철학적 아이디어의 중
요성 _ 91

7. 심리치료와 철학의 연관성에 대한 계보학적인 탐색의 의미와 대화가능성
의 모색 _ 106

제2장 정신의학자 보스와 철학자 하이데거의 만남과
대화 … 113

1. 유럽의사들의 자기비판과 학제간 대화의 필요성 대두 _ 113

2. 정신의학자 보스와 철학자 하이데거의 대화방식과 태도 _ 118

3. '졸리콘 세미나'에서 보스와 하이데거의 대화가 직면한 도전적 과제 _ 125

4. 의학의 학문적 '토대'와 '인간이해'를 위한 현상학적 사유 _ 133

5. 보스와 하이데거 대화의 실천적 함의 _ 146

●제2부●
심리치료와 철학상담의 협력과 경쟁

제3장 여성주의 상담과 철학상담 … 155

1. 철학상담과 여성주의 상담의 첫 만남 _ 155

2. 철학상담의 특성 _ 159

3. 여성주의 상담의 특성 _ 167

4. 철학상담과 여성주의 상담의 공통점 _ 176

5. '철학적' 여성주의 상담과 '여성주의적' 철학상담의 전망 _ 188

제4장 현존재분석과 철학상담 … 193

1. 비극적 삶과 철학상담 _ 193

2. 비극적 삶과 죽음에 대한 이야기: 엘렌 베스트의 사례 _ 197

3. 엘렌 베스트의 '비극적 실존'에 대한 현존재분석 _ 201

4. 엘렌 베스트의 비극적 삶에 대한 철학상담 _ 213

5. 엘렌 베스트의 비극적 실존에 대한 현존재분석을 넘어서서 _ 228

제5장 **인간중심치료와 철학상담** … 231

1. 고통받는 '한' 여성을 위한 내담자중심치료적 접근 _ 231
2. 여성 환자 엘렌 베스트에 대한 남성 치료자들의 병리학적 진단들 _ 234
3. 엘렌 베스트 사례에 대한 로저스의 인간중심치료 _ 243
4. 엘렌 베스트의 유리벽과 주체적 글쓰기 _ 251
5. 여성내담자중심치료를 위한 철학상담 _ 270

제6장 **외상치료와 철학상담** … 275

1. 외상사건의 사회적 맥락과 인간조건에 대한 철학적 사유 _ 275
2. 외상 후 스트레스 장애와 외상 후 성장에서 '기억'의 중요성 _ 280
3. 기억과 변증법적 사유에 대한 철학적 이해 _ 289
4. 외상에 대한 '회상'의 철학상담적 치유가능성 모색 _ 298
5. 외상에 대한 '회상'과 '변증법적 사유'에 기반한 철학상담 _ 311

// 참고문헌 _ 315
// 찾아보기 _ 333

서론:
현대인의 삶에서 심리치료와 철학상담

코로나19 위기로 인해 다시 돌아보는 과학기술문명시대의 질주와 멈춤

오늘날 인류는 코로나19로 인해 전대미문의 위기를 겪고 있다. 보이지도 않는 코로나19 바이러스 균은 보이는 우리의 일상을 엄청나게 변화시키고 있다. 처음에 이 위기는 특정한 지역에서만 발생하는 위기, 즉 단순히 바이러스 치료가 필요한 의료적 차원에서의 위기로 인식되었지만 고강도의 사회적 거리두기와 봉쇄정책이 시행되면서 급속도로 국내외에서의 경제위기로 이어졌다. 또한 전세계가 각국의 경계를 다시 세우고 폐쇄할 뿐 아니라 한 국가 안에서도 지자체별로 그야말로 경계설정에 대한 결단을 내리고 대비해야 하는 정치적 위기로 치닫고 있다.

사회적인 차원에서 집단적인 모임이나 축제, 대규모 종교행사,

시위 및 집회 등이 어려워졌을 뿐 아니라 각 개인들의 영역에서도 가정의 울타리를 넘어서 직장에 출근하거나 학업을 위한 등교뿐만 아니라 외출, 운동 등의 활동까지 통제되는 상황에 놓이면서 우리는 기존에 당연시되었던 일상과는 매우 다른 삶을 살고 있다.

코로나19의 위기는 과연 백신개발을 통해 종식될 수 있을까? 그리하여 우리는 이전에 누렸던 일과 여가시간에서의 교제, 모임 등의 집과 직장 등에서의 일상을 되찾을 수 있을까? 전문가들은 코로나19야말로 근대화 이후 인류가 직면한 가장 끔찍한 재난이자 울리히 벡(Ulrich Beck)이 말했던 "글로벌 위험사회"(Beck, 2010)을 뚜렷하게 가시화시켜 준 최초의 사태라고 간주한다. 이제 우리에게 "과거로 돌아가는 문은 닫혔다. 오늘부터의 세계는 지금 우리가 내리는 선택과 그 결과에 의해 형성될 것이다"(안희경, 2020). 그렇다면 우리는 어떤 선택과 결단을 내릴 것인가?

코로나19가 가져온 글로벌 위기는 우리 모두가 각자의 자리에서 '사회적 멈춤'의 시간을 갖도록 했으며, 그저 달려 나가고 있는 근대 이후의 문명과 발전의 이데올로기에 대해 근본적인 의문을 제기했다. 이 위기로 인해 전 인류는 글로벌 위기공동체로서 전적으로 새로운 길을 찾지 않으면 안 되는 선택의 기로에 서서, 지나온 역사와 작금의 현실을 직시함으로써 '오늘부터의 세계'의 방향을 전적으로 새로이 정립하지 않으면 안 되는 도전을 받고 있다.

우리가 지금 경험하고 있는 '사회적 멈춤'의 시간은 바우만의 말을 빌리자면, 질주를 거듭해 온 '근대 물질문명'의 왕이 죽었지만 아직 새 왕이 즉위하지 않은 불안 속의 '인터레그넘(interregnum)', 즉 궐위의 시간이기도 하다. 역사 속에서 이러한 궐위의 시간은 변혁의 순간이 된 적도 있고, 퇴행의 계기가 된 적도 있다. 따라서 오늘로부터의 세계가 전적으로 새로운 변혁을 꾀하기 위해서는 지금까지 지나온 인류의 문명이 빚어 낸 성과를 통시적으로 바라보면서 지나온 역사와 앞으로의 역사가 어디에서 어디로 가고 있었는지를 좀 더 근본적으로 성찰하지 않으면 안 될 것이다. 이를 위해 무엇보다 시급한 글로벌 위기공동체로서 인류의 과제는 새로운 길을 향해 나아가는 데 필요한 새로운 질서, 즉 '뉴노멀(new normal)'을 찾는 데에 있다.

역사적으로 과학기술문명의 혜택을 가장 많이 누리고 있는 현(現) 시대는 흔히 제4차 산업혁명의 도래를 인수하며 질주를 계속하고 있었다. 인터넷을 통한 정보화와 자동화된 생산시스템으로 대표되었던 제3차 산업혁명의 시대를 가로질러 인공지능(AI), 사물인터넷(IoT), 빅데이터, 모바일 등의 지능정보기술이 우리의 일상을 바꾸는 신제품을 쏟아내고 있다. 그리하여 우리는 로봇공학, 생명공학, 나노기술 등의 기술을 활용하여 실제적 삶과 가상적 삶을 넘나들며, 사물을 지능적으로 제어할 수 있는 자동화된 물리적 시스템을 혁신적으로 갖추어 나가고 있다. 이러한 제4차 산업혁명은 '초연결(hyperconnectivity)과 초지능(superintelligence)'을 특징으로 하기 때문에 이전의 산업혁명에 비해 그 영향력은 '더 넓은 범위(scope)에 더 빠른 속도(velocity)'로 크게 자리 잡고 있다.[1]

인터넷 강국으로 불리는 한국 사회도 이러한 전 세계적인 정보통신기술(ICT)의 융합으로 이뤄지는 차세대 산업혁명의 경쟁에서 앞서 나가기 위해 많은 노력을 기울이고 있다. 전 지구촌이 시공간

---

1) 네이버 지식백과, IT용어사전. "제4차 산업혁명". https://terms.naver.com/entry.nhn?docId=3548884&cid=42346&categoryId=42346에서 2020년 12월 2일 인출.

의 제약이 없이 더 잘 연결될 수 있는 연결망을 갖추고 있으며, 더 빠른 속도로 더 많은 정보들을 소통할 수 있는 작금의 시대이지만, 코로나19로 인해 위기를 겪으면서 우리는 다시금 묻지 않을 수 없다. 과연 우리의 삶은 이전보다 더 풍요로워졌고 우리는 행복을 누리고 있는가? 유래 없는 과학기술에 의한 문명의 발전이 가져다준 성과가 우리 삶에 과연 어떤 변화를 가져왔는가?

오늘날 과학기술은 현대인의 일상을 좀 더 편리하고도 편안하게 만들어 준 것이 사실이지만, 경제성장의 압력과 맞물려 현대인들은 계속 성과 위주의 가속도에 압도당하는 삶을 살고 있었다. 에미 반 두르젠(Emmy Van Deurzen)에 따르면, "기술 사회의 성과가 클수록 우리는 '더 빠르게' '더 많이' 요구하는 지구촌의 삶에 맞추어 가느라 더 열심히 달려야 한다. …… 삶은 점점 더 바빠지고 스트레스가 많아진다. 우리는 점점 더 일과 걱정에 압도당한다"(Van Deurzen, 2017, p. 13). 거시적인 삶의 맥락에서 열차나 항공 등의 사회적 교통수단이 더욱 발전되어 전 세계는 더욱 빠르게 소통할 수 있게 되었으며, 미시적인 일상의 맥락에서도 인공지능, 사물인터넷, 모바일의 연결을 통해 가정생활의 편리함을 안겨 주는 혁신적인 가전제품들이 쏟아져 나오고 있다. 이처럼 과거에 비하면 인간을 대신해서 일할 수 있는 AI와 연계된 제품들이 많아져서 훨씬 시간이 많아지고 여유로운 삶의 여가를 누릴 수 있게 되었는데도, 코로나19라는 위기를 맞이하기 직전까지 현대인의 삶은 왜 여전히 바쁘고, 여유가 없으며, 스스로 메말랐다고 느끼는 사람이 많았을까?

최근 들어 '소확행' '힐링'으로 대표되는 행복과 웰빙에 대한 요구들이 급속도로 늘어나고 있었던 것을 보면, 이는 오히려 우리의 삶이 여전히 불행하고, 스트레스가 많았으며, 때로 뭔가 각자

'잘 살고 있지 못하다'는 자각이 만연해 있었음을 반증해 보여 준다. 2019년 5월 28일 세계보건기구(WHO)는 현대 직장인들이 겪는 과중한 '일'로 인한 '번아웃'을 '성공적으로 관리되지 않은 만성적인 직장 스트레스 증후군(syndrome conceptualized as resulting from chronic workplace stress that has not been successfully managed)'으로 정의했다. 또한 이와 더불어 현대인들의 대표적인 '여가' 생활에서 드러나는 '게임중독', 즉 게임사용장애(gaming disorder)를 국제질병분류 11차 개정안(ICD-11)에 따른 질병으로 분류하고, 이를 병리적 진단과 처방을 통해 치료되어야 할 목록으로 간주했다. 이러한 WHO의 새로운 증후군과 질병분류를 참고해 볼 때, 성공을 향해 질주하는 직장인들은 '일과 삶(work and balance)'의 균형을 찾지 못해 스트레스에 허덕이고 있으며, 막상 일할 때의 집약적인 속도감에서의 시간쫓김과 여가 시간에조차 여유롭지 않은 삶을 살고 있음을 알 수 있다.

직장인들만이 아니라 학생, 주부 등도 자신들의 역할이나 기능을 무리없이 수행하면서 살아가고 있으면서도 각자의 삶의 목적과 이유를 알 수 없어서 발생하는 막연한 권태와 무의미에 휩싸여 힘들어하기도 한다. 프랭클은 이처럼 현대인들이 겪는 무의미병을 "실존적 공허(existential vacuum)"(Frankl, 1988, p. 83)라고 칭한 바 있으며, 특히 젊은이들이 겪는 '의미를 향한 들리지 않는 울부짖음'에 주목할 것을 요청했다. 그런데 이처럼 만성적인 '번아웃'이나 '삶의 무의미'라는 심리적 어려움을 겪고 있을 때 우리는 어떤 도움을 청하는가?

현대인들은 스트레스로 인한 각종 장애와 압박감으로 인해 불면증이나 우울증이 심해져서야 전문가를 찾아 나선다. 즉, 단순히 심리적인 증상을 넘어서서 신체적인 증상이 두드러져서 일상적 삶의 운행이 힘들어지고 나서야 심리치료나 정신과에 문을 두드린다. 그런데 과연 현대인들이 겪는 심리적 어려움들이 현대 과학기술문명과 함께 더욱 만연해졌고 그 문명이 전개되는 과정의 이면에 놓인 '일과 삶'의 부조화 및 각종 업무 스트레스, 그리고 총체적인 삶의 무의미와 연관되어 있다는 점에 주목할 경우, 정신의학적 치료나 심리치료는 과연 그 개인을 얼마만큼 치료할 수 있으며, 그 개인의 변화는 과연 현대인들의 삶의 방식 안에서 얼마만큼 가능한 것일까?

오늘날 코로나19가 가져온 글로벌 위기에 직면한 사회적 거리와 멈춤의 시간은 우리로 하여금 질주를 거듭해 온 '일과 삶'의 부조화와 삶의 무의미 등에 대한 총체적인 성찰을 요구하고 있다. 이제 우리는 제4차 산업혁명으로 쉼 없이 돌진해 가기보다는 지금까지 과학기술문명의 이면에 놓였던 심리적 어려움들을 되돌아보고 바로 '오늘부터의 세계'에서 소위, '뉴노멀'을 정립하고 그에 따른 새로운 선택을 하지 않으면 안 될 것이다. 이를 위해 현대인의 삶에서 새로운 요구와 필요성이 증대되고 있는 정신치료, 상담 및 심리치료가 지나온 역사 속에서 어떤 전개과정을 거쳐 왔으며, 치료의 구심점이 어떻게 변화되어 왔는지에 귀를 기울이고자 한다. 이는 현대인들이 상담 및 심리치료로부터 어떤 도움을 얻을 수 있는지를 좀 더 명확하게 이해하는 데에 도움이 될 수 있을 것이다.

압축적 근대화와 제4차 산업혁명의 사이에 놓인 한국 사회에서의 심리치료와 철학상담

코로나19로 인한 멈춤의 시간이 오기 직전까지 제4차 산업혁명으로 박차를 가하고 있던 과학기술문명은 현대인에게 '편리함'이라는 삶의 물질적 조건을 마련해 주었다. 그러나 이러한 삶의 조건 변화는 '더 빨리' '더 많이'의 통제력을 가져왔지만, 이는 곧바로 삶의 행복으로 연결되지는 못했다. 현대인은 소위 '성과사회'[2]에서 가속도를 각자가 하는 일의 효율성을 통해 실현하면서 외적으로만이 아니라 '스스로'의 내적인 압박감에 시달리곤 했다. 그에 따라 이전보다 더 많은 업무 스트레스를 받거나 여가시간에서조차 내적 통제로부터 벗어나지 못하는 일이 벌어지곤 했다. 따라서 "우리는 위대한 성공의 중심에 있으면서도 실패자처럼 느낀다. 왜냐하면 우리는 우리 자신, 우리의 이상, 서로에게서 그리고 삶 자체로부터 소외되어 있고 멀어져 있기 때문이다"(Van Deurzen, 2017, p. 14).

이러한 현대적 삶의 조건과 방식에 따른 현상을 한국이라는 사회적 맥락과 연결시켜 볼 때, 우리가 오늘날 누리고 있는 현대적 삶의 방식은 서구에 비해 매우 압축적인 고도성장을 통해서 현실화되었다. 일제 강점기로부터 굴곡진 근대화가 시작되었고 1945년 해방을 맞이했지만, 1950년 내전으로 인해 우리는 엄청난 경제적

---

2) 한병철에 따르면, "21세기의 사회는 규율사회에서 성과사회(Leistungsgesellschaft)로 변모했다. 이 사회의 주민도 더 이상 '복종적 주체(Gehorsamssubjekt)'가 아니라 '성과주체(Leistungssubjekt)'라고 불린다. 그들은 자기 자신을 경영하는 기업가이다"(Han, 2012, p. 23).

손실과 심리적 아픔을 겪어야 했다. 1960년대 한국 사회는 압축적 근대화를 통해 급속한 경제성장을 이루었으며, 2000년대 이후 인터넷 강국으로 부상하면서 오늘날 제4차 산업혁명에 박차를 가하고 있다. 그러나 이와 동시에 이러한 '더 빨리' '더 많이' 이루어 낸 눈부신 성과의 이면에 청소년과 노인 자살률까지도 세계 1위로 기록되는 극단적인 사회적 병폐를 안고 있다. 이처럼 자살 및 자살 충동에 시달리는 것 이외에도 최근 들어 심리적 트라우마, 불면증과 우울증 등의 심리적 어려움을 호소하는 사람들이 부쩍 늘고 있으며, 연령대별 자살률이 다른 나라에 비해 상대적으로 높은 것을 보면, 한국사회의 고도 경제발전과 불가분의 연관성을 지닌 사회적 진통이라고 보아야 할 것이다.

물론 코로나19로 인한 글로벌 위기상황 속에서도 한국은 'K-방역'의 우수함을 전 세계에 알릴 정도로 잘 대처하고 있지만, 바로 이 멈춤의 시기에 우리는 압축적 근대화와 제4차 산업혁명의 질주에 따른 경제성장의 이면에서 불거져 나온 바 있는 각종 심리적 고통, 세대단절로 인한 소통의 부재 등으로 인한 고립 등을 어떻게 소화해 나가야 할지도 근본적으로 성찰하지 않으면 안 될 것이다.

한편으로 한국 사회에서 근대화 이후 서양의학의 발전과 함께 심리적 어려움에 대한 대처방안의 일환으로 유럽과 북미에서의 정신의학적 치료와 심리치료, 각종 상담의 다양한 접근들이 유입되어 시행되고 있다. 그런데 다른 한편으로 이 지점에서 우리는 서구의 의사 및 치료사들이 제기해 온 진지한 자기비판도 좀 더 눈여겨보아야 하지 않을까? 유럽과 북미의 정신과 의사들이나 심리치료사들은 현대인들이 겪는 육체적, 심리적 질병을 치료하면서 인간의 한계상황에 해당되는 '소외'와 '삶의 무의미' 등의 철학적 층위를 발견했으며,

이에 대해 진지하게 고민했다. 그리하여 그들은 자신들의 치료적 전제인 자연과학적 세계관이나 진단 및 처방의 의료모델에 따른 통제력만으로는 자신들의 치료가 제한적이라는 것을 깨닫고, 철학적 인간관과 특히 '실존적' 통찰을 치료와 접목시키고자 노력해 왔다.

이러한 정신의학적 치료와 심리치료의 패러다임 전환을 꾀하는 시대적 요구와 맞물려서 1981년 게르트 아헨바흐(Gerd B. Achenbach)는 심리치료에 대한 하나의 대안으로서 '철학상담'을 적극 제안했다. 그는 현대인들이 처한 삶의 곤궁으로부터 심리치료에서의 대화치료와는 다른 차원의 대화이자 새로운 형태의 대화를 원하고 있다고 보았다. 그가 말하는 심리치료의 대안으로서의 철학적 대화는 소크라테스로부터 유래한다. 소크라테스는 일찍이 아테네 시민들과 길거리에서 진지한 철학적 대화를 나누었다. 그를 만난 사람들은 자기 삶의 궤적이 어디를 향해 가고 있으며, 진정으로 자신이 원하는 것이 무엇이고, 지금 자신의 삶이 공시적인 그리고 통시적인 시대 맥락과 어떻게 만나고 있는지에 대해 총체적으로 검토하는 철학적 대화를 소크라테스와 함께 나누었다. 이와 같이 실천된 바 있는 '소크라테스 대화'를 아헨바흐가 현대인들의 삶의 방식에 발맞추어 새로운 형태로 제공하면서 철학상담은 오늘날 다시 시작되었다.

현대 철학상담은 철학과 심리학 사이에서 새로운 대화, 대화치료 및 상담의 영역으로 자리 잡아 가고 있다. 이 과정에서 철학상담자들이 심리치료와의 부정적인 차별화 방식을 주장해 온 것도 사실이다. 그런데 이러한 차별화 방식은 한편으로 철학상담과 심리치료 사이에 놓인 '고객유사성'(Lahav, 1995, p. 35)에서 유래한다. 또한 다른 한편으로 현대 심리치료 중 인지치료나 실존주의 심리치료 등이 이미 철학적 내용과 인간관을 적극 수용하고 있기 때문에 그와 차별화하려는 필요성이 생겨나기도 했다. 그런데 과연 철학상담은 철학상담자들의 '철학'이라는 고유영역에 대한 독점적인 소유권을 지닌 것이라고 주장되어야만 할까?

이 책은 무엇을 제시하고자 하는가

아헨바흐는 이미 철학상담이 심리치료와 "협력과 경쟁(Kooperation und Konkurrenz)"(Achenbach, 2010k, p. 292)의 관계에 있다고 주장한 바 있다. 이 책에서 내가 고민한 것은 어느 부분을 협력하고 어느 부분에서 경쟁할 것인지를 좀 더 분명히 하는 것이다. 이를 위해 철학상담과 심리치료가 과연 어느 지점에서 조우하는지, 서로의 접근 방식이 다르면서도 어떤 점에서 협력할 것인지, 또한 서로의 독자성을 주장하고 각기 다른 것을 제공하면서 경쟁한다면 어떤 점에서 그렇게 할 수 있는지를 끊임없이 묻고 탐구하고자 한다. 그런데 이처럼 양자의 협력과 경쟁의 지점을 고찰하는 과정에서 무엇보다 가장 근본적인 나의 태도는 '증거기반(evidence based)'의 심리치료냐 '사유와 통찰'에 따른 철학상담이냐를 배타적이고 독점적인 영역에 대한 논쟁점으로 부각시키기보다는 무엇보다 먼저 서로의 고유함과 독특함에 대해서 알아가는 과정이 선행되어야 한다는 데에서 출발한다.

그리하여 이 책에서 나는 철학상담과 심리치료의 접점과 차이점 및 독특성을 밝혀내는 데에 주력하고자 한다. 이는 다양한 심리치료를 공부하는 과정이기도 하고, 비록 오랜 전통을 지녀 왔지만 오늘날 새롭게 다시 시도되고 있는 철학상담의 정체성을 진지하게 숙고해 가는 과정이기도 하다. 소위 전문가 시대로 불리는 오늘날에는 워낙 분과학문들이 세분화되어 있고 전문영역이 구분되어 있어서, 심리학, 교육학, 상담학을 넘나들며 낯선 전문용어들을 익혀야 하는 작업은 매우 지난한 과정이기도 하고, 새로운 지적 호기심을 자극시키는 신선한 경험이기도 하다. 이러한 탐구과정을 통해서 나는 철학상담과 심리치료 사이를 오가며 제3의 길을 모색하고자 노력할 것이다. 그 길의 목표는 철학상담과 심리치료 각자의 독자적 전문영역을 인정하면서도 서로 공생하면서 협력할 수 있는 여지를 마련하는 데에 있다.

이러한 목표는 한편으로 학제적인 공동 작업을 제안하고 촉진하는 이론적인 작업을 통해서 구체화되어야 하며, 또 다른 한편으로는 일상적 삶의 현장에서 함께 협력하는 실천을 통해서도 구현되어야 할 것이다. 이를 위해 무엇보다 심리치료 전문가 교육에 철학이 포함되어야 하며, 철학상담자가 되기 위해서도 심리학에서의 인간이해와 기존에 이루어진 심리치료의 성과를 섭렵하는 교육이 이루어져야 할 것이다. 이처럼 심리치료와 철학상담 사이에서 학제간의 공동연구와 양 진영의 교육과정을 연계하는 것은 서로의 미래에 매우 생산적인 영향력을 끼칠 것이다.

그런데 오늘날 한국에서 이루어지고 있는 각종 상담 및 심리치료의 문화나 그 현실에 비추어 볼 때, 이러한 목표를 실현하는 것은 매우 요원한 일이다. 하지만 지나온 역사 속에서 압축적 근대화의 이면에서 번지고 있는 실존적 고통의 외침들이 사회 곳곳에서 이러한 작업의 시급함을 알려오고 있다. 우리 청소년들은 OECD 국가들을 대상으로 하는 국제 학업성취도평가(PISA)에 따르면, 매해 상위권의 성적을 놓치지 않고 있으면서도 행복지수는 최하위에 머물고 있다. 대학을 졸업한 청년들은 나날이 심각해지는 취업난에 시달리거나 열악한 작업환경에서 일하면서 자괴감에 빠져 있고, 원하던 대기업에 취직했더라도 의미를 찾지 못해 조기 이직하거나 자발적 퇴사를 결심한 사람들도 최근 들어 점차 늘어가고 있다. 또한 부부들이나 비혼모들도 아이를 낳고 기르는 것을 엄두도 내지 못해 출생률은 급격히 저하되고 있으며, 조기 퇴직하거나 정년퇴직 이후 중년들이 느끼는 은퇴불안과 노후불안도 나날이 깊어지고 있다. 이러한 사회현실의 곳곳에서 각 발달단계에 있는 개인들이 겪는 심리적 고통의 소리 없는 외침에 귀 기울이지 않고는 제4차 산업혁명을 통한 과학기술문명을 추동해 나갈 내적인 동력을 갖추기 어렵지 않을까?

코로나19의 사회적 거리두기와 멈춤의 시간 속에서 우리는 지나온 한국 사회가 경제적 성장만으로 질주해 온 역사 속에서 생겨난 심리적 고통을 진정으로 다시 돌아보고, 이제 그 고통을 재생산하지 않을 수 있는 새로운 시대를 열어갈 선택의 기로에 서 있다. 이러한 사회적 전환기에 심리치료와 철학상담의 분야도 지금까지의 사회적 현실이 낳은 과제들을 해결해 나가기 위해 지혜와 힘을 모아야 할 것이다. 양자가 서로의 배타적 불화관계에서 비롯되는 이론적, 실천적 경계 세우기에 급급할 것이 아니라 서로 각 전문성이 지닌 독특함을 인정하고 상생의 길을 모색하는 것이 무엇보다 긴요한 시점이다. 따라서 심리치료와 철학상담의 연구자들과 치료자들은 각 개인의 구체적인 삶의 현장에서 나오는 다양한 고통의 현실을 잘 들여다보고 경청하면서도, 그 삶의 현주소를 한국사회의 과거와 미래의 폭넓은 시야를 통해 성찰하고, 인간이라는 보편적 존재

조건을 통해 되돌아봄으로써 사회 전체의 방향성을 바로잡아 갈 수 있는 '뉴노멀'의 새로운 길을 마련하는 데에 전력을 다해야 할 것이다.

이와 같이 심리치료와 철학상담이 상생할 수 있는 길을 모색하기 위해서 이 책의 제1부에서는 심리치료와 철학이 어떻게 만나기 시작했는지를 되돌아보고자 한다. 먼저 서구의 정신의학적 치료나 심리치료가 지나온 역사 속에서 철학의 필요성이 왜 그리고 어떻게 등장했으며, 어떤 점에서 철학이 유용하게 쓰일 수 있었고, 어떤 점에서 철학의 중요성이 생겨났는지를 고찰해 볼 것이다. 또한 정신과 의사인 보스와 철학자 하이데거의 실제 만남과 대화의 과정에서 어떤 치료적 주제와 철학사상들이 구체적으로 논의되었는지를 들여다보고자 한다. 제2부에서는 현대 다양한 심리치료들 중에서도 철학상담과 가장 가까운 이웃일 수 있는 각 접근들, 특히 여성주의 상담, 현존재분석, 인간중심치료, 외상치료 등을 심층적으로 알아보고자 한다. 그리하여 이러한 심리치료들이 철학상담과 교차지점을 이루는 부분은 무엇이며, 그러한 접점에서 서로의 다름과 독자성이 어떻게 드러나는지를 검토한 뒤, 각 심리치료와 철학상담의 협력과 경쟁을 통해 어떤 상생의 관계를 이룰 수 있는지에 대해 밝혀볼 것이다.

제1부

심리치료와 철학의
만남과 대화

● ● ●

심리치료와 철학은 과연 어떻게 만나며, 철학상담은 심리치료와 어떻게 구분되는가? 정신의학으로부터 심리치료가 독립해 온 역사적 과정에서 기존의 심리치료는 지속적으로 철학을 필요로 했으며, 철학을 활용해 왔다. 그런데 1981년 아헨바흐에 의해 현대적 의미에서의 철학상담이 대두된 이래 심리치료와 철학상담의 관계에 대한 새로운 관심이 생겨났다. 양자의 관계를 새롭게 정립하기 이전에, 제1부에서는 심리치료와 철학의 관계를 통시적으로 폭넓게 살펴보고자 한다. 우선적으로 제1장에서는 오늘날 심리치료가 의료에서 넘겨받은 병리학적 모델을 탈피하려는 문제의식에 천착하여, 그 근간이 되는 의료현장에서 의사들과 가다머라는 철학자의 구체적인 만남과 대화에서 제기된 핵심주제를 다루는 데에서 논의를 시작하고자 한다. 그리고 나서 오늘날 의료에서 제기되는 문제점과 이에 대한 철학적 성찰의 필요성을 계보학적으로 추적해 올라가 탐구하고자 한다. 정신의학으로부터 심리치료가 분리되어 온 역사적 과정을 거슬러 올라가서, 이미 100년 전에 북미와 유럽의사들의 인간학적 전회에 따른 '인간학적 의학'과 '현존재분석'에서 철학적 인간이해가 왜 그리고 어떤 점에서 필요했는지를 다루고 난 뒤, '인지적 심리치료'에서조차 철학을 어떻게 수용하고 활용했는지를 살펴볼 것이다. 나아가 로저스의 '인간중심치료'와 프랭클의 '로고테라피'에서 철학적 인간이해가 심리치료의 핵심적 치료방향과 실천적 상담의 장을 어떻게 바꾸어 놓았으며, 메이와 얄롬의 '실존주의 심리치료'에서 실존을 통한 인간이해와 상담관계의 변화가 어떻게 초래되었는지를 고찰할 것이다. 이와 같이 심리치료의 역사적 전개과정에 드러난 철학적 인간이해에 대한 검토를 토대로, 제2장에서는 실제 정신의학자인 보스와 철학자 하이데거의 구체적인 만남과 대화를 나눈 과정에 주목하고자 한다. 이들의 대화는 형식적인 면에서 진정성 있는 대화방식과 상호배려적 태도와 더불어서 내용적인 면에서도 실제 정신의학자, 심리치료자들이 직면하고 있는 난제들을 철학적으로 풀어내고자 하는 사유의 과정을 생생하게 담고 있다. 따라서 앞으로 학제간의 대화에서 필요한 상호성과 개방성, 특히 심리치료와 철학, 심리치료와 철학상담의 상생의 관계를 모색하는 데에 귀감이 될 수 있을 것이다.

● ● ●

심리치료의 역사적 전개과정에서 철학의 필요성과 중요성[1]

1. 오늘날 심리치료에서 만나는 철학

오늘날 정신의학과 함께 비약적 발전을 이루어 온 심리치료는 가시적인 물리적 육체의 질병이 아니라 보이지 않는 심리적 고통을 없애고 내담자의 건강을 증진시키고자 노력해 왔다. 그런데 영국의 심리치료사인 반 두르젠(Van Deurzen)은 오늘날 우리의 삶에서 과학과 기술이 가져다 준 많은 성과들이 있지만, 진정으로 우리가 과연 과학자들의 생각처럼 "개인적 또는 대인 관계적인 상호작용에 대하여 점점 더 많이 알게 되면서 정서와 행동을 자동적으로 조작하고, 통제하며 관리할 수"(Van Deurzen, 2017, p. 5) 있을지

---

1) 이 장의 일부는 "노성숙(2020). 심리치료의 역사적 전개과정에 나타난 철학적 인간이해의 중요성. 한국여성철학, 33, 93-141"에 발표되었으며, 이 장은 이를 토대로 수정, 보완을 거쳐 수록한 것이다.

에 대해 진지하게 검토하지 않으면 안 된다고 말했다.[2] 그녀는 지금이야말로 과학기술이 가져온 양면성을 직시하고 심리치료에서 변화를 모색해야 할 시점이라고 보았다. 그녀는 뇌와 인지과정에 대한 새로운 지식이 인간의 마음을 탐구하는 데에 도움을 준 것도 사실이고, 새로운 심리학적 연구를 통해서 정신질병에 대한 중요한 통찰을 얻은 것도 중요한 성과이지만, 그 어떤 것도 현대인들에게 단지 편안한 삶이 아닌 '행복한 삶'을 보장할 수 없으며, 인간의 삶과 죽음에 놓인 근원적인 고통을 막아낼 수 없다는 '실존적' 사실을 직시해야 한다고 주장했다.

심리치료와 상담은 의료와 마찬가지로 병리학적 모델과 자연과학적 이론체계에 따른 실증적 연구를 통해 "의학화되었고, 전문적으로 조직화되었으며, 엄청난 성장을 이룬 후에 이제는 증거에 기반을 둔 실천기준에 따라 예리하게 세분화되고 있다"(Van Deurzen, 2017, p. 19). 그런데 반 두르젠은 이 시점에서 심리치료자로서 다음과 같은 자기 성찰적 질문들을 던졌다. "지금은 치료사들이 자신의 새로운 역할로서 실존적 안내자를 어떻게 진지하게 받아들일 것인지를 스스로에게 물을 수 있는 좋은 때이다. 그들은 이런 측면에

---

2) 반 두르젠은 과학과 기술의 발전과정에서 철학자와 심리치료자의 역할이 변해 온 바에 대해 특별한 주의를 기울였다. 우선적으로 그녀는 오늘날 철학조차도 과학적 흐름에 편승하면서 기존에 철학이 담당했던 윤리적이고 도덕적인 삶의 영역으로 떨어져 나오는 변화를 겪었다고 보았다. "지난 수십 년 동안 과학적 전통은 종종 학문 영역을 언어학적 관찰과 과학적 논쟁으로 축소시켜서 원래의 실존적 임무와 인간 이해와는 멀어지게 하였다."(Van Deurzen, 2017, p. 10) 이에 반해 반 두르젠에 따르면, 심리치료자와 상담자는 일상적 삶에서 영적이고 도덕적 멘토의 역할을 수행함으로써 오늘날 '응용 철학자'가 되었다. 그런데 이 과정에서 생겨난 문제는 이들이 철학적 훈련을 받지 않고, 주로 심리학적 이론에 입각해서 상담을 담당하는 데에 있다. 이들은 "사람들이 고민하고 있는 것이 도덕적, 영적, 철학적 문제라고 공개적으로 인정하지 않고 내담자의 딜레마에 심리학적 이론을 적용"(Van Deurzen, 2017, pp. 10-11)하고 있다.

서 자신의 위치를 어디에 놓아야 할 것인가? 그들은 과학자를 모방하여 단순히 증거에 기반을 둔 인지행동의 원리를 적용해야 할 것인가? 정상성과 적응력을 목표로 하고 슬픔과 고통을 제거하며 행복에 이르는 지름길을 제공하는 것이 옳은 것인가?"(Van Deurzen, 2017, p. 11)

반 두르젠은 이처럼 심리치료 전반에 대한 자기비판적인 문제의식으로부터 시작하여 내담자와 함께 현대인의 삶을 더 잘 이해하기 위해 철학적 차원을 들여오고자 노력했다. 전통적인 의미에서 철학은 사람들로 하여금 스스로 생각하는 것을 배우도록 격려할 뿐 아니라 지혜에 대한 사랑을 바탕으로 인간의 조건에 대해 성찰하고, '잘 삶'의 의미를 좀 더 깊이 있게 이해하고자 노력해 왔다. 따라서 반 두르젠은 철학적 지혜, 철학적 명료함, 논리적 사고를 동원하여 심리치료를 재정의 하고자 시도했다. 그녀의 이러한 시도는 한편으로 인지치료나 증거기반 단기 개입, 또는 다른 한편으로 장기역동치료나 인간중심치료를 넘어서는 '제3의 방법'(Van Deurzen, 2017, p. 22)이며, 인간의 고통에 대해 두 가지 기존 접근을 넘어서서 좀 더 근본적인 관점에서 치료를 다시 생각해 보려는 것이다.

반 두르젠의 문제의식과 폭넓은 철학적 변화의 시도는 심리치료자 한 사람의 문제의식이거나 오늘날 갑자기 대두된 자기비판의 노력이라기보다는 이미 북미와 유럽에서 오랜 시간에 걸쳐서 대두되어 온 것이다. 이는 심리치료 이전에 의료를 담당했던 의사들에게서부터 시작되었고, 특히 정신의학으로부터 심리치료가 독립되는 과정에서도 드러났다. 따라서 그 역사적 전개과정에서 철학의 필요성과 유용성을 검토하는 작업은 오늘날 심리치료의 위치와 역할을 재정립하기 위해 긴요한 과제이기도 하다. 또 다른 한편으로 현대 철학상담이 새롭게 시작되고 있는 시점에서 기존의 심리치료와 철학상담이 어떤 관계를 맺어야 하는지, 그리고 심리치료와 철학, 심리치료와 철학상담 사이의 대화는 어떻게 전개되어야 하는지를 고민하는 데에도 필수적이다.[3]

따라서 이번 장에서는 우선적으로 2절에서 의료적 국면에서 만나는 철학의 폭넓은 의미를 살펴보는 데에서 시작하고자 한다. 반 두르젠은 오늘날 심리치료가 병리학적 모델을 통해 의학화되었다고 보았는데, 심리치료의 근간이 되는 의료에서도 이미 철학의 필요성이 대두되어 왔다. 이러한 필요성을 구체적으로 보여 주는 사례로 '고통'이라는 주제에 대한 철학자 가다머와 정형외과 의사들 사이의 대화에 주목하고자 한다. 이 대화는 서로 다른 학문적 토대에서 나오는 핵심 쟁점들뿐만 아니라 앞으로 '인간의 고통'을 중심에 놓고 심리치료와 철학상담이 어떻게 만나고 대화할 것인지를 고민하는 데에 밑거름이 될 수 있을 것이다. 3절에서는 심리치료와 철학의 연관성을 논의함에 있어서 약 100년 전으로 역사를 거슬러 올라가서 의사들이 의료와 심리치료의 전개과정에서 왜 그리고 어떤 철학적 이해를 필요로 했는지의 문제의식을 추적해 보고자 한다. 4절에서는 병리학적 모델과 자연과학적 체계를 이어받은 심리치료인 북미의 행동치료에서 시작하여 이를 전승하면서도 인지에 강조점을 두고 있는 '인지적 심리치료'에서 철학이 어떻게 유용하게 활용되었는지에 대해 알아볼 것이다. 그리하여 인지적 심리치료의 전개과정에서 철학이 단순히 기법으로서의 유용성을 지녔을 뿐만이 아니라 점차

---

3) 캐나다의 철학상담자 페터 라베(Peter Raabe)는 '치료적 임상에서 철학을 전용한 것'과 '철학의 심리치료적 역할'을 나누어서 고찰한 바 있다. 전자는 Raabe(2016, pp. 215-253), 후자는 Raabe(2016, pp. 254-336) 참조.

심리치료의 근원적인 변화를 도모하게 되었음을 드러내고자 한다. 5절에서는 심리치료가 기존의 정신분석과 행동주의로부터 탈피하여 인본주의적 인간이해에 입각하여 새로운 치료를 모색해 가는 과정을 고찰할 것이다. 이를 위해 한편으로 로저스의 '인간중심치료'의 핵심인 인본주의적 인간이해가 현상학과 실존주의적 인간이해에 기반하고 있음을 제시하고, 다른 한편으로 프랭클의 '로고테라피'가 차원적 존재론에 입각하여 철학적 인간이해의 중요성을 드러내고 있음에 주목할 것이다. 나아가 6절에서는 의료와 심리치료의 변화과정이 실존주의 심리치료로 집약되어 전개되는 과정에 초점을 맞출 것이다. 그리하여 약 100년 전에 의료에서 시작된 인간학적 전회가 인간중심치료와 로고테라피를 거쳐서 '실존주의 심리치료'로 관철되어 온 과정에서 핵심적 지위를 차지하는 메이와 얄롬의 문제의식을 알아볼 것이다. 양자가 전승되어 온 심리치료의 역사적 전개과정 속에서 '실존'과 실존적인 인간이해를 바탕으로 어떤 치료적 변화를 모색했는지를 도출해 보고자 한다.

이와 같이 하여 이번 장에서는 지난 100년 동안 의료 및 심리치료의 전개 및 변화과정에서 철학의 필요성과 유용성을 계보학적으로 검토함으로써 앞으로 심리치료와 철학, 심리치료와 철학상담의 전망적 대화가능성을 모색하고 그 토대를 마련할 것이다.

2. 의료적 국면에서 만나는 학제간의 대화와 철학의 필요성

1) 고통에 대한 철학자 가다머의 강연

가다머

　의료적 국면에서 철학은 과연 어떤 역할을 할 수 있으며, 어떤 실천적 의미를 지닐 수 있는 가? 이에 대해 우리는 좀 더 구체적으로 '고통 (Schmerz)'에 대한 주제로 한스 게오르크 가다머 (Hans-Georg Gadamer)와 의사들이 나눈 구체적인 대화에 귀를 기울여 보고자 한다.

　철학자이자 해석학자로 널리 알려진 가다머 는 2000년 그의 나이 100세가 되던 해에 '고통 (Schmerz)'이라는 주제로 공식석상에서 그의 생애 마지막 강연을 했다. 이 강연은 의사인 마르쿠스 쉴텐볼프(Marcus Schiltenwolf)의 요청에 의한 것이었으며, 하이델베르크 대학의 정형외과에서 '정형 외과적 통증환자에 대한 접근'이라는 주제로 열린 학술대회의 일환 이었다. 이 행사의 참여자들은 주로 임상에서 일하는 의사들과 심 리치료사들이었다. 이들은 특히 '척추통증' 치료를 위한 기본 지식 을 얻고자 했고, 의사와 환자의 관계에 대한 심화된 지식을 전수받 고자 모였다. 그렇다면 과연 그 자리에 모인 의사들과 심리치료사 들은 철학자인 가다머로부터 무엇을 기대했고 얻을 수 있었을까?

　이 학술대회를 위해 가장 큰 고민을 했던 사람은 가다머를 초대 했던 쉴텐볼프였다. 그는 '척추통증에 대한 학술대회와 가다머' 사이의 관계를 어떻게 내용적으로 연관지어야 할지에 대해 많은 생각을 했다. 그가 아무리 개인적으로 가다머에 대해 존경심을 품고 있었다고 하더라도, '가다머와 같은 철학자가 자신이 계획하고 있는 의학 학술대회에서 왜 그리고 어떤 강연을 할 것인지'에 대한 질문이 그에게 매우 진지하게 떠올랐다. 우선적으로 양자의 연결고리를 그는 '통증' 그 자체에서 찾았다. 그는 의사로서 특히 '만성통증'에 큰 관심을 가지고 있었으며, 오랫동안 의학적인 인식과 노력의 한계에 대해 생각해 왔기 때문이었다. 한편으로는 만성통증에 대한 다양한 의학적 연구들이 진행되어 왔고, 그 치료적 성과를 내고 있는 것도 사실이지만, 다른 한편으로 '병으로서의 통증'은 그 모든 의학적 노력에도 불구하고 오히려 증가해 오기도 했다. 특히 후자에 대한 이유를 쉴텐볼프는 환자 자신과 연관해서 찾고 있었다.

왜냐하면 모든 의학적인 인식과 노력에도 불구하고, 통증의 중심은 바로 당사자인 환자 자신에게 있기 때문이다. 환자를 경시한 채 손상된 대상을 대하는 듯한 기계적인 행동은 성공적일 수 없으며 별로 확실한 근거를 지니지 못한다. 환자가 주체가 되도록 해야 하며 약물치료나 수술, 외과적 혹은 심리적 조치 등 어떤 방법을 취하든 간에 환자에게 치료에 대한 이해를 일깨워 주어야 한다. 오직 치료에 대한 이해만이 환자 자신의 고유한 통증을 치료함에 있어서 환자가 함께 참여할 수 있도록 이끌어 낼 수 있다. 그리고 이러한 동참이야말로 치료과정으로 들어갈 수 있는 기본적인 기반인 것이다(Schiltenwolf, 2003, p. 20).

가다머를 개인적으로 알지도 못하면서도 쉴텐볼프로 하여금 고령의 철학자에게 용기를 내어 연락하게 한 계기는 바로 그가 의사이면서도 만성통증에 대한 비판적인 문제의식을 지니고 있었기 때문이었다. 그는 기존의 의학적 전제, 즉 '통증은 만성화되지 말아야 한다'는 것에 대해 비판적인 견해를 지니고 있었다. 그가 보기에 의학적, 심리학적 연구자에 의한 "치유기술은 바로 신체적 그리고 심리적인 질병이 만성화되는 과정에 대항하기 위해 제공되는 것이다. 왜냐하면 자기 스스로 치유라는 것은 존재하지 않기 때문이다" (Schiltenwolf, 2003, p. 22). 그런데 쉴텐볼프는 이러한 연구 및 치료적 전제와 달리 만성화된 통증을 이겨내기 위해서는 환자 자신의 참여가 무엇보다 중요하다고 여기고 있었다.

의사로서의 쉴텐볼프가 지닌 자기 비판적 문제의식에 대해 가다머는 어떻게 응대했을까? 가다머는 100세라는 고령의 나이에 매우 어렵게 강연을 수락했으며, 그보다 더 주목할 점은 실제의 강연에서 의학적이거나 철학적인 학술적 내용만을 제시하지 않았다는 사실이다. 그는 철학자의 한 사람으로서 자신의 구체적인 삶에서 경험한 고통에 대해 이야기를 풀어냈다. 그의 강연에서 고통이라는 주제는 매우 개인적인 삶의 맥락에서 자신이 경험한 것과 그 경험을 철학적 맥락으로 연관지어 성찰한 것을 교차적으로 오가며 다루어졌다.[4]

가다머는 자신이 척수성 소아마비에 걸려 경험한 '척추통증'을 예로 들면서 개인적으로 어떻게 그 고통을 겪어냈으며 극복했는지의 경험을 기술했다. 그는 인간들이 겪는 고통의 시작점과 그 뒤로

---

4) 가다머의 이러한 '철학함'의 활동은 오늘날 '철학상담'이 탄생하게 하는 중요한 주춧돌이 되었다. 이 강연에서 다루어진 고통에 대한 철학상담적 논의는 노성숙(2014, pp. 89-99) 참조.

이어지는 전개과정을 통시적으로 바라보면서, 갓 태어난 아이의 울음에서 시작된 삶이 노화로 인해 신체가 약해지는 과정과 함께 지속적인 통증이 뒤따른다는 점을 명시했다. 다시 말해서 인간의 삶은 고통과 불가분하게 연관되어 있어서 따로 떼어 낼 수 없다는 것이다. 따라서 고통받는 당사자가 고통을 자신에게 주어진 삶의 과제로 받아들이고, 용기를 잃지 않고 스스로 감내하면서 그 안에 담긴 고유한 의미를 '이해'하며 극복하지 않으면 안 된다고 강변했다.

가다머는 고통이 너무도 힘든 것이어서 그것을 참아내고 이겨내는 것이 누구에게나 힘든 것이 사실이지만, 그 고통은 삶이 우리 각자에게 가져다준 또 하나의 기회일 수 있다고 보았다. "삶의 가장 고유한 차원은 우리 자신이 스스로 극복하지 못할 경우, 그 고통 속에서 예감될 수 있"(Gadamer, 2003, p. 27)기 때문이다. 따라서 고통을 통해 어렵게 얻은 삶의 기회를 놓쳐서는 안 될 것이다. 또한 고통을 서서히 이겨내고 찾아오는 기쁨, 즉 건강을 다시 찾는 기쁨이야말로 자연이 건넨 최상의 약이자 삶의 가장 큰 기쁨이다. 그런데 가다머에 따르면, 작금의 기술시대가 지닌 가장 큰 위험은 고통을 우리 각자의 삶이 자신에게 부여한 고유한 기회로 삼고, 스스로 이겨낼 수 있는 힘을 기를 수 없도록 하는 데에 도사리고 있다.

2) 정보화 시대의 '고통'에 대한 가다머와 의사들의 토론에 드러난 쟁점들

가다머의 짧지만 임팩트 있는 강연에 대해 학술대회에 참여한 의사들의 반응은 매우 진지하고도 다양했다. 강연이후에 가다머와 의사들 사이에 벌어진 토론은 치료적 국면에서 만나는 철학의 역할을 매우 잘 드러내고 있으며, 의사와 철학자들 사이에 오갈 수 있는 대화에 대한 매우 흥미로운 시사점을 제공한다. 따라서 이 토론 과정에서 제기된 질의응답을 주제별로 되새겨보고자 한다.

첫째로 이 대화의 시발점이 되고 있는 것은 학술대회의 주제인 척추통증의 증가와 오늘날 정보화 시대의 연관성에 대한 질문이다. 가다머는 오늘날의 시대가 오히려 힘든 시대라고 보고, 정보화로 인한 비인격화(Entpersönlichung)가 고통을 극복하는 데에 별반 도움이 되지 않는다고 단적으로 말했다. 예를 들어서 TV는 가족들에게 가장 큰 위협이고, 인간들이 서로 말하지 않는 환경을 조성했으며 서로 교제하는 방식에 큰 변화를 초래했다. 가다머는 어떤 사람을 직접 보는 것과 화면을 통해서 보는 것은 커다란 차이가 있으며, 다른 사람에게 직접적으로 관여하고 '참여(Beteiligung)'하는 것이 중요하다는 점을 일깨웠다. 그리하여 기계로 지배되는 세계와 정반대로 "교양적 삶의 새로운 형식들(neue Formen des Bildungslebens)"(Gadamer, 2003, p. 33)이 생겨나지 않으면 안 될 것이라고 비판적 목소리를 높였다.

두 번째로 제기된 토론의 쟁점은 우리가 고통을 어떻게 이해하고 어떤 관계를 맺을 것인가에 대한 것인데, 이에 대해 가다머와 의사들의 입장은 대조를 이루었다. 가다머는 고통이 삶의 의미를 만들기도 하고 긍정적으로 수용될 수 있다는 입장을 표명한 데에 반해, 의사들은 고통은 없애야 하는 것이고, 생겨난 고통이 만성화되는 것을 막기 위해 가능하면 빨리 모든 수단을 동원해야 한다는 입장을 지니고 있었다. 그런데 가다머는 고통을 다루는 데에 있어서 되도록 빨리 잊는 것보다 오히려 고통이 충족시키고자 하는 바에 스스로를 내맡김으로써 견딜 만한 삶으로 이끌 수 있도록 노력하지 않으면 안 된다(Gadamer, 2003, p. 34)고 주장했다.

이러한 고통에 대한 근본적 입장의 차이는 세 번째 주제인 고통을 극복하는 데 필요한 과정과 수단을 선택하는 데에서 더욱 분명하게 드러난다. 왜냐하면 의사로서의 역할과 진통제, 주사 등의 약물과 같은 의학적인 도움이 지니는 의미가 달라질 수 있기 때문이다. 환자들이 고통을 스스로의 힘으로 극복할 수 있으면 좋겠지만, 그렇지 못할 경우, 그 환자의 삶이 곤궁에 처해지고 말기 때문에, 의사들은 진통제, 주사 등의 약물의 도움은 절실할 수밖에 없다는 점을 강조했다. 이에 반해 가다머는 의학적 도움의 필요성에는 다툼의 여지가 없다고 잘라 말한 뒤, 물론 의사가 질병에 대한 전문적 조언자이기는 하지만, 이를 넘어서 환자들로 하여금 자기 치유력을 강화시키도록 용기를 주어야 한다는 점을 부각했다.

이 세 번째 쟁점에 대해 학술대회에 참석한 의사들의 반론은 다양한 차원에서 제기되었으며, 가장 많은 논쟁점들이 부각되었다. 왜냐하면 의사들은 임상현장에서 만난 환자들, 특히 만성통증에 시달리는 환자들은 지속적인 통증 때문에 자신의 놀라운 능력들을 발휘할 수도 없으며 세상으로부터 등을 돌릴 수밖에 없었다는 것을 보아 왔기 때문이다. 따라서 의사들은 통상적으로 만난 환자들이 약물이나 의료의 도움이 없이는 그들의 삶의 질을 보장받을 수 없다는 점을 계속해서 언급했다. 이와 달리 가다머는 환자 자신이 유기체로서 지니고 있는 힘이 강화되는 것이 더욱 중요하다는 입장을 거듭 밝혔고, 나아가 오늘날의 의사들이 '화학약품이라는 거대한 산업의 요구(unter dem Diktat der Großindustrie, der chemischen Pharmazeutik)'(Gadamer, 2003, p. 38)로 인해 자유롭게 진료할 수 없게 되었으며, 환자들로 하여금 자신의 삶에 대한 고유한 책임을 가져야 한다는 것을 아예 자각하지 못하게 만들었다고 비판했다.

이 토론을 지켜보던 한 의사는 다른 의사들과 가다머의 입장을 양
자택일로 볼 것이 아니라며 중재적인 입장을 내놓았는데, 통증치료
에서 자연치유나 대안적 치료가 가능할지라도 일반적인 사람들은
탁월한 인격을 지닌 가다머나 몽테뉴처럼 강하지 않고 약한 존재들
이라는 점도 유념해 보아야 한다고 말했다. 이에 대해서도 가다머
는 자연을 과소평가하지 말고, 건강한 유기체에 맞는 의약품들로 생산
되어야 한다는 점을 거듭 강조했다(Gadamer, 2003, p. 40).

3) 의사들과 철학자 가다머의 학제간 대화가 주는 시사점: '고통'에 대한 앎의 한계를 넘나들며 함께 숙고하는 변증법적 대화

가다머와 의사들의 토론과정을 전체적으로 다시 검토해 볼 때,
우리는 '고통'이라는 주제로 치료적 국면에서 만나는 철학적 차원이 무
엇인지를 잘 가늠해 볼 수 있다. 예를 들어서 고통과 우리가 살고
있는 시대와의 긴밀한 연관성, 고통을 근본적으로 이해하고 관여
하는 태도, 고통을 극복하기 위한 과정과 이를 위해 필요한 수단을
선택하는 입장 차이 등에 대해 의사와 철학자의 대화가 어떻게 전
개될 수 있는지를 엿볼 수 있으며, 무엇보다 의사와 환자의 관계에
대해서 의학적으로만이 아니라 철학적인 숙고가 필요하다는 점에
주목할 수 있다. 물론 가다머와 의사들의 입장 차이만을 조명하고,
특히 의료에서 의사의 역할과 환자의 자기치유력 사이의 긴장관계
에 대해서만 초점을 맞출 수도 있을 것이다.

그런데 의사와 철학자의 이러한 입장 차이가 보여 주는 주요 내

용이 단순히 양자택일적이라기보다는 오히려 양자의 대화 그 자체가 고통에 대한 철학적 성찰이 긴요하다는 것을 예시로 보여 주고 있는 것은 아닐까? 고통에 직면한 치료적 국면에서 비록 명시적으로 드러나 있지는 않더라도, 고통에 대한 근본적인 견해와 자세는 시대적 차원이나 혹은 개인적 차원에서 이미 전제되어 있다. 가다머와 의사들의 토론과정에서도 잘 드러나듯이, 우리는 고통이 처한 사회적이고 역사적인 맥락, 고통에 대한 근본적인 입장과 그에 입각한 태도, 의사와 환자의 역할과 권한, 의사와 환자의 관계에 대해서 좀 더 철저하게 철학적 차원에서 검토할 필요성에 천착하지 않을 수 없다.

이와 더불어서 쉴텐볼프, 가다머, 의사들이 서로 대화에 임하는 태도로부터도 앞으로의 학제간 대화나 철학상담을 위해 몇 가지 시사점을 추려 보고자 한다. 가장 먼저, 우리는 정형외과 의사로서의 쉴텐볼프가 의료의 의미와 한계에 대해 자기성찰적 태도를 지녔다는 점에 주목할 필요가 있다. 이는 가다머와의 대화를 요청할 수 있는 시발점이 되었으며, 의료와 철학, 의사들과 철학자의 대화가 시작될 수 있는 기회를 제공했다.

두 번째로 가다머와 그의 강연을 경청한 의사들이 적극적으로 토론에 참여하면서 서로를 존중하면서도 입장의 차이를 솔직하고도 분명하게 제시한 것에도 주의를 기울일 필요가 있다. 가다머가 '고통 안에서 의미를 찾는 것'과는 정반대로 토론에 참여한 의사들은 당시 독일 사회에서 고통의 만성화를 피하기 위한 치료가 주를 이루고 있고 이를 위해 많은 의약품들을 사용하고 있다는 것을 인정하고, 의사의 입장에서 환자가 고통을 스스로 이겨내지 못할 때 그저 용기를 주는 것만으로는 부족하고 의약품과 의료의 도움이 필요하다는 것을 명시적으로 말했다. 이에 그치지 않고 의사들은 가다머의 견해가 아예 현실과는 거리가 멀다는 것, 가다머나 몽테뉴처럼 아주 훌륭한 인격을 갖춘 사람만이 고통을 스스로 감내할 수 있을 뿐이지 일반적인 사람들은 어렵다는 것 등 가다머의 견해에 대해 다양한 측면에서의 이의와 우려를 표명했다.

세 번째로 강연과 토론에서의 가다머의 답변방식도 면밀히 들여다보아야 한다. 그의 강연은 일방적으로 미리 준비한 원고를 읽는 방식이 아니라 실제 만나고 있는 사람들과 열린 대화를 지향하고 있었다. 그는 말문을 떼면서 자신의 강연 전에 진행된 학술대회의 발표들을 경청했고, 자신의 강연은 완결된 원고를 읽는 방식의 '강의(Vorlesung)'가 아니라 자신이 준비해 온 것을 가지고 청중들에게 말을 건네는 '대화(Gespräch)'의 형태로 진행하고 싶다는 원의를 밝혔다. 그리고 나서 강연 이후의 활발한 토론을 기대한다고 했는데, 가다머는 "각각의 대화는 우리 안에 있는 고유한 한계에 대한 앎을 일깨우기 때문에 매우 값진 것"(Gadamer, 2003, p. 22)이라고 믿었기 때문이었다.

흔히 학제간의 토론에서 학자 개인이 지적인 우월성을 점하려 하거나 혹은 전문가들이 자신이 전공한 학문만의 우선성을 취하며 다른 학문들에 대해 배타적인 태도를 취하는 일들이 종종 벌어지곤 한다. 그런데 가다머는 오히려 철학자로서 자신의 입장은 분명히 하면서도 다른 입장을 지닌 의사들과의 대화를 통해서 자신이 지닌 앎의 한계를 열린 마음으로 함께 숙고하려는 태도를 견지했다. 나아가 강연이 끝나고 그가 기대했던 실제 토론에서는 의사들의 질문에 대해 자신의 개인적인 경험과 철학적 입장을 100세라는 나이가 놀라울 정도로 매우 구체적으로 개진하면서 성실하게 답변했다.

이처럼 다른 분야의 전문가들과의 대화에 개방적이었던 그의 태도는 단지 개인적인 성품에서만이 아니라, 그의 해석학적 근간으로부터 유래한다고 볼 수 있다. 그는 텍스트의 이해와 해석이 단지 학문의 관심사만이 아니라 인간의 세계 경험 전체에 속하며(Gadamer, 1986, p. 1), 그 경험은 낯선 것과 친숙한 것의 변증법적 과정을 통해서 이해될 수 있다고 보았다. 여기서 "경험의 변증법은 완료된 지식 안에서가 아니라, 경험 그 자체를 통해 펼쳐진 경험에 대한 개방성 안에서 고유하게 완성되는 것이다"(Gadamer, 1986, p. 361). 따라서 가다머는 이러한 경험의 변증법이 대화를 통해서 계속해서 새롭게 다가오는 개방성 속에서 실천될 수 있다고 보았다. 대화의 개방성을 강조했던 가다머의 실제로 열린 태도는 출간을 앞두고 원고를 검토하는 과정에서도 여실히 드러난다. 그는 자신의 강연원고를 읽고 난 후 쉴텐볼프에게 보낸 편지에 "대화과정에서 내가 간혹 제시했던 많은 대답들이 여기 담긴 텍스트보다 더 나았다고 여긴다."(Gadamer, 2003, p. 55)고 썼고, 쉴텐볼프에게 그 대화내용을 보충해 줄 것을 당부했다.

아울러 그가 고관절로 인해 그의 집중력이 고통에 시달리고는 있지만 견딜만하다고 하면서, 마약남용이라는 주제, 그리고 광고로 인해 치료가 잘못된 길로 접어드는 것의 주제에 대한 문제제기를 더 심화시켜 마무리하지 못했다고 고백했다. 이처럼 가다머는 문자화된 텍스트보다는 실제 현장에서의 대화가 지니는 역동성을 더욱 소중하게 생각했으며, 그 당시 함께 나눈 주제 중에서도 '화학약품이라는 거대한 산업의 요구'에서 자유롭지 못한 의료에 대해 자신의 비판적인 입장을 더 깊숙하게 사유하지 못한 점을 솔직히 드러냈다.

이번 절에서 검토해 본 가다머와 의사들의 대화는 오늘날 철학자와 의사들이 이와 비슷한 주제에 대해 논의할 때에 충분히 참고할 만한 쟁점들과 논의 방식들을 제시하고 있다. 아울러 가다머가 대화에서 보여 준 태도는 철학상담자의 원조라 할 수 있는 소크라테스 대화의 정신을 고스란히 이어받고 있다고 할 수 있다. 그는 의사 및 치료자들이 '산파'로서 기능하여 환자들이 잃어버린 주체적인 힘을 되찾도록 도와야 한다고 말했다.[5] 이러한 입장은 오늘날 인지치료나 심리치료에서 치료자의 처방보다는 내담자들의 내면의 힘을 강화시키는 경향들과 가깝다고 할 수 있으며, 철학적 전통을 이어받고 오늘날 심리치료보다 더 내담자의 주체성을 강조하며 대두된 철학상담의 선구자적 면모를 잘 드러낸 것이라고 할 수 있다.

또한 의사로서 쉘텐볼프의 치료에 대한 자기 비판적 문제의식은 이미 100년 전부터 시작되었고, 이러한 문제의식으로부터 실제 정신의학이나 심리치료에서 철학이 직접적으로 활용되기도 했다. 특히 정신의학과 철학의 긴밀한 연관성은 독자적인 심리치료의 전개 및 변화과정으로 이어졌으며, 급기야 독자적인 철학상담이 대두되는 여정으로 이어져 내려왔다.

그런데 우리는 가다머와 의사의 고통에 대한 토론과정에서 드러났던 쟁점이 의료만이 아니라 심리치료가 지나온 역사적 전개과정에서도 고스란히 드러나 있음을 발견할 수 있다. 이제 다음 절에서 역사를 거슬러 올라가서 의학의 역사에서 질병중심의 과학적 의학으로부터 인간학적 전회가 어떻게 일어났는지, 유럽에서 인간학적 의학의 태동과정은 어떻게 전개되었으며, 현존재분석에서의 철학적 인간이해는 무엇이었는지를 고찰하고자 한다. 그리고 나서 이러한 문제

---

5) 소크라테스 대화의 논박술과 산파술에 대한 좀 더 상세한 논의는 노성숙(2016a, pp. 13-17) 참조.

제1장 심리치료의 역사적 전개과정에서 철학의 필요성과 중요성

의식에서 태동된 심리치료의 역사적 전개과정에서 철학이 왜 그리고 어떻게 필요했으며 유용했는지를 계보학적으로 탐구해 보고자 한다.

3. 의료와 심리치료의 역사에서 인간학적 전회와 철학적 인간이해의 필요성

1) 의학의 역사에서 질병중심의 과학적 의학으로부터 인간학적 전회

의사이자 미국 코넬대 임상교수로 재직했던 에릭 카셀(Eric J. Cassell)은 질병이 중심이 되었던 과거의 이론과는 달리 의학이론에서 다음과 같이 새로운 명제를 주장했다. "의료행위의 초점이 '질병'이 아니라 아픈 '사람'이 되어야 한다."(Cassell, 2002, p. 26) 그는 의사들이 질병상태와 신체적 기능이상에만 초점을 맞추어 연구하고, 환자들을 '인간'으로 보지 않고 있는데, 이러한 과학과 기술

카셀

에 의한 '질병'중심의 현대 의료는 환자의 '고통'을 결코 이해할 수 없다고 말했다. 그는 병을 앓는 사람, 즉 환자가 자신이 앓는 병의 진행과정에 매우 큰 영향력을 행사할 수 있다고 믿었다. 따라서 환자나 의사가 어떤 '사람'인지에 따라서 병의 진행은 차이가 날 수 있다. 고통을 겪는 주체는 인간이지 물질적 육체가 아니기 때문이다.

카셀은 의학이론의 역사를 검토하면서 근대적 질병관이 의학의 이론에서 중요한 역할을 해 왔지만, 이러한 질병이론이 흔들리고 있으며, 의학의 초점이 환자의 질병보다 환자 자신에 있다는 시각으로 변화되어 왔다고 말했다. 1830년 프랑스 의학자들이 질병을 '발견'하면서 '과학적 의학'의 시대는 시작되었다. 과학적인 질병이론이 도입됨으로써 의사들은 공통된 이해의 기반을 마련했을 뿐 아니라 이 이론의 핵심이 되는 질병분류의 개념은 20세기 중반까지의 의학사에서 중심을 차지했으며, 특히 임상의학과 임상의사에게는 필수적인 것이 되었다.

> 임상의학은 자연적 현상을 제어하기 위해 자연을 이해하려고 노력한다는 점에서 자연과학과 다를 바 없다. 하지만 임상의학은 여기서 그치지 않고, 각각의 질병을 일정한 경과와 발생과정을 거치는 하나의 임상적 모습으로 합성해 내는 데까지 나아간다. 이러한 질병의 임상적 모습은 어떤 분명한 원인에 의해 발생하는 한정된 자연현상을 말한다. …… 임상의사는 질병분류의 범주 없이는 살아갈 수도 말할 수도 행동할 수도 없다(Faber, 1930, pp. 210-212: Cassell, 2002, pp. 42-43에서 재인용).

그런데 의학계가 공유해온 이러한 고전적 질병이론은 두 가지 약점을 지니고 있었다. 첫 번째는 하나의 질병에는 오직 하나의 원인만 있을 수 있다는 것이다. 이러한 원인론은 매우 인위적이지만, 오늘날까지도 여전히 환자들로 하여금 증상의 완화보다는 원인에 작용하는 치료법을 더욱 선호하도록 작용하고 있다. 그러나 카셀에 따르면, "항생제를 제외하고는 어떠한 환상적 치료법도 질병의 원인에 직접 작용하지 않는다"(Cassell, 2002, p. 45). 예를 들어서,

알로퓨리놀(Allopurinol)이라는 약품은 요산형성을 방해해서 통풍을 치료하지만, 요산의 상승 자체가 통풍의 원인은 아니다. 고전적 질병이론의 두 번째 약점은 신체 또는 자연계의 모든 기능은 구조에서 비롯되고 따라서 기능의 변화는 '구조'의 변화에 따른 것이라고 믿는 데에 있다. 이에 반해 최근 들어 의학에서의 질병은 구조보다는 '기능'의 용어로 변화되고 있다.[6]

이러한 고전적 질병이론에 따른 의료의 문제점은 미국 근대 의학의 산실이라고 할 수 있는 존스 홉킨스대의 윌리엄 오슬러(William Osler)와 하버드대의 프랜시스 피바디(Francis Weld Peabody)에 의해서 비판되었다. 피바디는 1927년 「환자의 보살핌(The Care of the Patient)」이라는 논문에서 이러한 문제점에 대해 상세히 논의했다(Cassell, 2002, p. 47). 그러나 과학적 의학의 눈부신 성과로

피바디

인해 이들의 논의는 거의 주목을 받지 못하고 사라졌는데, 오히려 오늘날에야 대안의학에 대한 논의와 함께 다시 조명되고 있다.[7]

카셀은 이러한 비판적 문제의식을 이어받고 있는데, 고전적 질

---

6) 카셀은 '구조' 중심의 고전적인 질병개념이 적용되지 않는 예로 '만성 폐쇄성 폐질환(chronic obstructive pulmonary disease)'을 들고 있는데, 이 질병은 폐기종과 만성기관지염이라는 구조에 바탕을 둔 진단과 대비되는 '기능'에 바탕을 둔 진단이다. 의학계의 고전적 질병이론의 약점에 대한 상세한 논의는 Cassell(2002, pp. 44-46) 참조.

7) '정신종양학(psycho-oncology)'은 암환자의 정서적 고통과 심리적 이상 여부를 진단하고 치료하는 암통합진료의 한 분야이다. 이 분야를 태동시킨 장본인은 미국의 대표적 종양전문병원인 뉴욕 메모리얼 슬로언-케팅(MSK) 암센터 정신의학과장이었던 지미 홀랜드(Jimmie Holland)이다. '환자를 보살피는 비결은 환자를 위해서 보살피는 데에 있다(The secret of the care of the patient is in caring for the patient).'고 말한 피바디의 정신을 이어받아, 그녀는 2015년 한 인터뷰에서 "종양을 보는 의사가 아니라 환자(whole person)를 보는 의사여야 한다."고 강조했다. 이에 대해서는 https://www.hankookilbo.com/News/Read/201802100461835772 기사 참조.

병이론에서와 같이 의사가 아닌 질병의 지식과 과학이 환자를 치료할 수 있다는 데에 이의를 제기했다. 그에 따르면, 의사는 '환자를 통해서만' 질병에 접근할 수 있으며, "의사는 질병을 치료하는 것이 아니라 환자를 치료한다"(Cassell, 2002, p. 70). 카셀의 스승들은 과학적 의학의 이상만이 아니라 환자들과의 만남을 통해 의사가 체득한 것들을 중요하게 여겼고, '착한 사마리아 정신'과 그 가치, 그리고 의학의 예술적 측면의 중요성을 몸소 실천을 통해 보여 주었다.[8] 이러한 가르침을 이어받아 카셀은 '질병'을 고정된 실체로 보지 않으려 했고, 아픈 사람을 물리적, 정신적, 사회적 차원으로 '인위적인' 환원을 통해서 인식하지 않으려 노력했다. 나아가 의사—환자의 관계의 인간적 차원을 중시하면서 인간을 재발견하는 것이 필요하다고 역설했다. 그는 '육체의 힘(the power of the body)'이 아니라 병을 앓는 '인간 속에 잠재해 있는 힘'(Cassell, 2002, p. 32)을 통해서 치료하는 것을 과제로 삼음으로써 이전의 과학적 의학으로부터 인간학적 의학으로의 방향전환을 꾀했다.

2) 유럽 의료에서 인간학적 의학과 현존재분석에서의 철학적 인간이해

정신의학이나 심리치료가 질병중심의 병리학적 의료모델로부터 탈피하여 '인간 그 자체'로 눈을 돌려야 한다는 비판적 문제의식은

---

8) 카셀에 따르면, 자신의 직접적 스승이었던 월쉬 맥더모트 박사가 말하는 '착한 사마리아인 정신'은 의사—환자 관계의 인간적 차원을 뜻하는데, 이는 '의학도들에게 그저 과학적 의학의 기초 지식만을 가르치기보다는 진정한 의사가 되는 방법을 가르치는 것'을 말한다 (Cassell, 2002, p. 64).

이미 유럽 의학의 역사에서도 오래전부터 의사들 사이에서 공유되어 왔다. 특히 정신과 의사들을 중심으로[9] 1920년대에 정신분석에서의 인간이해와 기존의 체계적 임상정신의학에서의 자연과학적 인간이해에 대한 비판이 시작되었다. 루드비히 빈스방거(Ludwig Binswanger), 빅토르 폰 바이체커(Viktor von Weizsäcker), 어윈 스트라우스(Erwin Straus), 빅토르 폰 겝자텔(Viktor von Gebsattel), 유진 민코프스키(Eugène Minkowski), 한스 쿤츠(Hans Kunz) 등이 앞장서서 '인간학적 정신의학'이라는 이름으로 이러한 움직임을 주도했다. 이들은 정신분석과 임상정신의학이 인간본질에 대한 통찰력을 결여하고 있다고 보았다. 이를 보완하기 위해 이들은 실제로 막스 쉘러(Max Scheler), 쇠렌 키르케고르(Sören Kierkegaard), 프란츠 브렌타노(Franz Brentano), 빌헬름 딜타이(Wilhelm Dilthey), 파울 나토르프(Paul Natorp), 앙리 베르그송(Henri Bergson)의 철학저술을 읽었다. 더 나아가 당대의 에드문트 후설(Edmund Husserl), 빌헬름 질라시(Wilhelm Szilasi), 마틴 하이데거(Martin Heidegger) 등의 철학으로부터 인간에 대한 깊은 통찰을 수용했으며, 이를 자신들의 치료에 접목하고자 노력했다.[10] 이들 중에서 '인간학적 의학'을 주창했던 바이체커와 '현존재분석'을 창안한 빈스방거를 중심으로 철학적 인간이해의 의미를 살펴보고자 한다.

빅토르 폰 바이체커(Viktor von Weizsäcker)는 프라이부르크대학에서 의학을 공부했을 뿐만 아니라 소위 '신칸트학파'로 불리는 하

---

9) 카셀은 특히 "정신과 의사들의 피나는 노력에도 정신질환은 질병의 고전적 정의에 들어맞지 않는다."(Cassell, 2002, p. 47)고 주장했다.

10) 이러한 역사적 맥락과 맞물려서, 빈스방거는 초기에는 자신의 치료법을 후설의 현상학에 의거하여 '인간학적 정신의학'에서 '현상학적 인간학'으로 표기하기도 했다(Boss, 2003, p. 11).

바이체커

인리히 리케르트(Heinrich Rickert)와 빌헬름 빈델반트(Wilhelm Windelband) 교수 아래서 철학도 공부했다. 그는 인간학과 심신상관학(Psychosomatik)을 통해서 자신의 의학이론을 발전시키고자 했으며, 의사들이 인간을 전체적으로 사고할 수 있어야 한다는 문제의식을 가졌다. 또한 그는 질병에 심층심리학적인 통찰을 연계하려 노력했다. 그는 질병의 의미를 '인간의 위기상황 탈출'로 해석하면서 자연과학이나 생물학적 결정론을 벗어나 경험에 의해 끊임없이 재구성된다고 보았으며, 이에 따라 '형태순환론(Gestaltkreis)'를 창안하기도 했다.

바이체커는 환자를 위기에 처해있는 병의 '주체'라고 보았기 때문에, 의사가 단순히 환자의 결손된 신체를 기계처럼 취급하여 치료하고 진단해서는 안 된다고 말했다(진교훈, 2002, p. 180). 환자의 명명되기 힘든 고통은 새롭게 인지되고 검토되어야 하며, 환자의 신체기관이 말하고자 하는 바를 이해할 수 있는 언어로 번역해야 한다고 주장했다.

그는 특히 질병과 인간 삶의 긴밀한 연관성에 주목했기 때문에 환자의 지나온 삶의 역사가 담긴 기록을 중시했으며, 그 기록과 함께 환자의 병을 '심신상관적인 현상(psychosomatisches Phänomenon)'으로 이해하고자 노력했다.

> 의학에서 인간의 문제란, 인간은 그의 병을 그의 전체 생활기록의 부분으로 이해하지 않으면 안 될 뿐 아니라 이해하도록 만들지 않으면 안 된다는 것이다. 인간은 모든 다른 표현의 동작과 모든 다

른 언어를 형성하는 것처럼 병이란 신체의 언어가 생산하는 언어
이자 표현동작이라는 것을 이해하지 않으면 안 된다(Weizsäcker,
1953, p. 370: 진교훈, 2002, p. 181에서 재인용).

또한 바이체커는 인간의 심리적인 질병만이 아니라 육체적 질병
까지도 인간들의 '관계'라는 맥락에서 발생한다고 보았다. "병이란 인
간들 사이에서 있으며 인간들의 관계와 인간의 만남의 방식 중에
하나의 방식이다. 여기서 인간학적 의학이 시작한다."(Weizsäcker,
1947, p. 235: 진교훈, 2002, p. 182에서 재인용)

한편, 스위스의 정신의학자였던 루드비히 빈
스방거(Ludwig Binswanger)[11]는 후설, 하이데거,
부버의 철학을 수용하여, 의학과 철학의 두 분야
를 망라하면서 정신의학을 심리치료와 연결시켜
서 자신만의 독특한 '실존적 현상학적 심리학'을 발
전시켰다. 그리하여 '인간학적 의학'의 운동을 새
롭게 발전시켰으며, 이론적으로나 실천적인 면에
서 처음으로 '실존주의 심리치료'를 시도했다. 에

빈스방거

드문트 후설(Edmund Husserl)의 현상학적 방법론과 마틴 하이데거
(Martin Heidegger)의 『존재와 시간(Sein und Zeit)』에서의 '현존재분

---

11) 빈스방거는 취리히대학에서 칼 구스타프 융(Carl Gustaf Jung)의 지도교수였던 오이겐
블로일러(Eugen Bleuler)에게서 박사학위를 받았다. 그는 애초에 정신분석에 많은 관심
을 지니고, 프로이트와 개인적 친분을 나누었으며, 1938년 나치에게 쫓기던 프로이트에
게 스위스의 피난처를 제공하기도 했다. 그는 한편으로 철학적인 인간이해를 통해서 정
신의학의 이론을 새로이 정립하고자 노력하면서, 다른 한편으로 그와 동명이인이었던
그의 할아버지가 그의 고향 크로이츠링겐(Kreuzlingen)에 세운 "벨뷔 요양소(Bellevue
Sanatorium)"를 1911년부터 1956년까지 운영하면서 임상에도 전념했다.

석론(Daseinsanalytik)'을 바탕으로 하면서도, 당시 프로이트의 '정신분석'과 대비하여 '현존재분석(Daseinsanalyse)'을 새로운 치료이론이자 임상적 접근의 하나로 세상에 내놓았다.

빈스방거는 의료현장에서 인간에 대한 자연과학적 인식과 이론이 부분적인 질병에만 주목할 뿐, 생생하게 살아있는 인간을 놓치고 있다는 비판적 문제의식을 지녔다. 따라서 그는 환자를 단순히 기계론적이고 유물론적인 자연과학의 입장이 아니라 총체적인 인간학적 입장에서 바라보려고 노력했다. 그가 보기에 프로이트는 '심리(Psycho)'에 주목했지만, 여전히 환자를 객관적인 관찰의 대상으로 삼고 '생물학'을 전제로 자연과학적 태도를 견지하고 있었다(Binswanger, 1955, p. 94: 손영삼, 2006, p. 111에서 재인용). 이에 반해 빈스방거는 후설의 '현상학'을 자신의 새로운 이론의 방법론으로 도입하고, 하이데거의 '현존재(Dasein)'라는 인간에 대한 새로운 이해에 입각하여 '현존재분석'이라는 치료이론을 정립했다. 여기서 '현존재'는 인간에 대한 존재론적 규정을 의미하며, 기존의 의료가 전제로 하고 있는 자연과학적 인과론에서의 원인과 결과에 의해 닫혀 있는 인간존재, 혹은 전통 철학에서처럼 이미 정해진 '본질'로 규정되는 것이 아니다. '현(da, 現)'이라는 용어가 말해 주듯이 '밝힘(Lichtung)'을 통해 은폐된 상태를 역동적으로 벗어나는, 즉 열려있는 존재를 뜻한다.

나아가 빈스방거가 현존재'분석'이라고 했을 때, 분석이라는 방법론은 후설 현상학에서의 '생활세계(Lebenswelt)', 하이데거의 '세계-내-존재(In-der-Welt-sein)'의 중요성을 이어받고 있다. 따라서 이 방법론은 환자의 세계를 주-객으로 분리하지 않고, 환자의 구체적인 삶에서 그 자신의 세계가 지니는 의미의 구조를 현상학적으로 파악하고 이해하는 것을 말한다. 특히 빈스방거는 '세계기투 (Weltentwurf)'라는 개념을 고안해 내고 이를 현존재분석의 근간으로 삼았다. 그는 환자의 '세계기투'가 어떻게 놓여 있는지를 면밀히 관찰하고, 그것이 건강한 사람의 것과 어느 부분에서 차이가 나고 결핍되어 있었는지를 밝혀내고자 노력했다.[12] 그리하여 환자의 생애사와 병력에 얽혀 있는 외적인 환경세계(Umwelt)만이 아니라 환자에게 고유한 내면의 세계(Eigenwelt)를 한 걸음 더 파고 들어가서 이해하고자 시도했다(Binswanger, 1964, pp. 440-445).

빈스방거는 자신의 현존재분석에서의 현상학을 '사랑의 현상학' (Binswanger, 1964, p. 17)이라고 명명했는데, 이는 하이데거의 '염려'를 넘어서는 현존재분석치료의 목표를 보여 준다. 그의 현존재분석은 의사와 환자의 상호적인 '관계'를 통해서 치료하는데, 이 과정에서 의사는 환자로 하여금 고립된 자아를 넘어서서 존재의 뿌리에서의 '사랑하는 우리임(liebende Wirheit)'을 체험하도록 이끌어 간다(진교훈, 2002, p. 399). 빈스방거의 '사랑'에 대한 강조는 오늘날 심리치료에서의 '관계'의 중요성을 선취한 것으로 보인다.

한편, 빈스방거의 현존재분석과 철학적 인간이해는 메다드 보스 (Medard Boss)에게 이어지면서 더욱 치료적으로 발전되었다. 보스는 현존재분석을 임상에 직접 활용하면서, 현존재분석적 치료를 감행했다.[13] 그는 정신의학에서 해부학적, 생리학적, 생화학적으로 확인할 수 있는 사실들을 모으고 인과관계를 찾아 설명하는 자연과학적 모델을 거부하고, 임상의학에서의 질병분류 자체가 아예

---

12) 빈스방거의 '세계기투'라는 개념이 어떻게 현존재분석의 핵심을 이루는지에 대해서는 노성숙(2011, pp. 70-74) 참조.
13) 보스와 하이데거의 대화에 대한 상세한 논의는 이 책 제2장 참조.

불가능하다고까지 주장했다. 왜냐하면 인간이 일반 사물들처럼 어떤 범주로 분류되고 그에 따른 질병으로 진단될 수 없다고 여겼기 때문이다. 따라서 그는 현존재분석에서 드러난 철학적 인간이해의 본질적 특징을 통찰하는 데에서 출발하여, 정신 병리라는 현상 그 자체에 주목했다. 그는 한편으로 그 현상에 직접적으로 드러나고 있는 의미를 세분화하여 지각하면서도, 다른 한편으로 이를 인간의 구조전체성(Strukturganzheit) 속에서 이해하고자 노력함으로써 현존재분석을 구체적으로 실천에 옮겼다.

이번 절에서는 한편으로 통시적인 관점을 취하여 의학의 역사를 거슬러 올라가서 18세기 질병중심의 과학적 의학이론으로부터 오늘날 의료의 실천적 차원에서 '착한 사마리아 정신'을 중심으로 하는 인간학적 전회가 이루어지고 있다는 폭넓은 시야를 확보한 뒤, 다른 한편으로 북미와 유럽의사들이 이미 약 100년 전부터 자신들의 치료에 전제가 되는 인간이해를 비판적으로 성찰했음에 주목해 보았다. 그리하여 유럽의 의학역사에서 특히 정신의학자들을 중심으로 환자의 병에 드러난 심신상관성과 인간관계의 중요성에 토대를 둔 '인간학적 의학'의 태동, 그리고 '현존재분석'에서 환자를 환경세계로만 귀속시키지 않고, '세계-내-존재' 혹은 '세계기투'를 중심으로 환자의 의미세계와 연관하여 개방된 존재로 간주하는 '철학적 인간이해'의 필요성이 대두된 과정을 살펴보았다. 이제 다음 절에서 이러한 인본주의적 정신과 철학적 인간이해가 심리치료에 영향력을 행사하기에 앞서서 의료의 병리학적 모델이 행동치료에 어떻게 반영되었는지, 그럼에도 인지치료가 철학적 차원의 변화를 어떻게 도모했으며, 철학을 어떻게 활용했는지를 알아보고자 한다.

4. 인지적 심리치료 전개과정에서 철학의 유용성 대두

1) 의료에서 질병중심의 병리학적 의료모델과 행동치료의 자연과학적 경향성

오늘날 의학에서 가장 전제가 되고 있는 것은 데카르트 이후, 심신이원론에 따르는 자연과학적 인간상이다. 이러한 인간상에 입각한 질병분류와 병리학적 의료모델은 신체뿐만 아니라 소위 마음의 병이라고 분류되는 정신의학에 있어서도 여전히 핵심적 자리를 차지하고 있다. 따라서 현대인들이 겪는 우울증, 불면증 등에 대한 정신의학이나 심리치료에서는 소위 과학성이 강조되며, 치료의 효과는 환자들의 신체적인 변화를 실증적으로 검증하는 과정을 통해서 과학적 증거기반에 의해 제시된다.[14]

이러한 자연과학적 객관성과 실증주의적 경향을 대표하는 미국의 심리치료들은 '행동주의(behaviorism)'에 근거를 두고 있다. 이 용어는 1913년 존 브로더스 왓슨(John Broadus Watson)이 자신의 심리학 논문에서 유심론(mentalism)에 반대하는 의미로 처음 사용했다. 그는 이전에 전개되어 온 심리학이 의식만을 중시하는 것이 과

---

14) 최근 정보통신기술(ICT)의 융합은 의료에서도 새로운 변화를 예고하고 있다. 예를 들자면, 의료에 AI기술의 접목, 의료에 블록체인기술 활용, 의료용 로봇활용, 의료에 3D 프린터 활용, 의료 기술에 VR(가상현실)과 AR(증강현실)의 접목 등이 있다(비피기술거래, 비피제이기술거래, 미래기술정보리서치, 2020). 이러한 기술의 융합은 과학적 입장에서 치료 전과 치료 후의 변화를 관찰 및 검증 가능한 방식으로 접근할 수 있도록 돕고, 이로써 치료결과의 과학성은 더욱 공고히 입증되고 있다.

학적이지 않다고 비판하면서, 오히려 의식을 배제함으로써 객관적으로 관찰과 예측 가능한 행동만을 심리학이라는 학문의 대상으로 삼아야 한다고 주장했다. 그에 따라 인간의 행동은 자극(S)과 반응(R)의 연쇄에 의해 설명되었다.

왓슨의 행동주의가 인간의 행동을 동물의 자극과 반응의 체제처럼 '기계론적으로' 설명하고 있는 데에 반해, 1930년 무렵 자극과 반응을 곧바로 연결하기보다는 그 사이에 유기체에 의한 생활조건의 개입을 허용하여 행동주의를 수정한 신행동주의(neobehaviorism)가 등장하기도 했다. 이러한 '행동수정'의 움직임은 주로, 클락 헐(Clark L. Hull), 에드워드 톨만(Edward C. Tolman) 등이 주도했다. 이들은 생득적 반응과 그 반응행동을 중시하는 초기 행동주의와 달리, 후자의 입장에서는 경험을 통해 형성된 '습관'과 같은 경향과 의식적인 '조작'행동을 중시하게 되었다.

한편 1958년 아놀드 앨런 라자루스(Arnold Allan Lazarus)는 이러한 경험적인 학습이론에 토대를 둔 치료를 당대의 주류였던 정신역동치료와 차별화하여 '행동치료(Behavior Therapy: BT)'라는 용어로 처음 명명했다. 행동치료의 눈부신 성과는 라자루스와 함께 그

의 박사지도교수였던 조셉 월피(Joseph Wolpe)에게서 찾아볼 수 있다. 로저 포펜(Roger Poppen)에 따르면, "월피의 명성은 행동치료의 성장과 궤적을 같이 했다."(Poppen, 2008, p. 59) 월피는 행동치료의 발전에 가장 중요한 네 분야를 구축했는데, 이는 '행동수정'의 발달, '체계적 둔감화에 대한 경험적 연구', 행동치료를 위한 '전문적 조직'의 수립, '인지혁명'을 말한다(Poppen, 2008, pp. 59-

월피

77). 특히 그는 한스 아이젱크(Hans Eysenck)와 함께 기존의 심리치료에 대한 반란의 형태로 '행동치료'를 정립했다. 그런데 소위 '인지혁명'이라고 불릴 정도의 인지적 과정과 절차에 대한 급속한 관심의 열풍이 거세지자, 이에 거슬러서 행동치료를 새롭게 정비하지 않으면 안 되었다.

급기야 월피는 '물리적 영역으로부터 분리되어 정신적 영역이 존재한다는 철학적 함의'를 지닌 인지혁명에 반대하는 데에 총력을 기울였으며(Poppen, 2008, p. 74), 그의 행동치료는 자연과학적 패러다임을 구축함으로써 미국의 심리치료를 경험과학의 방향으로 나아가도록 하는 데에 중요한 원동력을 제공했다. 월피의 목적에 부합하여 "심리치료 범위 내에서 과학적인 종결의 초점은 한 개인의 현재 환경에서 관찰 가능한 적응적인 행동에 지속적으로 주어졌다"(Poppen, 2008, p. 388). 행동치료는 환자, 혹은 내담자의 부적응적인 행동을 변화시키려는 매우 실용적인 시도이다. 이러한 치료는 이미 학습이론을 전제하고 있으며 재학습을 통해 행동의 변화를 적극 시도한다. 인간의 모든 행동은 학습된 것이기 때문에, 부적응하거나 비정상적인 행동의 경우 재학습을 시켜서 적응적 혹은 정상적인 행동을 변화시킬 수 있다는 신념이 깔려 있기 때문이다.

이와 같이 월피는 행동치료의 과학적 토대를 건립했으며, 측정 가능한 결과변인에 대해 심리치료 절차를 만들어 내고자 고심했다. 아울러 그의 '체계적 둔감화'와 '자기주장 훈련'은 오늘날까지 다양한 심리치료에서 여전히 큰 영향력을 지니고 있다. 물론 새롭게 등장한 인지혁명의 영향 아래 있었던 합리정서치료나 인지치료는 의식적이고 인지적인 요인들을 선호함으로써 월피의 행동치료에 전제된 철학적 인간이해와 결별했지만, 이러한 인지적 심리치료들에서도 행동치료는 지속적인 영향력을 행사했다. 특히 벡은 "인지치료와 행동치료 사이에 공통되는 부분을 재빨리 알아차리고 자신의 우울증 치료 프로그램에 행동주의적 치료를 분명하게 포함시켰다"(Beck et al., 1979: Poppen, 2008, p. 73에서 재인용). 그리하여 그의 인지치료는 새로운 학습을 통해 행동의 변화를 유도하고 그 변화를 실증적으로 입증하는 행동주의를 적극 수용하기에 이르렀다.

2) 벡의 인지치료에서 소크라테스 대화의 유용성

벡

앨버트 엘리스(Albert Ellis)와 아론 벡(Aaron T. Beck)은 각각 정신분석 교육을 받았고 그에 따른 임상 진료를 시작했지만, 행동에 대한 '무의식적 결정 요인'을 강조하는 정신분석의 관점으로부터 벗어나 점차 소위 인지혁명에 뒤따르는 '의식적이고 인지적인 요인'들에 주의를 기울였다. 엘리스의 합리정서치료(Rational-Emotive Therapy: RET)와 벡의 인지치료(Cognitive Therapy: CT)는 정신분석을 반대한다는 입장에서는 월피의 행동치료와 궤를 같이 하며, 각 치료에 행동치료의 기법을 점차 수용했다. 그러나 이들이 관심을 보인 '의식적이고 인지적인 요인'들은 자연과학의 유물론이나 결정론보다는 오히려 철학적인 차원과 밀접하게 연관되어 있었다. 이들은 심리치료의 원리와 기법에 철학을 직접 활용했으며, 이를 통해서 행동치료의 방향을 새롭게 전환시켰다.

대체로 정신의학이나 심리치료에서 인지적 접근은 정서적인 혼란이나 심리적으로 건강하지 못함의 이유가 인지적 왜곡이나 비합리적 신념에서 비롯된다고 본다. 따라서 이를 변화시키기 위해서는 행동으로 드러나기 이전의 심리과정이 어떻게 진행이 되고 있는지를 살펴보아야 하는데, 이러한 인지적 접근의 가장 근본적인 전제가 되고 있는 것은 '인지'가 정서, 동기, 행동 등을 중재할 수 있다는 믿음이라고 할 수 있다.

정신의학의 임상현장에서 인지치료는 한편으로 행동치료와의 긴밀한 연관성 속에서 전개되었다. 따라서 기존의 행동치료에서처럼 조작적 조건 형성과 모델링, 행동 연습 등의 행동기법을 통해서 내담자의 사고가 지닌 문제되는 지점을 변화시키고자 노력한다. 그런데 인지치료는 '인지의 재구성'에 집중함으로써 기존의 행동치료를 '인지행동치료(Cognitive Behavioural Therapy: CBT)'로 탈바꿈시켰다.

벡이 인지치료의 핵심으로 생각하는 '인지의 재구성'은 그가 구분한 인지구조의 여러 단계 중에서 '인지도식의 재구성'을 의미한다. 그는 인지구조를 가장 쉽게 자각할 수 있는 자발적인 사고(voluntary thoughts), 자각하기는 쉽지 않은 자동적 사고(automatic thoughts), 개인들에게 깊숙이 박혀 있는 가정과 가치관(assumptions and values), 이보다 더 깊게 박혀서 개인들이 자각하기 매우 어려운 인지도식(schema)이 있다고 보았다. 이처럼 자각이 어려운 인지도식은 일종의 구조화된 원리(organizing principles)로 개인들에게 있어서 핵심신념들의 연결망(Segal, 1988)이자 암묵적인 신념(Beck, 1987)이라고 할 수 있다. 이러한 인지도식은 개인들의 세계관이나 자기에 대한 신념으로 고착되어서 외부 세계나 타인들과 관계할 때 드러나는데, 보통 때에는 잠재되어 있다가 특정한 사건들로 인해 촉발되면 매우 강렬한 감정을 일으키면서 활성화된다.

인지치료에서 '인지도식의 재구성'이란, 구체적으로 자동적 사고와 역기능적 인지도식을 변화시키는 데에 있다. 자동적 사고는 자신이 처한 상황이나 외부 자극이 왔을 때, 본인도 의식하지 못하는 사이 순식간에 과도하게 부정적으로 사고가 흘러감으로써 다양한 심리적인 문제들을 만들어 내기도 한다. 또한 역기능적 인지도식과 비합리적 신념은 개인이 처한 어려운 국면에서 부정적인 결과만을 바라보는 것으로 치닫거나 매우 비합리적인 생각으로 일관하고 지속해서 비관적으로만 생각하는 것을 밝히기 위한 개념들이다.

그런데 인지도식은 과연 어떻게 형성된 것일까? 벡은 개인들이 지닌 심리적 문제들이 어린 시절로부터 유래한다고 보았으며, 인지도식이 어린 시절에 학습된 경험에 의해서 형성된다고 말했다. 이와 같이 형성된 인지도식은 반복되는 재학습의 과정을 거치면서 현재의 개인에게 지속적인 영향력을 행사한다. 다시 말해서 각 개인은 새로운 정보를 받아들일 때에 오랜 시간 동안 학습된 인지도식에 의해 이미 편향된 특정한 성향(bias)을 작동시킨다. 벡에 따르면, 이처럼 편향된 성향이 체계를 갖추면서 인지적 전환(cognitive shift)을 가져오는데, 바로 그 안에 인지적 취약성(cognitive vulnerabilities)이 자리잡고 있다. 벡의 인지치료에서 인지도식을 재구성하려는 시도는 바로 인지도식을 활성화시켜서 다른 체계로의 변화를 유도함으로써 인지적 취약성을 극복하려는 것이다.

그의 인지치료는 진화론적 이론에 바탕을 두고 인간의 행동을 이해한다. 벡에 따르면, 인간의 행동에서 '정상'과 '비정상'은 명확히 구분된다기보다는 연속적으로 이어지고 있으며, 이러한 증상만이 아니라 모든 행동은 '적응'이라는 맥락에서 진화론적 체계 안에서 이해될 수 있다(Beck, 1991). 따라서 그는 적응을 위해 인간들이 인지적 기제, 즉 "위계적으로 이루어져 있는 인지적 구조뿐만 아니라 적절한 정보를 선택적으로 받아들이거나 걸러내는 인지적 기제"(Weishaar, 2007, p. 118)를 지니고 있으며, 이를 통해 정보를 처리한다고 여겼다. 이처럼 그의 인지치료는 진화론적인 이론적 배경에서 정보처리모델을 전제로 한다.

그렇다면 개인들의 사회적 '적응'을 위해 인지적 기제를 발휘하며 정보를 처리함으로써 인지도식을 재구성하기 위한 인지치료의 구체적인 방법은 과연 무엇일까? 이 지점에서 벡의 인지치료는 행동치료의 환원론이나 환경적인 결정론과는 전혀 다른 견해를 취하는데, 인간이 자유의지를 지니고 있으면서 선택의 자유와 책임을 질 수 있는 존재라고 보았기 때문이다. 우선적으로 벡은 자동적인 사고나 역기능적 인지도식을 내담자가 스스로 찾아보도록 하고, 좀 더 적응적이고 합리적인 사고로 바꾸어가는 재학습의 과정을 통해서 변화를 이끌어 내고자 시도했다. 치료자로서 그는 당시 초기 정신분석에서의 권위적인 태도, 그리고 행동치료에서 자극과 반응을 단선적으로 연결 짓는 것을 벗어나서, 자신의 환자가 스스로 주체적인 변화를 모색하기를 원했다.

나아가 벡은 이처럼 인지도식의 재구성과정에서 치료자는 촉진자가 되고, 환자 스스로 변화의 주체가 되도록 돕는 '소크라테스 대화'를 실제 치료기법으로 활용했다.[15] 마치 소크라테스가 대화상대자에게 질문을 제기함으로써 삶을 검토하는 대화를 전개한 것처럼, 벡은 내담자로 하여금 인지적 변화를 가져올 수 있도록 촉진하는 '질문'

---

15) 소크라테스 대화를 중심으로 본 벡의 인지치료와 소크라테스 사상의 연관성에 대해서는 노성숙(2012, pp. 218-226) 참조. 세계관해석을 중심으로 본 양자의 상세한 차이에 대해서는 노성숙(2016a, p. 5-21) 참조.

에 집중하면서 대화를 이끌어 갔다. 그가 '소크라테스 대화'를 중시하는 것은 바로 소크라테스의 대화에서 '질문'이야말로 주된 치료도구라고 여겼기 때문이었다.[16] "인지치료자는 일련의 신중한 질문을 통해서 먼저 내담자가 어떤 결론을 내리고 있는지 이해한 다음 어떤 다른 대안이 가능한지를 살펴보게 함으로써 내담자가 스스로 자신의 해결책을 얻도록 돕는다."(Weishaar, 2007, p. 183) 벡이 소크라테스 대화에서 특히 '질문'을 중요시한 것은 내담자가 덜 위협적으로 느끼면서 자신을 스스로 성찰할 수 있는 계기를 마련하기 때문이다. "일련의 질문들이 특별한 문제에 대한 환자의 생각의 문을 열어 이를 통해 최근 또는 과거의 다른 정보와 경험들을 고려해 볼 수 있도록 한다. 또한 환자의 호기심을 일으킬 수 있다." (Beck, 2005, p. 90)

예를 들어서, 그의 한 우울증 환자는 아무런 의욕도 없이 하루 종일 침대에 누워 있기만 했었다. 그는 이 환자의 자기 패배적 행동에 연관해서 끊임없이 '질문'을 던지면서 소크라테스 대화를 나누었다. 그리하여 치료시간이 끝나고 나서 침대로 돌아가는 것이 지닌 유용성에 대해 현실적으로 생각해 보도록 하고, 환자가 호전되는 것의 실용적 중요성을 깨닫도록 도왔다. 이러한 대화를 나누고 나서 벡은 환자의 동기를 측정했는데, 침대로 돌아가려는 환자의 욕망은 100%에서 5%로 감소했고, 계획에 따라 미리 정해진 행동을 하려는 동기는 0%에서 50%로 증가했다고 한다(Beck, 2005, p. 91).

벡에게 '소크라테스 대화'의 유용성은 그가 인지치료의 주된 도구로

---

16) 벡이 '질문을 주된 치료도구로 이용하라'고 하면서 제시하고 있는 '질문의 목적'에 대한 상세한 내용은 Beck(2005, pp. 87-90) 참조.

서의 '질문'을 기법으로서 강조한 것에서 매우 명시적으로 드러난다. 이와 더불어 그가 환자와 맺는 관계를 '협동적 경험주의(collaborative empiricism)'라고 지칭한 것에서도 우리는 소크라테스 대화의 정신이 매우 잘 스며들어 있음을 확인할 수 있다. 특히 정신분석과는 달리 인지치료에서 벡은 환자를 공동연구자로 간주하고 '협동(collaboration)'을 강조함으로써 치료자의 이론이나 판단이 앞서는 것이 아니라 내담자의 경험에 근거하여 내담자가 지닌 신념의 문제를 해결하고자 시도했다. 이러한 대화방식은 소크라테스가 대화참여자와 동등한 위치에 대화하면서 삶을 검토했던 작업과 매우 유사한 대화를 실천한 것이라고 할 수 있다.[17]

3) 엘리스의 합리정서행동치료에서 철학적 변화의 도모와 논박의 유용성

엘리스가 새로운 심리치료를 시작한 시점은 6년간의 정신분석을 그만 둔 1953년이었다. 그는 정신분석이 환자들에게 왜 당면하고 있는 문제상황에 이르렀는지에 대한 정신역동적 측면을 볼 수 있도록 도움을 주기는 하지만, 한 걸음 더 나아가 그들이 자기패배적인 삶을 멈추도록 할 수 있는 인지, 정서, 행동의 변화에 이르게 하지는 못한다는 것에서 깊은 한계의식을 느꼈다. 이러한 한

엘리스

---

17) 이러한 유사성에도 불구하고 벡은 환자 혹은 내담자가 지닌 신념을 '실증적으로 검증'할 수 있다고 보았기 때문에 소크라테스와의 차이를 보인다. 이에 대한 상세한 내용은 노성숙(2016a, pp. 13-17) 참조.

계를 극복하기 위한 답을 얻기 위해 엘리스는 수많은 철학서적들을 탐독했으며, 마침내 "부처, 노자와 같은 고대 동양의 철학자와 에피쿠로스, 에픽테토스, 마르쿠스 아우렐리우스와 같은 고대 그리스 로마 철학자는 정신분석학자와 행동주의자가 간과해 왔던 사항을 명료하게 인식하고 있었다."(Ellis & MacLaren, 2007, p. 20)는 점을 발견했다.

엘리스는 특히 에픽테토스가 "사람들을 심란하게 하는 것은 그 일들(τὰ πράγματα)[자체]이 아니라, 그 일들에 관한 [그들의] 믿음(δόγματα)이다."(Epictetus, 2003, p. 20)라고 말한 것을 자신의 심리치료의 기본 원칙으로 삼았다.[18] 에픽테토스는 소크라테스의 철학을 계승하면서 '나를 나이게끔 해 주는 것은 무엇일까?'에 대한 문제의식을 가지고 '자아'에 대한 관심을 불러일으켜 철학을 가르치고 실천했던 스토아학파의 한 사람이었다.

이러한 철학적 토대로부터 엘리스는 집중적으로 1953년부터 1955년까지 새로운 심리치료를 개발했으며, 이를 '합리적 치료(Rational Therapy)'라고 명명했다(Ellis 1957a, 1957b, 1958). 그는 심리적 고통을 다음과 같이 ABC이론을 통해서 설명했다. "사람들은 혐오적인 사건(A)을 만났을 때, 심한 불안이나 우울감과 같은 고통스러운 결과(C)를 보인다. 이와 같은 역기능적인 결과는 A와 신념체계(B)가 함께 만들어 낸 결과다. …… 내가 처음으로 합리적 치료의 ABC에서 B를 강조했을 때, 이를 동의하고 따르는 사람은 극소수에 불과했다. …… 많은 반대를 무릅쓰고, 인지행동치료(CBT)

---

18) 엘리스는 이러한 철학을 발견한 것에 대해 감격에 차서 다음과 같이 말했다. "나는 2000년이 지난 1950년대에 어두운 곳에 묻혀 있던 에픽테토스를 끌어내서 세상에 알리게 되어 얼마나 기쁜지 모른다."(Ellis & MacLaren, 2007, p. 18)

의 선구자로서 REBT를 널리 알리기 위해 노력해 왔다."(Ellis & MacLaren, 2007, pp. 18-19)

엘리스는 1950년대 정신분석이 주류를 이루고 있을 때에 '인지'의 중요성을 강조하면서 혁신적 치료를 시작했고, 이어서 인지적인 면과 행동적인 면을 최초로 결합함으로써 인지행동치료의 개척자가 되었다. 그런데 그는 자신의 '합리적 치료'가 그 명칭에서 자칫 정서적 측면이 간과될 수 있다는 점을 자각하면서, 1961년 동료 로버트 하퍼(Robert Harper)와 함께 '합리적 정서치료(RET)'로 명칭을 바꾸기에 이르렀다. 엘리스는 이미 초기 치료에서부터 행동적 방법을 합리적 치료에 활용해 오기는 했지만, 마침내 1993년에는 자신의 치료에서 행동적 기술과 숙제의 활용을 더욱 강조하기 위해 '합리정서행동치료(Rational Emotive Behavior Therapy: REBT)'로 재차 달리 명명했다(Yankura & Dryden, 2011, p. 44).

이와 같이 치료의 명칭을 바꾸기는 했지만, 엘리스는 이전의 심리치료와는 달리 정서적 문제의 발생과 치료과정에서 '합리적 사고'의 중요성을 강조했을 뿐 아니라 합리적 사고와 심리적 적응 사이의 상호연관성에 관심을 지니고 꾸준히 인지, 정서, 행동의 종합적이고도 통합적인 치료를 위해 노력했다. 그런데 그의 치료는 단순히 긍정적 사고를 강조하거나 부정적 사고를 무조건적으로 낙관적 사고로 대체하려는 것에 있지 않았으며, 그보다 "내담자의 근본적인 철학적 변화를 도모한다는 점"(Ellis & MacLaren, 2007, p. 27)을 가장 중요하게 생각했다.

그렇다면 '합리정서행동치료'가 이처럼 '근본적인 철학적 변화'를 시도한다는 것은 과연 무엇을 의미하는가? 이는 삶을 살아가는 개인의 관점을 근본적으로 변화시키는 것을 말한다. 즉, 개인들이 지닌 자동적 사고가 부정적으로 흘러가는 것을 단순히 방지하는 데에 그치는 것이 아니라 '개인의 핵심적인 비합리적 신념을 변화시키는 것'을 말한다. 엘리스는 각 개인들의 삶에 근간이 되는 철학을 '신념'이라고 보고, 합리적 신념과 비합리적 신념을 구분했는데, "합리적 신념은 인간의 복지와 만족, 행복에 기여하는 것으로 여긴 반면, 비합리적 신념은 상당한 정서적 혼란 및 역기능적인 행동의 일화를 유발하는 것"(Yankura & Dryden, 2011, p. 70)으로 보았다.

엘리스는 심리적 어려움을 겪고 있는 내담자에게 '합리정서행동치료'를 활용해 본 뒤, 처음에는 12가지의 비합리적 신념을 제안했고, 점차 이를 3가지 상위적인 신념으로 묶어서 명료히 했다. 그가 말하는 3가지의 '반드시 ~해야 한다'식의 강요적인 요구를 담고 있는 비합리적 신념은 다음과 같다. 첫째, '나는 어떤 상황에서든 주어진 일을 반드시 잘 수행해야만 하고 중요한 타인에게서 인정을 받아야만 한다. 그렇지 않으면 나는 부족하고 사랑받을 수 없는 사람이 된다.' 둘째, '사람들은 어떤 상황에서든 나를 반드시 공정하게 그리고 친절히 대해야만 한다. 그렇지 않으면 몹쓸 인간이다!' 셋째, '세상일은 항상 반드시 내가 원하는 대로 되어야 하고, 대부분 즉각적인 만족이 뒤따라야 하며, 내가 힘들게 세상을 변화시킬 필요가 없어야 한다. 그렇지 않다면 이는 정말 끔찍하고 참을 수 없는 일이며, 그런 상황에서 내가 행복해진다는 것은 전적으로 불가능하다'(Ellis & MacLaren, 2007, pp. 51-52).

엘리스는 치료자들이 이와 같은 비합리적이고 역기능적인 신념을 미리 잘 숙지하고 있어야 내담자의 핵심적인 비합리적 신념을 찾아낼 수 있으며, 그로부터 파생된 하위생각들도 찾아낼 수 있다고 보았다.[19] 따라서 치료자는 내담자와 함께 비합리적인 하위신념들을 인지하도록 하고, 그것이 자신의 심리적인 곤경, 예를 들어서 우울 등과 어떻게 관련이 되며, 그것이 왜 경험적 현실과도 일치하지 않고 비논리적이며 자기 파괴적인지를 깨닫도록 도와야 한다고 말했다.

그런데 '합리정서행동치료'를 통해 엘리스는 과연 어떻게 내담자가 자신의 '비합리적 신념'을 구체적으로 깨닫도록 할 수 있었을까? 그가 내담자의 비합리적 신념을 활성화하여 생생하게 인식하도록 하는 핵심적 치료기법은 다름 아닌 "비합리적 신념을 논박하기(disputing)"(Yankura & Dryden, 2011, p. 111)였다. 논박은 "내담자의 신념 체계가 얼마나 유용한 것인지 스스로 평가하도록 돕는 적극적인 기법"(Ellis & MacLaren, 2007, p. 87)이다. 엘리스는 논박을 2가지 방식으로 나누었는데, 교육적 방식과 소크라테스적인 방식을 말한다. 교육적 방식은 융통성 있고 적응적이며 개인과 사회의 행복에 기여하는 합리적 신념과 경직되고 독단적이며 사회적 현실에도 부합하지 않는 비합리적 신념을 구분하고 예를 들어 설명함으로써 내담자에게 '합리정서행동치료'가 무엇인지를 정보적으로 알려주는 것이다. 또한 이러한 치료에서 상담자는 일종의 '교사' 역할을 수행하기도 하는데, 내담자로 하여금 새로운 사고전략을 짜고, 현실의 문제 상황에 직면하여 다르게 행동할 수 있도록 돕는다. 이러한 교육적 방식이 치료 초반에 유용한 반면에, 그 이후에는 내담자의 비합리적 신념을 실제로 논박하는 소크라테스적인 방식이 필요하다.

---

19) 엘리스에 따르면, 파생될 수 있는 비합리적 신념은 파국화(Awfulizing), 낮은 인내력(I-can't -stand-it), 과잉일반화(overgeneralizing), 비약적인 결론(Jumping to conclusion), 부정적으로 생각하기(Focusing on the negative), 긍정적인 것 무시하기(Disqualifying the positive), 잘한 일 축소하기(Minimizing the good things), 개인화(Personalizing), 부인(Phoneyism), 완벽주의(perfectionism) 등이 있다(Ellis & MacLaren, 2007, pp. 55-56).

치료자는 소크라테스의 문답법을 적극적으로 활용하여 마치 소크라테스처럼 계속적으로 질문을 던짐으로써 내담자로 하여금 답변을 시도하면서 자신의 인지, 정서, 행동의 문제를 점차 알아차리도록 돕는다.

이와 같이 볼 때, 엘리스의 '합리정서행동치료'는 인지적 기법을 통해서 비합리적 생각을 발견하고 이에 도전적으로 직면하여 새로운 생각으로 바꾸는 데에 그 목적이 있다고 할 수 있다. 그는 다른 심리치료들보다 앞서서 '신념' '사고'의 중요성을 깨닫고, 인지의 변화가 정서와 행동에 매우 핵심적 역할을 할 수 있다는 사실에 주목했다. 이처럼 그가 말하고 있는 인지의 변화는 치료적 국면에서 철학이 지닐 수 있는 유용성을 매우 직접적으로 보여 준다. 이는 물론 그가 '비합리적 신념을 논박하기'라는 핵심기법을 소크라테스 대화의 원천으로부터 끌어와서 사용했다는 사실에서도 확인할 수 있다. 그러나 이보다 더 우리가 관심을 가져야 할 부분은 내담자의 사고방식에 근본적으로 철학적 차원의 변화가 일어날 때에 비로소 정서와 행동의 변화를 가져올 수 있다는 점을 심리치료자로서의 엘리스가 자신의 치료의 근간으로 삼았다는 사실이다. 이는 오늘날 철학상담의 탄생을 이미 암묵적으로 예견하고 있었던 것은 아닐까?

이와 같이 인지적 심리치료가 행동주의와의 긴밀한 연관성 속에서 전개되는 과정을 돌이켜 볼 때, 우리는 철학이 촉진적 '질문'을 통한 인지의 재구성, 비합리적 신념의 '논박' 등을 통해서 심리치료의 기법으로 유용하게 활용되었음을 알 수 있었다. 인지적 심리치료는 특히 소크라테스 대화의 중요성을 일깨웠으며, 내담자들에게 철학적 차원의 변화가 지니는 의미를 환기시켰다. 이처럼 부분적으로 철학을 도입하여 기법으로 활용한 인지적 심리치료와는 달리 이전에 나타났던 의료와 정신의학에서의 '인간학적 전회'와 철학적 인간이해의 중요성을 전폭적으로 수용하면서 새로운 심리치료가 모색되었는데, 다음 절에서는 이 모색과정을 로저스의 '인간중심치료'와 프랭클의 '로고테라피'를 통해서 고찰하고자 한다.

5. 인간중심치료와 로고테라피에서 철학적 인간 이해의 중요성

1) 로저스의 인간중심치료에서 현상학과 실존적 인간이해의 중요성

칼 로저스(Carl R. Rogers)는 1960년대 당시 미국에서 심리치료의 양대 산맥을 형성하고 있었던 정신분석, 행동치료와 달리 새로운 방향을 제시했다. 그는 어떤 심리치료나 심리학의 '정설'에도 의존하지 않았으며 '정신적 독립성'(Thorne, 2007. p. 41)을 지니고, 인간에 대한 전적인 신뢰로부터 새로운 심리치료에 도전했다. 우선적으로 그는 인간과 모든 유기체를 근본적으로 신뢰

로저스

하면서 이전의 과학자들에게 무시된 전체론적인 힘과 그 가능성에 천착했다. 남아공의 얀 크리스천 스무츠(Jan Christian Smuts)는 "우주 안에서 근본적인 존재의 모든 단계마다 보이는 전체 만들기(whole-making), 전체론적인 성향(holistic tendency)"(Rogers, 2007, p. 129)을 중시했는데, 이에 영향 받은 로저스는 인간에게 '실현성

향(actualizing tendency)'과 '형성성향(formative tendency)'이 있다고 주장했다.

로저스는 모든 유기체가 '생명', 즉 '전체적인 방향성을 가진 과정'에 있으며, '실현성향'을 지니고 있다고 보았다. "모든 살아있는 유기체 안에는 수준의 차이는 있지만, 고유의 잠재력을 적극적으로 실현하고자 하는 성장의 흐름이 내재되어 있다. 인간 안에는 더 복잡하고 완전한 발달을 향하는 자연적인 성향이 있다."(Rogers, 2007, p. 133) 로저스의 예에 따르면, 꽃, 떡갈나무, 지렁이 또는 아름다운 새, 원숭이 또는 사람에게서 실현성향이 항상 작용하고 있으며, 이러한 실현성향은 살아있는 모든 유기체 안에 존재하고, '생명' 안에서 일어나는 적극적인 과정이다. 앨버트 센트죄르지(Albert Szent-Gyorgyi)는 이처럼 살아있는 유기체 안에서 자기 자신을 완성시키려는 힘이 존재한다는 것을 통해서 식물의 성장과정에서 나타나는 신비를 설명하는 데에 주력한 반면에, 로저스는 유기체로서의 인간에게 내재해 있는 기본적 동기를 '실현성향'이라고 명명했다. 실현성향은 개인으로 하여금 자신의 잠재력을 펼치면서 성장과 완성을 향해 나아가도록 하지만, 개인이 속한 환경에 의해 제약을 받아 뒤틀릴 수도 있다. 따라서 로저스는 상담이나 교육을 통해서 건설적인 성장과 성취가 일어날 수 있도록 허용해 주는 조건을 제공해 주는 것이 중요하다고 여겼다.

또한 로저스는 유기체로서 개인 안에 존재하는 '실현성향'을 좀 더 폭넓은 영역으로 확장시켜서, '형성성향'이라는 용어로 설명하기도 했다. 우주의 살아있는 모든 유기체가 질서를 지니고 지속적인 창조의 과정을 진행하려는 성향을 지니고 있다는 것이다. 그는 자신의 논제를 다음과 같이 말했다. "우주 안에는 형성성향이 작용하고 있는 것으로 보이며, 이는 모든 면에서 관찰될 수 있다. 형성성향은 그동안 마땅히 받았어야 할 적절한 관심을 받지 못했다."(Rogers, 2007, p. 139) 그의 '형성성향'이라는 용어는 당대 새로운 무라야마 (Murayama)의 사회과학적 인식론[20], 그리고 전체론적인 생물학과 역사학의 이론 및 경험으로부터 많은 영향을 받은 것이었다. 로저스의 '형성성향'은 1974년 당시 생물학자 센트죄르지의 '신트로피(syntropy)'와 역사사상가 랜슬롯 화이트(Lancelot Whyte)가 말한 '변형성향(morphic tendency)'을 충분하게 인식하고 수용하는 데에서 비롯되었다. 로저스는 '신트로피'라는 용어의 의미, 즉 "퇴보를 향한 성향을 무시하지는 않되 무생물과 생물 모두 안에 질서의 증가를 향하여, 그리고 상호작용하는 복잡성을 향하여 항상 움직이는 성향이 분명하게 나타난다."(Rogers, 2007, p. 141)는 뜻을 이어받고자 했다. 나아가 그는 이러한 '형성성향'을 인간에게 적용하고자 시도했다. "우주는 퇴보하고 있지만 동시에 언제나 건설하고 창조하고 있다. 이런 과정은 인간에게도 분명하게 나타난다."(Rogers, 2007, p. 141)

집단이나 개인의 치료자 혹은 촉진자로서의 경험으로부터 로저스는 이러한 '변형된 의식상태'를 자주 발견하곤 했다.

내가 나의 내면의 직관적인 자신에 가장 가까울 때, 내가 내 안에 알려지지 않은 부분과 어떻게든 접촉할 때, 아마도 약간 변형된

---

20) 무라야마는 '원인'에 '결과'가 단선적으로 뒤따라오는 것이 아니라 원인과 결과 사이의 상호작용을 인정하는 사회과학의 인식론, 즉 '변형성적 인식론(morphogenetic epistemology)'을 주장했는데, "생물의 현상을 이해하기 위해서는 생물학적 과정이 우발적인 과정이 아닌 호혜적인 인과관계의 과정이라는 것을 이해해야만 한다."(Murayama, 1977, p. 130: Rogers, 2007, p. 137에서 재인용)고 말했다.

의식 상태에 있을 때, 내가 하는 일이 매우 치료효과가 있는 것 같다. 그럴 때는 내가 함께 있어 주는 것만으로도 상대방을 편안하게 해 주고 도움을 준다(Rogers, 2007, p. 143).

여기서 우리가 주목해 볼 지점은 로저스 심리치료에서의 형성성향이 인간의 '의식적' 기능이라는 것이다. 특히 인간은 단순한 자연과학적 원인결과로 이어지는 단선적인 결정론의 관계에 의해 움직이는 것이 아니라 의식적으로 자유롭게 선택하고 자발적으로 형상을 만들어 갈 수 있는 존재이다. 로저스의 인간중심치료의 궁극적인 목표는 '온전하게 기능하는 인간(the fully functioning person)'으로 성장하도록 돕는 것인데, 이러한 인간은 유기체로서 아무런 장벽 없이 자유롭게 선택하는 삶을 살고, 전체적이고 통일된 생명의 방향을 향해 움직이면서 더욱 크고 창조적인 형성성향에 참여할 수 있는 존재다(Rogers, 2007, p. 142).

물론 로저스의 인간이해에 토대가 되는 '실현성향'과 '형성성향'은 당대의 새로운 경험에 대한 과학적 이론들을 통해서 객관적으로 설명되었다. 그러나 철학적인 입장에서 볼 때, 로저스의 인본주의적 인간이해는 현상학과 실존주의 사상에 바탕을 두고 있다고 할 수 있다.[21] 그는 자신의 체험 속에서 치료의 본질을 찾아냈

---

21) 로저스는 주관성을 많이 사용하는 치료자와 객관적인 과학자라는 두 역할 사이에서 오랜 시간 동안 갈등했었다. 그러다가 치료자로서의 체험으로부터 지닌 주관적이고 존재론적인 사고와 과학적 연구자로서 엄격한 객관성의 논리실증주의 사이에서 새로운 통합에 도달했다. 이에 대해서는 Rogers(2009, pp. 227-255) 참조. 이러한 로저스의 문제의식은 분과학문으로서의 심리학이 지닌 학문적 정체성 문제와 긴밀하게 연관된다. '자연과학적-설명하는 심리학'과 '정신과학적-이해하는 심리학'은 방법론적으로 '수량적 혹은 요소분석적(faktorenanalytisch) 처리방식'과 '질적 혹은 감정이입적(empathisch)' 방식 사이에서 고민하지 안 되었기 때문이다(Fenner, 2017, p. 44).

는데, 인간에게 주관적이고 존재론적 토대가 있다고 믿고, 서로를 신뢰하는 관계 속에서 '자기와 경험 사이의 불일치(incongruence between self and experience)'를 벗어나 통합을 이루는 것을 치료의 목표로 삼았다.

로저스의 이러한 치료의 핵심은 첫째로 현상학적인 토대를 통해서 이해될 수 있다. 그의 인간중심치료는 치료자 및 상담자와 내담자의 주관적 경험이 지니는 중요성에서 출발한다. 로저스가 치료자로서 자신의 경험을 통해 터득한 것은 '치료라는 것이 매우 개인적이고 주관적인 경험'(Rogers, 2009, p. 84)이라는 점이다. 이처럼 치료자와 환자의 주관적 경험에서 출발하는 인간중심치료는 "각자 자신과 세계에 대한 주관적인 인식에 따라 행동한다는 믿음에 기초한 현상학적 전통의 주류"(Thorne, 2007. p. 77)에 서 있다고 할 수 있다. 이러한 맥락에서 로저스는 내담자와의 신뢰를 쌓는 기반을 '현상적 장(phenomenal field)'이라고도 표현했는데, 이는 '매 순간 개인의 의식에 지각되고 경험되는 모든 것'이자 '개인이 변화하는 세계를 지각하고 경험하는 심리적 공간으로서 개인의 사적이고 주관적인 경험세계'를 의미했다. 또한 현상학적 장은 '개인에게 경험되는 실제세계로 여겨지는 내적 참조체계(the internal frame of reference)로서 모든 판단과 행동의 근거'(권석만, 2012, pp. 280-281)가 되는 것을 말한다.

둘째로 로저스가 말한 '진정한 자기 자신이 되는 것'이라는 심리치료의 목표는 실존주의 사상에 그 뿌리를 두고 있다. 시카고대학의 한 학생의 권유에 의해 접하게 된 키르케고르와 부버로부터 로저스는 자신의 새로운 접근법에 대해 엄청난 지지를 받았다고 느꼈으며, 다음과 같이 고백했다. "놀랍게도 내 접근법의 원산지가 바로 그 실존주의 철학이라는 것을 발견했던 것입니다."(Rogers, 2007, p. 58) 그는 키르케고르를 접하고 더욱 깊은 통찰력을 얻었으며, 그로부터 영감을 얻어서 자신의 신념과 체험을 더욱 잘 표현할 수 있게 되었다고 말했다.[22] 로저스는 자기보다 이미 백 년 전 키르케고르가 개인들이 내면에서 겪는 딜레마를 정확하게 묘사하고 있다는 데에 커다란 놀라움을 표현했다.

키르케고르

키르케고르는 인간이 자기 자신이 되지 못한다는 사실 때문에 고통스러워할 뿐 아니라 '절망(Verzweiflung)'한다는 것을 목격하고, 자기 자신이 되고자 끊임없이 노력하는 역동적인 과정 중에 있는 개인의 내면에 대해 매우 상세한 저술을 남겼다. 그는 어린 시절부터 자기 자신의 존재에 대한 물음을 계속해서 지니고 있었고, 아버지와의 엄청난 갈등을 겪고 나서는 자기 존재를 부인하고 싶은 깊은 좌절과 우울 속에서 살았다. 그런데 그는 그토록 절망하고 있는 자기 자신의 존재에 대한 성찰을 거듭하는 가운데, 자기 자신으로부터 도피하거나 심지어 자기 자신이 되기를 원하지 않으면서도 오히려 끊임없이 자기 자신을 추구하고 있다는 모순적 사실에 직면하지 않을 수 없었다. 그리고 이처럼 자기 자신의 존재 모순을 자각하는 것, 즉 '자기 자신에게 있는 병'이 자기 혼자만의 이상한 심리적 상태가 아니라 '유한성을 지니고 태어난 인간이라면 누구나 자기 자신과 관계할 때 경험하게 되는 병'(박승찬, 노성숙, 2013, p. 345)

---

22) 로저스는 키르케고르가 '아주 민감하고 높은 수준의 사고를 가지고 있는 사람'이라고 여겼으며, 자신이 많은 도움을 받았고, 이를 바탕으로 '인간인가 혹은 과학인가'에 대한 논문을 작성했다고 말했다(Rogers, 2009, p. 228).

이라는 것을 깨달았다. 그는 이를 '절망'이라고 명명한 뒤, 그 내면의 투쟁적 과정을 『죽음에 이르는 병』이라는 저술을 통해서 상세하게 펼쳐 보였다. 그는 '절망'이 '자기 자신에 관계하면서 통합의 관계'를 성취할 수 없었을 때 생겨난다고 보았다(Kierkegaard, 2005b, p. 34).

로저스는 키르케고르가 이미 많은 내담자들이 겪는 심리적 고통의 핵심을 잘 파악하고 있었다고 간주했다. 왜냐하면 내담자들이 다양한 어려움 속에서 힘들어 하지만, 그 이면에 놓인 가장 핵심문제는 '참된 자기'에 접촉하고 싶은 열망을 지니고 있으며, 그들이 진정한 자기에 도달하지 못할 때 바로 키르케고르가 말한 '절망'에 빠지기 때문이다.

> 그는 대부분의 절망이 선택하거나 개인의 의지가 아닌 것, 그 자신이 되지 못한 것에 있다고 지적하였다. 그러나 더 깊은 절망은 '다른 사람이 되는 것'을 선택한 것이다. 달리 말하면 '진실로 그 자신이 되고자 하는 것은 실로 절망의 반대편에 있다.'는 것이며, 선택은 사람의 가장 심오한 책임이다. 나는 그의 글들을 읽으면서 혹시 그가 우리의 내담자가 진짜 자신을 찾는 과정의 이야기들—종종 고통스럽지만—을 들은 것이 아닌가 하는 생각이 들었다(Rogers, 2009, p. 130).

로저스는 '키르케고르가 내담자들의 말을 듣고 쓴 것이 아닌가' 하는 생각이 들 정도로 그 내면의 핵심을 파고들어 가 묘사했고, 내담자들이 가면을 벗어던지고 자기 자신이 되고자 애쓰는 과정을 이미 꿰뚫어 보았다고 여겼다. 내담자들은 자신의 일부라고 생각해 온 그 가면이 거짓이라는 것을 발견하기도 하지만, 그 진실을 마주하는 것이 두려워서 그토록 힘들어하기 때문이다. 바로 그 힘든 순간에 로저스는 심리치료를 통해 내담자가 자신의 감정을 '자유롭게 충분히 경험'하도록 하고, 그 경험을 통해서 자기 자신을 발견함으로써 계속해서 그 변화에 자신을 내맡길 수 있도록 도와야 한다고 주장했다. 따라서 키르케고르가 분석한 절망은 한편으로 자기를 파괴할 정도로 '죽음에 이르는 병'이 되기도 하지만, 그와 같이 빗나간 자기 관계로부터 오히려 올바른 자기 존재로 전환할 수 있도록 한다는 점에서 심리치료를 위한 매우 핵심적 계기를 제공한다고 할 수 있다.[23]

또한 키르케고르가 말한 '절망'과 '진정한 자기 자신 되기'는 로저스가 내담자와의 심리치료를 시작하는 시발점과 목표를 매우 명시적으로 보여 준다. 그뿐만 아니라 심리치료 과정 중에 내담자가 직면한 거짓 자기와 참 자기 사이에서의 갈등은 '중간존재(inter-esse)'로서의 실존이 지닌 철학적 구조를 통해 매우 잘 이해될 수 있다. 다시 말해 키르케고르에게서의 '자기'는 이처럼 무한성과 유한성, 시간적인 것과 영원한 것, 자유와 필연, 육체와 영혼 등의 끊임없는 이중운동 속에 참여함으로써 스스로와의 관계 속에서 성취되는 것이다(Kierkegaard, 2005b, p. 31). 로저스의 심리치료는 내담자들의 이러한 실존적 성취를 동행함으로써 '진정한 자기 자신이 되어가는 과정'을 돕는 것이라고 할 수 있다.

이와 같이 볼 때, 비록 로저스가 자신의 인간중심치료의 이론적 기초를 생물학과 실증주의로부터 설명했지만, 그의 심리치료는 현

---

23) 절망이 심리치료의 계기를 제공하기는 하지만, 그 치료가 항상 성공하지는 않는다는 사실을 우리는 엘렌 베스트의 사례를 통해서 잘 알 수 있다. 이에 대해서는 노성숙(2018c, pp. 93-105) 참조.

상학과 실존주의에 입각한 인간이해에 뿌리를 두고 있다고 할 수 있다. 나아가 그가 삶에서의 실천으로 보여 준 상담자로서의 길은 오늘날 철학상담과 매우 밀접한 연관성을 지니고 있다고 할 수 있다. 로저스는 치료자의 인간적 자질이 가장 중요하다고 강조하면서 '상담(counseling)'이라는 단어를 처음 사용했는데, 이는 정신과 의사들에게만 독점적으로 허용되었던 심리치료를 '비전문가(lay therapy)'에게 개방하는 계기를 마련했다. 그리하여 새로운 상담 전문직의 발전을 가져왔으며, 상담을 다양한 삶의 현장에서 일상화하도록 기여했다(Thorne, 2007, pp. 151-152). 또한 그는 기존의 심리치료가 지녔던 이론의존성의 문제와 전문가중심주의를 비판하면서 심리치료의 이론과 기법에서 새로운 반향을 일으켰다. 치료자가 이론에만 의존할 경우, 내담자의 경험세계와 연결고리를 만들어 내고자 노력하기보다는 이미 정해 놓은 인지적 틀 속에 내담자를 짜 맞추려는 상황이 벌어질 수 있기 때문이다. 아울러 치료자가 전문가 역할을 권위적으로 행사할 경우, 내담자와의 힘의 불균형이 생겨나면서 내담자로 하여금 자신의 경험을 신뢰하고 자각할 수 있는 치료관계를 형성하기 어렵게 만들 수 있다(Thorne, 2007, pp. 75-77). 이러한 문제의식은 철학상담이 기존의 아카데미 철학에서의 이론의존성에서 탈피하여 '실천'을 강조하고 나선 것, 그리고 상담자와 내담자의 동등한 입장에서 '사유의 동반자'를 중요시한 것에 매우 근접해 있다고 할 수 있다(노성숙, 2018a, pp. 60-65; p. 77).

2) 프랭클의 로고테라피에서 철학적 인간이해의 중요성

의료와 정신의학에서 인간학적 전회와 철학적 인간이해는 로

프랭클

저스의 인간중심치료와 더불어서 빅터 프랭클 (Viktor E. Frankl)로 하여금 정신의학의 분야에서 도 새로운 심리치료로의 변화를 모색하도록 촉구 했다. 빈(Wien) 대학의 신경과와 정신의학과의 교 수이자 의사였던 프랭클은 오늘날과 같은 전문가 시대에 개별과학들의 세분화는 불가피하다고 보 았다. 그런데 문제는 그와 같이 전문화된 영역을 통해서 인간에 대한 이해가 환원론(reductionism) 과 범결정론(pan-determinism)에 의거하게 되면서 통합된 인간관을 지닐 수 없게 되었다는 데에 있다. 그렇다면 이러한 환원론에 직면 하여 다양한 개별과학들로부터 얻은 인간에 대한 지식들을 수용하 면서도 인간이라는 존재의 단일성(oneness)을 말할 수 있는 가능성은 과연 없을까? 이 지점에서 프랭클은 철학적 인간이해의 필요성을 자각하고, 니콜라이 하르트만(Nicolai Hartmann)의 존재론과 막스 쉘러 (Max Scheler)의 인간학, 그리고 토마스 아퀴나스의 사상에 착안하여 '차원적 존재론'을 주장했다.

하르트만은 존재를 여러 계층(Stufe)으로 구분하고, 맨 아래에 물 질적 존재, 유기적 존재, 심리적 존재, 영적 존재로 나누었는데, 프 랭클에 따르면, 여기서 '영적'이라는 것의 의미는 종교적인 것이 아 니라 정신학적인(noölogical) 것을 말한다. 이에 반해 쉘러의 인간학 은 여러 '계층'을 위계질서로 보지 않고, '층(Schichte)'이라고 하면서, 생물학적, 심리학적 층들이 인간의 핵심 축으로서의 영적인 층과 구 분된다고 주장했다. 그런데 프랭클은 하르트만과 쉘러가 존재의 질 적인 차이, 즉 존재론적 차이를 잘 인식하고는 있지만, 인간학적인 통 일성(unity)이 충분히 고려되지 않았다고 보고, 철학사를 더 거슬러 올라가서 토마스 아퀴나스의 '다양성을 지닌 통일체(unitas multiplex)'를 적극 수용했다. 그리하여 인간을 '다양성에도 불구하고 통일체(unity in spite of multiplicity)'라고 규정했다(Frankl, 1988, p. 22).

이와 같이 하여 프랭클은 철학적인 인간학, 즉 존재론적 차이와 인간학적 통일성을 바탕으로 '차원적 존재론'을 제안하기에 이르렀다. 그의 차원적 존재론은 두 가지 법칙에 근거하는데, 이는 기하학적 차원에서의 이미지를 통해서 명확히 드러난다.

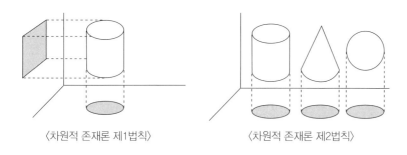

〈차원적 존재론 제1법칙〉   〈차원적 존재론 제2법칙〉

첫째, 차원적 존재론의 제1법칙은 "하나의 동일한 현상이 그 자체의 차원보다 더 낮은 차원에 투영되면, 개별적인 그림들은 서로 모순되는 것처럼 나타난다."(Frankl, 1988, p. 23)는 것이다. 다시 말해서 3차원의 원통 모양의 컵을 '수평'이나 '수직'의 2차원으로만 바라볼 경우, 직사각형과 원만 드러나기 때문에 모순되어 보인다. 그런데 동일한 컵을 3차원에서 입체적으로 바라본다면, 더 이상 평면적 차원에서의 모순이 아닌 하나의 통일체로서의 컵을 인식할 수 있다. 이러한 형상화는 프랭클의 비판적 견해를 전제하고 있는데, 생물학이나 심리학적 견지에서 인간을 환원론적으로 바라볼 경우, 인간의 다양성을 각각 원이나 직사각형의 형태로 분리해서 설명할 수는 있지만, 자칫 생물학적 차원과 심리학적 차원이 모순되는 것처럼 보이도록 함으로써 통일체로서의 인간을 볼 수 없게 만들기 때문이다. 따라서 프랭클은 3차원의 원통에 해당하는 정신학적 차원의 인간에 주목했는데, 이는 자칫 생물학과 심리학적인 견해, 즉 육체와 정신으로 각각 양분되었던 인간을 하나의 통일체로 바라볼 수 있게 하기 때문이다. 더욱 흥미로운 점은 프랭클이 원통 모양의 컵을 직사각형이나 네모 형태의 각각 닫힌 형상으로만 2차원으로 환원해서 지각할 것이 아니라 3차원에서 총체적으로 바라보아야 한다고 주장했을 때, 그 컵의 뚜껑이 열려 있다는 사실, 즉 컵의 개방성을 부각시켰다는 것이다. 이러한 이미지의 시각화를 통해서 그는 인간이라는 존재가 정신이거나 육체 중 하나로만 이분법적으로 환원되거나 결정될 수 없는 존재이며, 원통의 컵 뚜껑이 열려 있는 것처럼 단순히 생리적으로나 심리적으로 자극에 반응하는 폐쇄적 존재가 아니라는 점을 강조했다. 프랭클에게 인간은 선택의 자유를 지니고 자기를 초월하여 의미를 찾아갈 수 있는 개방적인 존재라는 사실이 중요했기 때문이다.

둘째, 차원적 존재론의 제2법칙은 "서로 다른 현상들이 그들 자체의 차원에서부터 그보다 낮은 차원으로 투영되면, 그 영상들은 애매하게 나타난다."(Frankl, 1988, p. 23)는 것이다. 원통, 원뿔, 공은 수평적으로 투영될 때 모두 같은 원의 그림자로 나타나기 때문에, 아무런 차이를 발견하지 못한다. 즉, 평면의 그림자만으로는 결코 각각의 원이 지닌 입체적인 3차원의 형태를 구별해 낼 수가 없다. 프랭클은 세 개의 원 그림자가 지닌 애매성을 인간들이 겪는 신경증의 애매성과 결부시켜 설명했다. 대체로 사람들은 신경증이 심리적으로 유래하는 것이라고 알고 있지만, 이 외에도 신체적으로 유래한(somatogenic) 신경증과 정신적으로 유래한(noögenic) 신경증도 있다. 예를 들어서 갑상선 기능 항진증에 의한 광장공포증 (agoraphobia)(Frankl, 1988, p. 27)도 있을 수 있으며, 영적인 차원에서 도덕적 갈등이나 의미를 추구하는 의지의 좌절로 인해 생겨난 신경증도 나타날 수 있다. 이처럼 신경증의 원인이 다차원적인 만큼 진단뿐 아니라 그 치료도 다차원적으로 진행될 필요가 있다. 나아가 프랭클은 의사들이 환원론과 범결정론에 의한 인간이해에서 벗어나서, 의미를 추구하는 인간이해도 수용함으로써 "의료에서의 영혼의 돌봄(ärztliche Seelsorge)"[24]에 전념할 것을 간곡히 요청했다.

이와 같이 프랭클은 차원적 존재론에 입각한 인간이해의 중요성을 깨닫고, 이론적 차원에서만이 아니라 실천적 차원에서 새로운 심리치료를 모색했다. 그는 실제 자신의 의료현장에서 '임상을 뛰어넘는 문제들(meta-clinical problems)'(Frankl, 2006, p. 116)을 발견하고, 이를 철학적 인간관과 세계관을 통해 극복하고자 시도했다. 그는 자신의 치료가 실존적 정신의학의 범주에 속한다고 여겼는데, 처음에는 자신의 치료를 '실존분석(Existenzanalyse)'이라고 부르다가 나중에 자신만의 고유한 기법을 개발하면서 '로고테라피(Logotherapie)'라는 새로운 이름으로 명명하고 독자적인 치료로 발전시켜 나갔다.

그는 한편으로 의사이자 심리치료사로서 프로이트와 아들러의 문제의식을 이어받고 있었다. 따라서 어느 누구도 침범할 수 없는 프로이트의 권위에 대해 존경심을 지속적으로 표하기도 했지만, 정신과 의사로서 이전의 치료법을 넘어서서 자신의 임상에 적용될

---

24) 프랭클은 '의사가 행하는 영혼의 돌봄(ärztliche Seelsorge)'은 역사적으로 성직자가 행해 왔던 것을 대체하는 것은 아니며 단지 보완하려는 것이고, 오늘날 환자들로부터 요구되는 바라고 주장했다(Frankl, 2009, pp. 292-293).

수 있는 새로운 기법을 개발하고자 시도했다. 또한 다른 한편으로 그는 당대의 철학적 인간학과 다양한 실존철학에 큰 관심을 지니고 있었는데, 그 중에서도 쉘러의 인간학과 부버의 실존철학을 로고테라피의 학문적 토대로 삼고 '인간 그 자체(man as such)'를 이해하고자 노력했다. 그런데 프랭클은 물론 그 자신도 로고테라피의 기법을 개발하고자 시도했지만, 정작 치료에서 중요한 것은 기법이 아니라 의사와 환자 사이의 '관계'라고 역설했다. 그가 실존주의로부터 가장 중요하게 받아들인 것은 환자를 대상화하거나 사물화해서는 안 된다는 것과 함께 환자와 인격적인 관계를 맺고 실제로 만나야 한다는 점이었다.

이처럼 프랭클은 정신의학과 실존철학을 결합하여 독자적인 심리치료를 고안해 냈는데, 특히 그는 신경증 전문 의사로서 생물학적으로 유래하거나 심리학적인 차원을 넘어서서 '정신적인(noëtic)' 차원에서 겪는 신경증이 있다는 사실을 밝혀내고자 주력했다. 그러면서 '정신학적인(noölogical)' 차원[25]은 인간만이 겪는 독특한 현상이라고 말했다. 또한 정신적으로 유래하는 신경증은 비단 환자들에게서만 발견되는 것만이 아니라, 일상에서 삶의 의미를 찾는 시도가 좌절된, 즉 실존적 좌절에 빠진 현대인들에서도 폭넓게 나타난다고 주장했다. 다시 말해 오늘날 많은 현대인들이 '내적 공허감(inner void)', 즉 '실존적 공허(existential vacuum)'에 시달리고 있다는 것이다(Frankl, 1988, p. 83). 전통에 담긴 규범과 질서가 무너져 내린 현대사회에서 개인들은 새로운 가치를 정립할 수 있는 다양한 기회를

---

25) 프랭클은 정신학적 차원을 영적(spiritual) 차원이라고도 부를 수도 있겠지만, 이는 종교적이거나 신학적인 차원이 아니라 인간학적 차원이라고 강조했으며, 양자의 차이를 분명히 했다(Frankl, 1988, p. 144).

얻기도 했지만, 이 기회를 활용할 수 없을 때 오히려 더욱 큰 실존적 좌절을 맛볼 수밖에 없다는 것이다. 그런데 프랭클은 이처럼 현대인들이 자기 스스로 삶의 방향을 주체적으로 잡아나가지 못할 때, 그저 다른 사람들이 하는 대로 행동함으로써 '순응주의(conformism)'에 빠지거나 또는 다른 사람들이 원하는 대로 행동함으로써 '전체주의(totalitarianism)'에 빠질 수 있는 근본적인 위험에 처하게 된다고 보았다.

또한 그는 이러한 실존적 공허가 특히 후기 산업사회의 젊은 세대에 공격성(aggression), 우울(depression), 중독(addiction) 등의 신경증으로 널리 퍼져 있다고 보았다(Frankl, 2006, p. 141). 이러한 신경증을 자칫 개개인의 신체적 또는 심리적으로 유래하는 것으로 보기 쉬운데, 프랭클은 이를 '사회원인성(sociogenic)', 즉 집단 신경증(mass neurosis)이라고 간주하고 접근할 필요가 있다고 주장했다. 그는 특히 젊은이들이 겪고 있는 실존적 좌절로부터 나오는 밑도 끝도 없는 무의미의 느낌이 오히려 '의미를 향한 소리 없는 울부짖음'[26]의 일환일 수 있다고 역설하면서, 치료자나 상담자들이 이에 귀 기울일 것을 당부했다.

앞서 일반 의사들과 정신의학자들의 비판적 문제의식을 역사적으로 살펴보는 것에서 시작하여, 이번 절에서는 인본주의적이고 실존적 인간이해에 바탕을 두고 새로운 심리치료를 모색했던 로저

---

26) 미국의 한 대학에서 자살을 시도했던 60명의 학생들을 조사한 결과, 이들 중 85%가 삶이 무의미하다고 대답했는데, 무의미하다고 답한 학생들 중 93%가 '사회적으로 적극 참여도 잘하고, 공부도 잘하며, 가족들과도 잘 지낸다'고 답했다. 이 조사에 의거하여 프랭클은 많은 젊은이들이 '의미를 향한 들리지 않는 울부짖음'을 지닌 채 살아가고 있다고 주장했다(Frankl, 1978, p. 20).

스와 프랭클의 사상을 고찰해 보았다. 로저스는 정신의학으로부터 '심리치료'를 독립시키도록 노력했으며, 그야말로 인간의 '현존'과 '진정한 자기되기'를 향한 치료자들의 근본적인 태도변화를 요구하고 나섬과 동시에 심리치료가 '인간중심치료'로 방향전환을 꾀해야 한다고 주장했다. 그는 인간중심치료의 학문적 전제를 당대 자연과학의 새로운 성과들로부터 이론적으로 설명하고자 시도했지만, 그의 인간중심치료는 상담자와 내담자의 주관적 경험을 중시하는 현상학의 토대와 키르케고르, 부버 등의 실존철학에 깊숙이 뿌리내리고 있음을 알 수 있었다. 또한 프랭클은 유럽 의사들의 비판적 문제의식을 이어받으면서도 정신의학에서의 환원론과 범결정론을 좀 더 근원적으로 비판하기 위해서, '차원적 존재론'에 입각한 철학적 인간이해의 필요성을 역설했다. 그는 인간의 정신적 차원을 포함하는 '로고테라피'를 통해서 신경증 환자들만이 아닌 평범한 일상인들, 특히 오늘날 젊은이들이 실존적 좌절을 겪는 것에서 벗어나 '의미를 추구'할 수 있도록 돕고자 노력했으며, 이로써 의사들이 환자의 영혼을 돌보는 활동을 실천할 것을 촉구했다.

이와 같이 심리치료의 전개과정에서 인본주의적 인간이해에 대한 관심이 증대됨과 동시에 특히 인간의 '실존'이 지니는 중요성이 점차 더 부각되었는데, 다음 절에서는 이러한 중요성을 깊이 깨닫고 실존주의 심리학을 전개한 메이와 '실존주의 심리치료'를 체계화한 얄롬의 문제의식과 철학적 인간이해에 대해서 고찰하고자 한다.

6. 실존적 심리치료의 토대가 된 실존적 인간이해 와 철학적 아이디어의 중요성

1) 메이의 실존적 심리치료에서 '실존'과 실존적 인간이해의 중요성

오늘날 미국의 심리치료에서 실존적 인간이해 의 중요성이 대두된 데에는 롤로 메이(Rollo May) 의 역할이 지대하다. 그는 애초에 정신분석가로 활동하고 있다가, 50년대 초부터 유럽의 실존주 의 철학을 미국에 상세하게 소개함으로써 이후 실존주의 심리치료가 자리 잡을 수 있는 굳건한 기반을 마련했다. 그는 과학기술 시대에 살고 있 는 현대인들이 '존재에 대한 감각(sense of being)'을

메이

억압하고 있다고 보면서, 이는 현대인들로 하여금 순응주의자가 되도록 만들었고, 인간으로서의 고유함과 개인으로서의 주체성을 빼앗고 있다고 보았다. 이러한 위기의식은 이미 19세기 예술가들 로부터 표현된 바 있다. 예를 들어서 틸리히에 따르면, 피카소의 그 림 '게르니카'는 원자화되고 파편화된 유럽사회의 모습과 미국에서 도 널리 퍼져 있었던 분열, 실존적 의심, 공허, 무의미 등을 여실히 보여 주었다(May, 1983, p. 56).

그렇다면 이러한 현대의 위기에 직면하여 기존의 정신의학은 어 떻게 대처했는가? 우선, 19세기 말에 개인들은 내적으로나 사회적 으로 겪었던 분열과 인간성의 붕괴에 직면하지 않을 수 없었는데, 이

에 대해 프로이트는 '신경증'으로 인한 개인들의 심리적 고통을 덜어주고자 노력했다. 이 점에서 우리는 프로이트의 천재성에 따른 기여도를 충분히 인정할 수밖에 없다. 그런데 메이가 볼 때, 프로이트가 관심을 두었던 개인의 성격 안에서 발생된 이러한 억압과 파괴는 그 당시 사회문화의 분열상과 고스란히 맞물려 있는 것이 아닐 수 없었다. 따라서 메이는 프로이트의 정신분석이 그 당시 개인들 안에서 일어난 심리적 분열과 억압에 따른 파괴적 속성을 사회 전체의 맥락에서 포착하지 않았다는 점을 한계로 지적했다(May, 1983, p. 65).

이에 반해 키르케고르와 니체는 심리학적 분석이나 통찰을 경시하지 않으면서도, 당시 유럽에서 개인들이 겪었던 '영혼의 병(sickness of soul)'이 단지 개인의 신경증이나 사회적 문제인 것만이 아니라 인간 그 자체가 지닌 폭넓고도 깊은 차원의 병적 상태라고 보았다. 이러한 병적 상태에 대해 키르케고르는 '불안'과 '절망'이라는 주제로 분석을 시도했으며, 니체는 억압된 감정적 힘에 의한 분노, 죄책감, 적개심이 어떠한 것인지를 철학적 차원에서 통찰해 냈다. 이 두 철학자들은 '존재'로서의 인간이 억압되고 있다는 현실을 근원적 차원에서 문제 삼았고, 근대 과학이 전제하고 있는 주체와 객체의 이분법이 인간을 어떻게 분열시키고, 파편화했는지를 적나라하게 파고들었다. 나아가 주-객도식으로 환원될 수 없는 실재(reality), 직접적 경험의 존재 및 실존(existence)을 통해서 '생생하게 살아 있는 인간'을 철학적 차원에서 파악해 내고자 노력했다. 메이는 키르케고르와 니체가 파악한 근대의 몰락과 위기에 깊이 공감했고, 이들이 이분법적인 인식의 균열을 넘어서서 '존재론적' 차원에서 인간을 통합하려는 시도에 깊은 감명을 받았다. 그리하여 이들의 문제의식을 적극 수용하면서 특히 심리적인 병을 단순히 대상화하여 인과론적으로 접근하려는 심리치료에 강한 거부감을 표명했고, 자신의 "심리치료를 기술적 이성과 동일시하려는 경향에 저항하는 운동"(May, 1983, p. 87)이라고 명시했다.

그렇다면 키르케고르가 필요로 했던 새로운 인간이해에서 핵심을 이루는 직접적인 경험의 존재, 즉 '실존'의 개념은 과연 어떤 철학적 의미를 지니는가? 우선적으로 실존(existence)이라는 개념은 라틴어 동사 'ex-sistere'에서 유래하며, '부각되다, 드러나다'의 뜻을 지닌다. 그런데 라틴어로 실존 'existentia'는 본질 'essentia'와 대비를 이루며 정의되었다. 두 개념이 모두 존재를 의미하지만, 전통철학에서 '본질'은 '무엇이-있음(Was-sein)'을 뜻하며, 존재의 의미 중에서도 '사물이 변하는 소용돌이 속에서도 변하지 않고 머물러 있는 필연적인 것, 초개체적·보편적인 것'을 말한다. 이에 반해 '실존'은 '한 사물이 있다는 그 사실(Daß-sein)', 즉 그 사물이 우연하게 실제적으로 눈앞에 있음(Vorhandensein)과 실제로 있음(Wirklichsein)'을 뜻한다(Zimmerman, 1987, p. 5). 여기서 우리는 전통철학에서는 불변하고 필연적인 존재의 '본질'이 강조되어온 반면에, 실존철학은 그러한 보편적 속성보다 지금 여기에 실제로 있는 '실존'에 방점을 찍고 있다는 점에 귀 기울일 필요가 있다. 즉, 사물이 아닌 오직 인간만이 '실존'할 수 있으며, 실존은 가지고 있는 어떤 것으로서 '소유'하는 것이 아니라 인간 그 자체와 분리될 수 없게 '존재'하고, 또한 시간적 경과에 따라 되어감(becoming)을 경험할 수 있는 것을 의미한다고 할 수 있다.[27]

---

27) '본질 대 실존(essentia vs. existentia)'의 개념적 대비를 인간에게 적용시켜 볼 경우에 대해서는 노성숙(2018b, pp. 54-55) 참조.

이러한 철학적 맥락에서 정의되어 왔던 '실존'개념을 메이는 심리치료에서 환자의 구체적인 자기존재의 경험에 비추어 이해하고자 시도했다. 그는 환자가 무엇보다 '나'라는 '존재'를 스스로 경험하는 것이 중요하다고 여겼는데, 이는 바로 지금 여기에 '내가 존재한다(I-am)'는 것을 경험하는 것을 말한다. 메이는 자신에게 온 한 환자를 예로 들어 실존을 경험적 차원에서 제시했다. 당시에 28세였던 그 여성은 자신의 내면에서 일어나는 것들을 표현할 줄 아는 지성적 능력을 갖춘 환자였다. 그녀는 어머니와 친척들의 구박을 받으면서 '사생아'로 길러졌는데, 메이와 심리치료를 4개월 정도 진행한 다음, 꿈에서 진정으로 자신에게 공감하는 존재를 만났다고 말했다. 이 꿈을 꾼 후에 그녀는 참으로 중요한 실존적 경험과 통찰을 하게 되었다. 즉, 자신이 아무리 사생아로 태어났다고 하더라도, 그녀는 '나는 불법적으로 태어난 존재였다(I was born illegitimate)'는 것과 '나는 불법적 존재이다(I am illegitimate)'는 것은 구분할 줄 알게 되었고, '내가 존재한다(I-am)'는 사실에 접촉하고 그것을 받아들이게 되었다. 나아가 이 존재경험은 "나는 존재하기 때문에, 나는 존재할 권리가 있다(Since I Am, I have the right to be)."(May, 1983, p. 99)는 경험에까지 도달하도록 촉진했다.

물론 이와 같이 '내가 존재한다(I-am)'는 것을 경험했다고 해서 이미 환자의 문제가 해결된 것은 아니다. 그럼에도 심리치료를 시작할 수 있는 가장 기본적인 전제조건을 갖추었다고 할 수는 있다. 그렇다면 실존주의 심리치료의 전제가 되는 이러한 존재경험을 '실존'이라고 할 경우, 그 독특성은 무엇을 통해서 좀 더 잘 이해될 수 있을까? 이에 대해 우리는 메이 자신이 실제로 겪었던 '불안'이라는 실존경험과 그 불안에 대한 독서체험을 좀 더 상세히 들여다 볼 필요가 있다.

메이는 결핵환자로 입원해 있을 당시, 자신의 박사학위 논문이었던 『불안의 의미(The Meaning of Anxiety)』(May, 1950a)를 저술하고 있었으며, 이를 위해 프로이트의 『불안의 문제(The Problem of Anxiety)』와 키르케고르의 『불안의 개념(The Concept of Anxiety)』를 탐독하고 있었다. 우선적으로 메이는 정신분석가로서 프로이트가 불안의 중요성을 깨닫고 이를 신경증의 가장 근본적인 현상이라고 여겼다는 사실에 주목했다. 프로이트는 그의 초기 이론에서 '리비도(Libido)'가 억압될 경우, 그것이 변형되어 불안으로 드러난다고 주장했다. 그런데 그 이후의 이론에서 그는 원초아(Es), 자아(Ich), 초자아(Über-Ich)를 구분하고, 불안을 원초나 리비도의 무의식적인 차원보다는 오히려 '자아'와 연관시켰으며, 불안은 '사랑하는 대상을 상실하게 될 위협에 대한 자아의 반응'이라고 말했다(May, 1983, p. 14).

이러한 프로이트의 주장에 대해 메이는 프로이트가 명백하게 간과한 것이 있다며 반론을 제기했다. 즉, 프로이트의 이론에 따르면, 성적인 욕구불만 혹은 다른 욕구불만이 그 좌절을 일으킨 사람에게 의존하게 되며, 그에 따라 좌절의 반응이 달리 나타날 수 있다(May, 1950b, p. 27: 오신택, 2014, p. 139에서 재인용). 다시 말해 어떤 사람에 의해 좌절당하는지의 여부에 따라 좌절과 불안을 다르게 경험한다. 그렇다면 불안을 경험할 경우, 우리는 인간들끼리의 관계에 대해 각자가 어떤 가치를 부여하는지에 주목하지 않으면 안 되는데, 이를 위해 인간의 내면과 인간들 사이의 관계에 대한 좀 더 근원적인 차원의 통찰을 하지 않으면 안 될 것이다.

이 지점에서 숙고를 계속하던 메이는 프로이트와 키르케고르가 파악한 불안의 차이를 발견하게 되었다. 프로이트는 이론적이고, 기술적인(technical) 차원에서 불안이 발생하는 정신적 메커니즘을 공식화하는 데에 전력을 기울인 반면, 키르케고르는 메이 자신이 실제로 겪었던 실존적 위기에서의 경험을 고스란히 담아내고 있었기 때문이다. 키르케고르는 불안을 '비존재(nonbeing)에 대항하는 살아 있는 존재의 투쟁'이자 '자유의 가능성'이라고 서술했으며, 불안과 자유를 긴밀한 연관성 속에서 이해했다(May, 1950, p. 32). 메이는 키르케고르의 불안에 대한 통찰로부터 깊은 감명을 받았는데, 그가 입원해 있던 당시 그의 동료 환자들과 그가 겪고 있는 것, 즉 위기에 처한 인간 내면에서 일어나는 격정, 즉 존재와 비존재, 삶과 죽음 사이에서의 투쟁적 경험을 키르케고르가 꿰뚫어 보았고 그 경험을 정확히 기술했다고 느꼈기 때문이다. 메이에 따르면, 프로이트는 불안에 '대해서(about)' 알고 있었고, 키르케고르는 존재론적이고 실존적인 차원에서 불안'을' 그 자체로 알고 있었다(May, 1983, p. 15).

메이에게 특히 불안은 그의 실존주의 심리치료에서 가장 핵심적 지위를 자치하는데, 불안이 인간존재의 부분적인 것인 것을 가리키는 것이 아니고 인식의 한계를 벗어나는 것이어서 그 정체를 정확하게 알 수는 없지만, 그럼에도 직접적인 존재의 매우 근원적인 경험이라고 여겼기 때문이다. 키르케고르에 따르면, 불안은 무엇이라고 규정되는 대상에 대한 공포와 확연히 구분된다. "불안은 어떤 규정적인 것과 연관되는 공포(Furcht)나 그와 유사한 개념들과는 전혀 다르다는 것에 주의를 기울이지 않으면 안 된다." (Kierkegaard, 2005a, p. 488)

이러한 철학적 견해들의 맥락을 이어받으면서 메이는 심리치료의 국면에서 불안이 지니는 의미에 주목했다.[28] 불안은 각자의 자아에 대한 전면적인 위협이자 인간 존재 그 자체에 대한 위협이다. "불안이란 인간의 핵심을 찌르는 면이 있다. 왜냐하면 우리가 자아로서의 존재가 위협을 받는다고 느껴질 때에 오는 현상이기 때문이다."(May, 1997, p. 40) 따라서 불안은 개인들에게서 발견되는 정체된 존재의 상태나 속성을 가리킨다기보다는 각 개인이 처한 위기상황에서 매우 역동적으로 투쟁을 벌이고 있는 존재의 현상을 말한다. 이러한 존재의 실존적인 투쟁에서 현대사회의 개인들은 갈림길에 놓이게 된다. 즉, 자신의 삶 전체의 방향을 모두 잃어버린 채 자아의식이 아예 파괴될 수도 있고, 그와 정반대로 이 실존적 투쟁을 통해서 오히려 자신의 삶의 방향을 찾고, 자아를 발견함으로써 참된 자기가 될 수도 있다.

이처럼 메이는 심리학이라는 학문의 차원에서나 개인으로서 자신의 내면적인 차원에서 실존적 인간이해의 중요성을 깊이 깨닫고, '생생하게 살아서 존재하는 인간'의 실존적이고 존재론적인 의미를 심리치료에 접목하고자 많은 노력을 기울였다. 그런데 흥미로운 점은 그가 이러한 실존주의 심리치료의 중요성을 강조한 반면, 그 치료를 위한 구체적인 기법을 적극적으로 개발하려고 하지는 않았다는 데에 있다. 메이는 서구에서는 '이해가 기법을 뒤따른다'는 것이 일반적인 경향이지만, 이와 달리 실존주의 심리치료에서는 '기법이 이해를 뒤따른다.'(May, 1983, p. 151)고 여겼다. 따라서 실존주

---

28) 메이는 고속도로를 건너는 경험의 예를 통해서 '예상할 수 있었던' 자동차에 대한 '공포'와 '예상이 불가능했던' '불안'을 구분한 바 있다(May, 1997, p. 39). 그런데 이 예는 공포가 우리 자신의 한 부분에 대한 위협이고, 불안은 자신의 전체로서의 자아를 위협하는 것을 잘 보여 주기는 했지만, 키르케고르에게서 불안의 의미를 과연 잘 드러낸 것인지에 대해서는 비판적인 숙고가 필요하다. 왜냐하면 키르케고르와 하이데거가 말하는 불안은 그 대상이 없는 것, 즉 무(Nichts)라는 것이 강조되고 있기 때문이다. 하이데거의 『존재와 시간』에서 불안과 공포에 대한 상세한 구분에 대해서는 Heidegger(1972, pp. 184-191) 참조.

의 심리치료자들은 환자를 계산되고 관리되며 분석되는 대상으로 보지 않는다. 이 치료자들의 핵심 업무는 환자를 환자 자신의 세계 안에 있는 존재로 이해한다는 점에서 현존재분석과 매우 유사하다고 할 수 있다. 또한 이러한 실존적 이해와 더불어서 실존주의 심리치료의 근간은 '치료자들이 환자로 하여금 그 자신의 존재를 인정하고 경험하도록 도울 수 있다.'(May, 1983, p. 152)는 데에 있다. 따라서 실존주의 심리치료를 위해서는 무엇보다 치료자가 다양한 환자 및 내담자를 범주화하거나 진단하는 것이 아니라, 개인 각각의 고유함을 그 자신들의 세계와 연관하여 유연하게 이해하는 것이 중요하며, 무엇보다 환자와 치료자가 인격적인 만남(encounter)을 통해서 서로 현존하면서 참여하는 관계를 맺을 수 있어야 한다.

이와 같이 볼 때, 우리는 메이가 말하는 실존주의 심리치료를 이론적으로 연구하거나 그 기법들을 체계적으로 훈련받기는 오히려 매우 어려울 수 있다는 점을 알 수 있다. 그럼에도 "대다수의 경험 있는 치료자들은 이념적으로 어떤 특정학파를 옹호하느냐에 관계없이, 많은 실존적 통찰과 실존적 접근을 채택한다."(Corsini & Wedding, 2007, p. 413)는 것을 보면, 어떤 심리치료도 실존적 인간에 대한 깊은 이해 없이는 실천되기 힘들다는 것을 오히려 확인하게 된다.

2) 얄롬의 실존주의 심리치료에서 실존적 인간이해와 철학적 아이디어의 중요성

어빈 얄롬(Irvin Yalom)은 메이로부터 상담을 받기도 했으며 개인적인 친분을 쌓기도 했는데, 무엇보다 메이가 마련한 실존주의 심리학의 토대를 이어받아 실존주의 심리치료를 적극 발전시켜 나갔다. 그는 가난했던 어린 시절부터 엄청난 양의 책을 읽었고, 의사가 되는 일과 작가가 되는 일을 자신의 꿈으로 삼았다. 마침내 친누나의 남편인 자형을 뒤따라 조지 워싱턴 의대에 진학했고, 이어 보스턴 의대에서 정신의학과 정신분석을 공부했다. 그는 이미 보스턴 정신분석학회에서 최초 사례발표를 할 때부터 남달랐

얄롬

다. 한편으로 그의 발표는 자기만의 독특하고도 탁월한 방식, 즉 문학적으로 이야기하는 방식으로 진행되었으며, 다른 한편으로 환자로부터 배우고자 하는 자세로 환자의 깊숙한 내면을 실존적 차원에서 다가가서 진솔한 관계를 맺고 치료했던 자신의 경험을 솔직하게 담아냈다. 그는 평소 인본주의와 실존주의 사상에 관심이 많았고, 이러한 사상들을 실제 치료상황에서 자신의 태도 등을 통해 실천적으로 구현해 내고자 노력했다. 그의 시도가 로저스와 유사해 보이지만, 근본적으로 다른 점은 정신의학과 문학, 철학 사이에서 작가들이나 위대한 사상가들로부터 얻은 아이디어와 지혜를 자신의 치료에 직접적으로 활용했다는 것이다.

존스홉킨스대학의 정신과 레지던트였던 그에게 치료의 새로운 지평을 열어준 것은 메이가 펴낸『실존』(Roll May, Ernest Angel, Henry F. Ellenberger (Eds.), 1958)이라는 책이었다(Josselson, 2008, p. 32). 이 책을 읽고 난 후, 그는 좀 더 적극적으로 그 대학의 철학 과목을 수강하기 시작했다. 러셀의 철학사를 탐독하는 데에서 시작된 그의 철학공부는 카뮈, 사르트르, 카프카, 스탕달, 도스토예프스키 등의 실존주의 철학과 문학작품들로 이어졌다. 마침내 그가

스탠퍼드대학의 정신과 교수로서 자리를 잡고 난 후에는 여러 방면의 철학과목 강의를 좀 더 본격적으로 수강하기에 이르렀는데, 주로 하이데거와 후설, 니체와 키르케고르, 플라톤과 아리스토텔레스 등에 대한 강의들을 수강했다. 그는 이처럼 위대한 사상가들로부터 얻은 지혜를 심리치료의 근간으로 삼았으며, 전승되어 온 문학작품과 철학사상에서 얻은 통찰력과 아이디어들을 자신의 치료에 적극적으로 적용하기도 했다.

얄롬은 기존의 정신의학 및 심리치료와 자신이 새롭게 제안하는 실존주의 심리치료의 다른 점을 자신이 직접 경험했던 요리코스에 비유해서 묘사했다. 그는 한때 자신의 친구들과 함께 한 친구의 어머니였던 아르메니아 여성이 진행하는 요리강좌에 등록을 했었다. 그 요리강사는 영어를 잘 구사하지 못했기 때문에, 자신이 요리하는 과정을 직접 보여 줌으로써 요리를 가르쳤다. 그런데 얄롬이 그 요리사의 레시피에 나온 양념의 양과 방법을 아무리 잘 따라서 시도해도 요리강사의 그 맛을 흉내 낼 수가 없었다. 그는 '도대체 이처럼 특별한 맛을 낼 수 있는 이유가 어디에 있을까'를 매우 진지하게 고민하게 되었고, 마침내 그 다음 시간의 요리과정을 예리하게 관찰했다. 요리강사는 요리를 준비한 다음, 도우미를 불러서 그 접시를 부엌의 오븐에 넣으라고 했는데, 그 도우미는 미동도 없이 접시를 오븐에 넣고는 그 위에 한 줌의 양념과 조미료를 '집어넣는 것(throw-ins)'이었다. 그 순간 얄롬은 바로 그것이 요리에 결정적인 맛을 내는 비법이라는 것을 깨달았다.

얄롬은 심리치료나 특히 성공한 치료의 결정적인 구성요소에 대해 생각할 때마다 이 요리코스를 떠올리곤 했다. 그는 이 비유가 기존의 치료와 실존주의 심리치료가 지닌 차이점을 잘 보여 준다고 믿었다. 즉, 이 비유에서처럼 심리치료자들이 아무도 보지 않을 때, '실제적인 것(real thing)'을 '집어넣는'다는 사실을 깨달았기 때문이다. 그는 이미 대가인 치료자들이 형식적인 이론이나 교육을 통해서는 명백하게 드러내지 않지만, 실제 치료 장면에서 그들만의 비법을 '집어넣고' 있는 것을 포착했는데, 이는 다름 아닌 치료자나 환자인 우리 모두가 인간으로서 공유하는 '실존'에 해당하는 것이었다. 그런데 정작 문제는 이런 비법이 어느 형식적인 이론에서도 발견되지 않고, 기록되어 있지도 않았을 뿐 아니라 교육을 통해 전달되지도 않고 있다는 점이다(Yalom, 1980, pp. 3-4).

얄롬에 따르면, 이러한 '실존'이라는 비법은 치료자들에게 이중적인 의미로 다가오는데, 한편으로는 낯설기도 하고 다른 한편으로는 낯익은 것이기도 하다. 다시 말해서 한편으로 임상에서 활동하는 치료자들에게 실존적 용어들, 예를 들어서 '선택' '책임' '자유' '죽음' 등의 개념은 낯선 것임에 틀림없고, 그 어느 심리치료 이론서에도 등장하지 않는다. 그러나 다른 한편으로 숙련된 임상치료자들이 현장에서 전제하고 있는 '집어넣은 것'으로서의 실존은 이미 낯익은 것이기도 하다. 왜냐하면 이들은 암묵적인 차원에서이긴 하지만 이미 실존적인 틀 안에서 자주 활동하고 있기 때문이다. 임상치료자로서 얄롬은 '뼛속 깊이(in his bones)' 환자의 관심사를 이해하고 그에 따라 응대하는데, 바로 이런 응대가 앞서 말한 '집어넣는 것'을 의미한다고 할 수 있다. 또한 이 '집어넣는 것'의 비법이 낯익은 이유는 오랫동안 신학자, 철학자, 시인 등에 의해 전수되어 내려온 것이기도 하고, 개인적인 차원에서도 치료자가 평범한 인간으로서의 '두려움'이라는 실존적인 원천을 경험하는 것은 이미 친숙한 사실이라고 할 수 있기 때문이다(Yalom, 1980, p. 12).

이처럼 '집어넣는 것'은 치료자나 환자 모두에게 매우 실제적인 것인데, 이는 누구도 예외가 될 수 없는 '인간의 조건'이자 근원적인 '한계상황'에 직면하도록 하는 것이기도 하다. 얄롬은 이를 '실존적 요인들(existential factors)'[29]이라고 명명했는데, 그가 보기에 임상에서의 문제는 많은 치료자들이 실존과 연관된 문제들을 회피하거나 다른 문제로 바꾸는 경우들이 빈번히 발생하곤 한다는 데에 있다. 얄롬은 "이런 실존적 문제에 직면하는 것이 치료자와 환자의 관계를 근본적으로 변화시켜서 그들의 관계를 동행자의 관계로 만들어 준다."(Josselson, 2008, p. 114)고 믿었으며, 이처럼 치료적 관계를 실존적 차원에서 맺는 것을 심리치료의 최우선으로 삼았다. 따라서 그는 "궁극적인 실존적 관심이 치료에서 결코 발생하지 않는다는 주장은 전적으로 치료자의 선택적인 부주의"(Yalom, 1980, p. 13)에 불과하다고까지 역설했다.

그가 이처럼 심리치료의 방점을 '실존'에 두게 된 이유는 오랜 정신과 의사로서의 풍부한 임상경험으로부터 유래하는데, "우리가 보통으로 인식하고 있는 것보다 더 많은 환자들이 실존적인 문제로 고심하고 있다."(Yalom, 2015, p. 254)는 사실을 자주 목격했기 때문이었다. 그는 실제 치료과정에서 환자나 내담자들이 겪는 실존적 문제와 주제들에 대한 통찰력의 중요성을 깊이 깨달은 이후, 이들에게 도움을 주고자 하는 심리치료자나 상담자들이 '실존적 문

---

29) 얄롬은 치료의 표면(front)과 핵심(core)을 구분하고, 후자가 치료과정에 내재하는 경험적 측면 즉, '골수와 같은 변화기제(bare-boned mechanisms of change)'라고 보았다. 나아가 이러한 성장과 변화를 주도하는 요인들을 '치료적 요인들(therapeutic factors)'이라고 명명한 뒤, 11개의 치료적 요인을 제시했다(Yalom & Leszcz, 2008, p. 10). 이 가운데 '실존적 요인들'이란, "죽을 수밖에 없는 운명, 우리의 삶을 스스로 계획할 자유와 그에 대한 책임, 존재 속에 홀로 내던져진 고립감, 그리고 본래 의미가 없는 우주 속에 내던져진 불행에도 불구하고 삶의 의미를 찾아가는 것"(Yalom & Leszcz, 2008, p. 118)을 말한다.

제에 대한 예리한 감성'을 지닐 것을 당부했다.

얄롬은 자신을 소개할 때도 '정신과 의사(psychiatrist)'이기보다 '치료자(therapist)'라는 말을 선호했다. 그는 스탠퍼드대학교 교수로 재직했던 시절에 '진단'을 통해 환자를 이해하는 것이 역부족임을 절실히 느꼈다. 그는 "진단적인 '증상들'에 초점을 맞추어 오던 심리치료의 치료적인 관점을, 선택, 책임, 도덕성, 삶의 목적 같은 궁극적인 문제로 옮겨"(Josselson, 2008, p. 94)놓고, 이를 바탕으로 새로운 심리치료를 모색하는 가운데 실존을 강조하는 작업에 착수했다. 그리하여 그 자신의 치료적 핵심을 프로이트식의 성적인 정신역동으로부터 인간의 존재론적 뿌리인 '실존적 정신역동'으로 옮겨 놓고자 시도했다. 그가 말하는 '실존주의 심리치료(existential psychotherapy)'란 "개인의 실존에 뿌리내리고 있는 관심들에 초점을 둔 치료에 대한 역동적 접근"(Yalom, 1980, p. 5)이다. 이처럼 얄롬은 인간존재의 '깊은 구조'에 내재되어 있는 궁극적인 관심을 '죽음' '자유' '소외' '무의미' 등의 네 가지 범주로 구분하고, 이를 토대로 '실존주의 심리치료'를 체계화하는 데에 전력을 기울였다.

얄롬에게 실존철학의 내용이나 실존개념 등은 때로 난해하고 이해하기 어렵게 다가오기도 했지만, 그는 오히려 실제 삶의 맥락에서 실존의 중요성을 깨달은 '철학자와 치료자의 임무는 개인들이 계속 알아왔던 것들을 스스로 억압하지 않도록 하고, 다시 알아차리도록' 하는 것이라고 강조했다. 그리하여 '개인들이 내면을 들여다보고 그 자신의 실존적 상황에 주의를 기울일 수 있도록 용기를 주어야'(Yalom, 1980, p. 16) 한다고 말했다. 또한 그는 치료자와 환자, 상담자와 내담자가 치료적 동맹관계를 맺을 때, 그가 수많은 임상경험으로부터 깨달았던 '실존적 관계'의 중요성을 잊지 않아야 한다고 강조했다.

얄롬은 '실존주의 심리치료'를 이론적으로 체계화하면서, 자신의 학문적 배경을 좁은 의미의 19세기 실존주의 사상에 국한하지 않고, 서구 역사에서 위대한 사상가들의 인생과 작품에 드러난 삶과 죽음의 주제를 모두 포괄하는 데에까지 나아갔다. 그는 심리학이 19세기에 시작된 학문이라고 간주하는 것은 잘못된 것이라고 여겼고, "사실 심리학의 역사는 2000년이나 되었"(Josselson, 2008, p. 70)다고 주장했다. 그는 지나온 역사 속에서 위대한 사상가들도 해답이 없는 문제들에 대해서 고뇌했다는 사실은 오히려 오늘날의 많은 인간에게 깊은 위로를 줄 수 있다고 믿었다. 또한 그는 자신이 철학에 대해 많이 읽고 공부할수록, "얼마나 많은 심오한 아이디어를 정신과에서는 무시하고 있는가를 더욱더 깨닫게 되었다."(Yalom, 2018, p. 199)고 솔직하게 고백했다.

나아가 철학적인 아이디어들과 심리치료의 치유 사이에 밀접한 연관

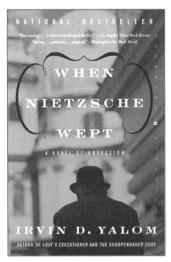

이 있다는 사실에 더욱 많은 흥미를 느끼게 되었으며, "어쩌면 철학자들은 드러나지 않는 치료자일 것이다."(Josselson, 2008, p. 126)라고까지 말했다. 또한 현명한 치료자라면 철학자가 산고(産苦)를 겪을 때, 이를 달래기 위해 무언가를 제공했을 것이라고도 했는데, 이러한 생각에서 탄생한 소설이 바로『니체가 눈물을 흘릴 때』이다. 얄롬은 철학자 니체와 치료자이자 의사인 브로이어가 대화를 통해서 서로 치유받는 과정을 섬세한 감각

『니체가 눈물을 흘릴 때』

으로 그려냈다.[30]

이처럼 그는 자신의 심리치료를 통해 얻은 수많은 임상경험과 철학 및 문학 분야의 책을 통해서 얻은 실존적 지혜의 깨달음을 '소설'이라는 매개체를 통해서 열정적으로 전달해 왔다. 이는 심리치료를 가르치고 배우는 새로운 형태의 교육활동이라고도 할 수 있는데, 얄롬은 그의 소설 속 다양한 이야기들을 통해서 기존의 상담자교육과 수련과정에서 경시되어 왔던 '실존적 인간이해', 즉 인간을 전체적으로 바라보는 것과 실존적 주제 및 실존적 관계에 대한 인식이 증가될 수 있기를 희구했다.

이번 절에서는 메이와 얄롬의 실존주의 심리치료에서 '실존'과 실존적 인간이해의 중요성을 다루었다. 메이는 19세기 사회에서 주-객도식에 기반한 근대 과학의 이름으로 '존재'로서의 인간이 억압되어 온 서구 문화를 비판했고, '파편화'될 수 없는 '생생하게 살아 있음', '실존'의 중요성에 주목하면서, '자유의 가능성'으로서의 불안을 꿰뚫고 있는 키르케고르의 인간이해로부터 깊은 감명을 받았다. 메이가 유럽의 실존철학을 적극 수용함으로써 실존주의 심리치료의 토대를 닦았다면, 얄롬은 이러한 사상적 자양분에 힘입어 '실존주의 심리치료'를 체계화하면서 심리치료에서 실존적 인간이해와 철학적 아이디어의 중요성을 역설했다. 이와 같이 하여 얄롬에 의해 체계적으로 정립된 '실존주의 심리치료'는 오늘날 심리치료의 전제가 되는 근원적인 '인간이해'와 심리치료에서의 치료적 '관계'에서의 철학적 변화를 도모하는 데에 앞장섰다. 나아가 얄롬

---

30) 이 소설에서 얄롬은 심리치료자와 철학자의 상호 치유과정을 제시하면서 이미 심리치료와 철학상담의 대화 가능성을 예고한 바 있다(Yalom, 2009).

은 지나온 역사 속에서 위대한 사상가들과 문학가들의 지혜와 통찰에 담긴 철학적 아이디어들을 심리치료에 적극 활용함으로써 심리치료와 철학, 심리치료와 철학상담의 전망적인 대화를 희망할 수 있는 디딤돌을 제공했다.

7. 심리치료와 철학의 연관성에 대한 계보학적인 탐색의 의미와 대화가능성의 모색

이번 장에서는 심리치료와 철학의 대화를 준비하려는 의도를 지니고, 심리치료의 전개 및 변화과정에서 철학의 역할이 무엇이었는지에 대해 역사를 거슬러 계보학적으로 탐색해 보았다. 우선적으로 심리치료 이론들을 직접 다루기에 앞서서, 2절에서는 오늘날 의료현장에서 만나는 폭넓은 의미의 철학은 과연 어떤 것인지를 살펴보는 것에서 시작했다. 그리하여 구체적인 사례로서 2000년 11월 11일 하이델베르크에서 있었던 '고통'의 주제에 대한 철학자 가다머의 강연, 그리고 그 강연을 들었던 정형외과 의사들과 가다머의 토론을 검토해 보면서, 의사들과 철학자의 대화에 담긴 핵심주제들과 대화방식에 주목해 보았다. 이들의 대화는 비단 정형외과 의사들과 가다머 사이에서 이미 한번 벌어지고 끝난 것이라기보다는 앞으로 심리치료와 철학, 심리치료와 철학상담 사이에서 일어날 수 있는 다양한 입장 차이들을 명시적으로 보여 준, 매우 구체적인 사례라고 할 수 있다. 또한 이 대화는 질병중심의 병리학적 의료모델을 고스란히 이어받고 있는 심리치료와 철학 사이에서 생겨날 수 있는 핵심쟁점들과 대화방식, 그리고 그 대화에 임하는 양자의 태도 등을 매우 분명하게 예견할 수 있게 한다는 점에서 곱씹어 볼 점이 많다. 물론 지금까지 학제간의 대화들이 많이 시도되어 왔지만, 오늘날과 같은 전문가시대에 우리는 전문분야가 다른 영역간의 대화에서 각자의 학문적 전제와 방법론의 배타성을 넘어서기 더욱 힘든 현실에 직면해 있다. 그런데 가다머와 의사들이 나눈 대화가 잘 보여 주는 것처럼 각 학문이 바라보는 대상이 '아픈 사람'일 경우, 그 학문적 배타성과 우월성 혹은 섣부른 융합을 주장하는 것만으로는 부족하다는 비판적 문제의식을 서로가 깊이 공유하지 않으면 안 될 것이다.

이러한 문제의식에서 출발하여 의료와 심리치료의 역사에서 철학적 인간이해의 필요성과 유용성을 고찰하기 위해서, 3절에서는 한편으로 통시적인 관점을 취하여 의학의 역사를 거슬러 올라가서 질병중심의 과학적 의학이론으로부터 시작하여 오늘날 의료의 실천적 차원에서 '착한 사마리아 정신'을 중심으로 하는 인간학적 전회가 이루어지고 있다는 지점에 이르기까지 폭넓은 통시적 시야를 확보한 뒤, 다른 한편으로 북미와 유럽의사들이 이미 약 100년 전부터 자신들의 치료에 전제가 되는 인간이해를 비판적으로 성찰했다는 사실에 천착해 보았다. 그리하여 유럽의 의학역사에서 특히 정신의학자들을 중심으로 환자의 병에 드러난 심신상관성과 인간관계의 중요성에 토대를 둔 '인간학적 의학'의 태동, 그리고 '현존재 분석'에서 환자를 환경세계로만 귀속시키지 않고, '세계-내-존재' 혹은 '세계기투'를 중심으로 환자의 의미세계를 존중하며 환자를 개방된 존재로 간주하는 '철학적 인간이해'의 필요성이 대두되어 온 과정을 살펴보았다.

4절에서는 북미 심리치료의 역사를 거슬러 올라가 행동치료로부터 시작하여, 이 행동치료를 적용하면서도 철학의 유용성을 발견하고 적용했던 인지적 심리치료의 전개과정을 고찰해 보았다. 1950년대에 들어서 북미에서는 기존의 정신분석과 행동치료로부터 탈피하려는 경향이 나타나기 시작했으며, 미국에서의 인지혁명은 심리치료에도 새로운 방향전환의 계기를 제공했다. 그 새로운 접근의 선두에 있었던 엘리스와 벡은 각각 '합리성'과 '인지'에 강조점을 두고 심리적 정서를 다룰 수 있는 인지적 심리치료를 전개했다. 흥미로운 점은 이들의 심리치료에서 철학이 유용한 자원으로 부각되었다는 것이다. 물론 양자 모두 특히 '소크라테스의 대화'를 적극 활용했지만, 각각의 강조점과 기법에서는 차이를 보였다. 그럼에도 이들이 이룬 성과는 심리치료와 철학이 완전히 동떨어진 것이 아니라 심리치료에서 철학은 매우 유용성을 지닐 수 있으며, 엘리스의 말대로 '철학적 변화'야말로 개인들의 정서를 다스리고 행동의 변화를 가져올 수 있다는 점을 명시적으로 보여 주었다.

5절은 미국에서 인본주의적 인간이해에 바탕을 두고, 새로운 심리치료의 일환으로 '인간중심치료'를 시도했던 로저스의 사상을 고찰해 보았다. 로저스는 정신의학으로부터 '심리치료'를 독립시키도록 노력했으며, 그야말로 '인간의 현존'이 중심이 될 수 있도록 치료자들의 근본적인 태도변화와 심리치료의 방향전환을 요구하고 나섰다. 애초에 그는 당대 자연과학의 새로운 성과들을 바탕으로 인간중심치료의 학문적 전제를 설명했지만, 점차 그의 치료가 현상학의 토대와 키르케고르, 부버 등의 실존철학에 뿌리내리고 있음을 깨닫고, 자신의 치료에 대한 이론을 정립하는 과정과 실천적 치료활동에서 실존적 인간이해의 중요성을 적극 피력했다.

이와 같이 심리치료의 역사적 변천과정 속에서 심리치료와 철학의 연관성을 되돌아 볼 때, 우리는 북미와 유럽 의사들이 의료에 대한 자기 비판적 문제의식에서 철학적 인간이해의 필요성을 근원적으로 자각한 데에서부터 시작하여, 북미의 인지적 심리치료에서 철학은 때로는 기법으로서나 내담자와의 대화를 위한 유용성을 지녔다는 사실을 확인할 수 있었다. 나아가 로저스의 인간중심치료와 프랭클의 로고테라피에서는 인본주의적 인간이해에 대한 관심이 증대됨과 동시에 심리치료의 전개과정에서 특히 인간의 '실존'이 지니는 중요성이 점차 더 부각되기에 이르렀음을 알 수 있었다. 이러한 심리치료의 역사적 흐름 속에서 우리는 실존적 인간이해를 바탕으로 메이가 '실존주의 심리학'을 정립하면서 유럽에서 전개되어 온 실존철학의 핵심 내용들을 북미의 심리치료자들에게 적극적으로 전달함으로써 실존주의 심리치료의 토대를 닦았다는 사실, 그리고 이러한 역사적 사상적 자양분에 힘입어 얄롬은 '실존주의 심리치료'를 체계화하면서 실존적 인간이해와 철학적 아이디어의 중요성을 역설했음을 알 수 있었다. 이처럼 얄롬에 의해 정립된 '실존주의 심리치료'는 한편으로 오늘날 심리치료의 전제가 되는 인간이해와 인간관계에서의 철학적 변화를 도모하는 데에 앞장섰다고 할 수 있으며, 다른 한편으로 심리치료와 철학, 심리치료와 철학상담의 전망적인 대화를 희망할 수 있는 디딤돌을 제공했다고 할 수 있다.

이제 심리치료의 역사적 전개과정에서 철학적 인간이해에 대한 계보학적 탐색을 마치면서, 각 심리치료의 공통된 문제의식을 다시금 정리해 보고, 그 안에서 드러난 강조점의 차이를 밝혀보고자 한다. 우선적으로 정신의학으로부터 인본주의 심리치료와 실존주의 심리치료로 이어지는 역사적 과정에서 치료자들의 공통된 문제의식으로는 첫째, 자연과학적 인간이해에 대한 비판과 통합적 인간이해에 대한 요구를 들 수 있으며, 이는 심리치료에서 환자나 내담자의 '진정한 자기되기'와 '의미세계'에 대한 적극적인 관심으로 이어져 내려왔음을 알 수 있다. 둘째, 의사와 환자, 상담자와 내담자 사이의 '관계'에 대한 중요성이 강조되어 왔다는 사실도 돌이켜 볼 수 있다. 의료의 실천적 차원에서 '착한 사마리아 정신'이나 빈스방거가 말한 '우리됨'의 '사랑'은 오늘날 얄롬이 '관계가 치료다'라고 선언할 정도로 실존주의 심리치료에서 핵심의 위치를 차지하게 되었다.

이와 같이 심리치료의 전제에 대한 '철학적 인간이해'의 필요성과 중요성에 대한 공통적 문제의식에도 불구하고, 각각의 의사들과 심리치료자들은 다양한 철학적 자양분을 수용했으며 이를 직·간접적으로 자신의 심리치료에 활용했다. 자연과학적 인간이해로부터 통합적 인간이해로의 전환에는 주로 실존주의 사상이나 존재론에서의 철학적 인간이해가 많이 활용되었는데, 각 철학사상이 지녔던 영향력의 독특성을 간단히 짚어보고자 한다. 먼저 초기의 인간학적 의학과 빈스방거에게서는 하이데거의 현존재분석론이 지대한 영향을 끼쳤음을 알 수 있다. 또한 프랭클은 하이데거만이 아니라 쉘러의 인간학, 부버의 철학 등의 실존주의 사상 전반에 관심을 보였다. 로저스와 메이는 키르케고르의 심리학적 통찰과 인간이해가 심리치료의 핵심을 꿰뚫고 있다고 보았다. 로저스는 키르케고르의 '진정한 자기되기'에 주목했으며, 메이는 키르케고르의 '불안'에 큰 관심을 가졌다. 나아가 얄롬은 니체의 '너 자신이 되어라'와 영원회귀 사상 등에 큰 감명을 받았고, 이외에도 스토아 철학과 스피노자의 사상 등 다양한 철학에서 심리치료의 아이디어를 얻고자 시도했다.

이와 같이 볼 때, 심리치료의 역사적 전개과정에서 철학적 인간 이해를 성찰하는 작업은 심리치료의 전제가 되는 자연과학적 학문성에 대한 비판과 더불어 진정한 심리치료를 위해서는 통합적 인간이해가 필수적이라는 사실을 환기시켜 주었다. 심리치료의 연구자들은 자연과학적 전제와 병리적 모델로부터 탈피함으로써 점차 인간을 통합적으로 보고자 노력해 왔으며, 오늘날 심리치료자들은 내담자 각자를 '실존적 주체'로 이해하고, 상담자와 내담자의 실존적 '관계'에 의거한 만남의 중요성을 일깨우고 있다. 그런데 얄롬이 이미 주목했던 바와 같이, 철학의 역사에는 다양한 인간이해와 사상적 자양분이 전승되어 왔다. 이제까지 활용된 철학의 분야는 오랜 철학적인 전통이 지니고 있는 잠재력의 극히 일부에 불과할지도 모른다. 따라서 새로이 부각되고 있는 철학상담은 심리치료의 역사적 전개과정에 있어 온 주요 흐름을 인지하면서도 철학의 독특성을 적극 활용할 수 있는 다양한 실천 활동을 전개해야 할 것이며, 앞으로 심리치료와 철학, 심리치료와 철학상담이 상생할 수 있는 관계를 모색하고 그 시대적 대화에 임해야 할 것이다.

제2장

정신의학자 보스와 철학자 하이데거의 만남과 대화[1]

1. 유럽의사들의 자기비판과 학제간 대화의 필요성 대두

미국의 의사인 카셀은 의사들의 치료가 과연 환자들의 고통을 덜어 주고 있는지에 대한 자기 비판적 질문을 제기하고, "의료행위의 초점이 '질병'이 아니라 아픈 '사람'이 되어야 한다."(Cassell, 2002, p. 26)고 주장한 바 있다. 카셀은 의사들이 실험실 속에서 자극과 반응만을 관찰하여 질병을 연구하는 데에 주력하고 있으며, 이처럼 인간 전체를 보지 않고 질병만을 따로 떼어서 보는 현대 의

---

[1] 이 장의 초고는 2019년 9월 28일 한국문화융합학회에서 발표되었으며, 이 장은 "노성숙 (2019). 심리치료와 철학의 만남과 대화: 정신의학자 보스(M. Boss)와 철학자 하이데거 (M. Heidegger)의 '졸리콘 세미나'를 중심으로. **가톨릭철학, 33,** 65-105"을 토대로 수정, 보완을 거쳐 수록한 것이다.

료는 환자의 고통을 결코 이해할 수 없다고 역설했다. 영국의 심리치료사인 반 두르젠도 오늘날 과학기술의 양면성에 주목하면서 과학기술이 치료를 돕는 효과적인 수단을 발전시키기도 했지만, 다른 한편으로 그러한 치료적 기술이 오히려 진정으로 인간을 이해하지 못하게 할 수도 있다는 점에 주목했다. 즉, 과학기술이 한편으로 자연세계의 위험과 의료에서의 통증을 매우 효율적으로 통제할 수 있는 여러 방법들을 고안해 냈지만, 다른 한편으로 "지난 수십 년 동안 과학적 전통은 종종 학문 영역을 언어학적 관찰과 과학적 논쟁으로 축소시켜서 원래의 실존적 임무와 인간 이해와는 멀어지게 하였다."(Van Deurzen, 2017, p. 10)고 비판했다.

그런데 이처럼 실제 정신질환과 심리적 고통의 치료를 담당했던 의사들과 심리치료사들이 자신의 학문과 치료의 근원에 대해 스스로 강도 높은 비판적 성찰을 시작한 것은 이미 100년 전으로 거슬러 올라간다. 특히 유럽의 의사들을 중심으로 1920년대에 정신분석의 인간이해와 종래의 체계적인 임상정신의학에 전제된 자연과학적 인간이해와 결정론적 환원방식에 대한 비판이 시작되었으며, 이들은 정신의학이나 심리치료가 질병중심의 병리학적 모델로부터 탈피하여 '인간 그 자체'로 눈을 돌려야 한다는 문제의식을 적극 표명하고 나섰다. 이들은 병리학적 의료모델에 근간이 되어 온 자연과학적 인간이해에 의문을 제기하고, 철학적 차원에서 어떻게 하면 환자를 인간 그 자체로 수용하고 다가설 수 있는지, 나아가 그 환자가 처해 있는 총체적인 삶의 의미연관성을 어떻게 의사로서 이해하며 다가설 수 있을지를 매우 진지하게 고심했다.

이러한 운동을 대표적으로 이끌었던 스위스의 정신의학자 빈스방거는 부분적인 질병만을 보느라 생생하게 살아있는 인간을 놓치고 있는 치료현장에 대해 매우 비판적인 문제의식을 지녔었다.[2] 그리하여 그는 하이데거의 『존재와 시간』에서 드러난 '현존재분석론'의 철학적 인간이해를 토대로, 당시 프로이트의 '정신분석'과 대비를 이루는 새로운 치료접근인 '현존재분석'을 고안해 냈다(Binswanger, 1964). 물론 빈스방거도 자신의 치료에 대한 철학적 근거를 굳건히 하고자 하이데거를 직접 만나 대화를 시도하기도 했다. 그런데 빈스방거가 현존재분석을 이론적인 면에서 정교히 하는 데에 주력한 반면에, 임상에 적극 활용하면서 현존재분석을 심리치료로 자리 잡게 한 것은 정작 스위스의 정신의학자 메다르 보스(Medard Boss)였다.[3]

보스

보스는 단순히 책을 통해서만이 아니라 직접 하이데거를 만나서 매우 오랜 시간 동안 개인적인 대화를 나눴을 뿐 아니라 자신의 동료 및 학생들을 자신의 집에 모아놓고 하이데거를 초대하여 세미나를 진행하기도 했다. 이러한 과정을 통해서 보스는 현존재분석의 철학적 기초를 다졌고 이와 동시에 현존재분석을 실제 치료에 적용할 때 제기되는 문제들에 대해 하이데거와 즉각적으

---

2) 이처럼 빈스방거가 기존의 정신의학으로부터 새로운 치료로서의 현존재분석을 내놓게 된 데에는 자신이 치료에 실패한 엘렌 베스트 사례가 큰 역할을 했다. 그녀는 빈스방거의 벨뷔 요양소에서 치료를 받았지만, 결국 퇴원한 뒤 3일 후 자살을 하고 말았다. 이에 대한 자세한 사항은 이 책 제5장과 제6장, 노성숙(2018c, pp. 87-132) 참조.

3) 이번 장에서는 정신의학자 보스의 견해를 집중적으로 다룬다. 정신의학과 심리치료는 엄밀하게는 구분되지만, '촐리콘 세미나'에서 보스가 스스로의 행위를 지칭할 때나 하이데거도 정신의학이라는 용어보다 의학, 심리치료라는 말을 더 많이 쓰고 있어서 본문에서는 정신의학과 심리치료를 포괄하여 '심리치료'로 명명했으며, 필요에 따라서 각 분야를 함께 또는 따로 명기했다.

로 토론을 벌이기도 했다. 보스와 하이데거의 개인적 대화와 세미나 내용은 이후에『졸리콘 세미나(Zollikoner Seminare)』(Heidegger, 1987)라는 제목의 책으로 출간되었다.

이번 장에서는 이미 유럽에서 의사들 스스로 제기했던 자기비판과 학제간에 실제로 이루어진 만남과 대화, 즉 정신의학자 보스와 철학자 하이데거의 역사적인 만남과 '졸리콘 세미나'에서 그들이 나눈 심도 있는 대화를 탐구하고자 한다. 보스는 스위스에서 실제 정신의학적 치료를 담당했으며, '현존재분석' 치료를 통해 새로운 심리치료의 지평을 열었던 의사였고, 하이데거는 20세기 최고의 사상가로 철학의 영역 안팎에서 주목받은 바 있는 철학자였다. 따라서 '졸리콘 세미나'에서 의사인 보스와 철학자인 하이데거가 나눈 대화는 오늘날 심리치료와 철학, 심리치료와 철학상담, 정신의학, 심리학과 철학 등의 학제간의 대화를 나눌 때에 많은 시사점을 가져다 줄 것이다.[4]

이들의 대화는 기존의 정신의학과 심리치료가 지닌 문제점에 대한 의사들의 자성(自省)으로부터 출발하여, 그 문제점을 이론적 차원에서 해결하기 위해 당대의 정신의학, 심리학, 뇌과학, 철학 등의 학문적 시도들을 다학제적으로 검토하고 있다. 뿐만 아니라, 졸리콘 세미나의 대화는 실제 의료 현장에서 만나는 병들과 환자들의 증상에 이르기까지 정신질환과 심리적 고통에 대해 제기될 수 있는 다양한 실천적 주제들에 대해 어떻게 학제간에 열린 자세로 자유롭게 토론하면서 함께 철학적 사유를 전개할 수 있는지의 과정

---

4) 융합의 관점에서 하이데거와 보스의 '졸리콘 세미나'를 다룬 논문으로는 김재철(2015, pp. 31-73), 보스의 현존재분석을 임상철학적 관점에서 다룬 논문으로는 김재철(2017, pp. 145-186) 참조.

을 생생하게 보여 준다.

  이번 장의 2절에서는 보스와 하이데거의 만남이 성사되는 과정에서부터 실제 '졸리콘 세미나'에서 두 사람이 대화에 임하는 방식과 태도에 우선적으로 주목하고자 한다. 보스와 하이데거가 개인적으로 처음 만난 다음, 실제 '졸리콘 세미나'에서 서로를 배려하며 보여 준 태도는 앞으로 학제간의 대화가 지향해야 할 상호성과 개방성을 엿볼 수 있는 매우 중요한 직접적 예시를 제공한다. 3절에서는 정신의학자 보스와 철학자 하이데거가 대화과정에서 직접적으로 직면했던 도전적 과제를 집중적으로 탐구하고자 한다. 이를 위해 의학의 학문적 기초와 의술의 토대에 대해 보스가 제기한 비판적 질문이 과연 무엇인지를 명확하게 밝혀 보고 나서, 하이데거가 의학의 학문적 전제인 자연과학의 '대상성'이 지니는 의미와 '측정'이라는 방법론에 대해 어떻게 철학적 숙고를 진전시켜 나가는지를 알아볼 것이다. 나아가 4절에서는 하이데거가 의학의 학문적 '토대'를 밝히기 위해 학문의 '정확성'과 '엄밀성'을 어떻게 구분하고 있으며, 이를 기반으로 현상학적 사유로의 전환을 어떻게 촉구하고 나서는지를 고찰하고자 한다. 그러고 나서 정신의학과 심리치료의 토대를 이루는 인간의 본질로서 하이데거가 말하는 '현존재'와 '실존함'의 의미를 밝혀볼 것이다. 이와 같이 하여 이번 장은 한편으로 『졸리콘 세미나』를 중심으로 의학, 특히 정신의학과 심리치료의 정초를 위한 철학적 사유의 이론적 작업을 고찰하고, 다른 한편으로 앞으로의 심리치료와 철학 사이에서 벌어질 학제간의 대화가 진정한 인간 이해에 토대를 두기 위해 필요한 '철학함'의 실천적 방식과 태도에 천착해 볼 것이다.

2. 정신의학자 보스와 철학자 하이데거의 대화방식과 태도

1) 보스가 하이데거와의 만남에 이르는 첫 여정

보스는 프로이트와 융의 정신분석을 공부했고 브로이어에게서도 수련을 받았던 정신과 의사였다. 그는 빈스방거를 통해서 '현존재분석'을 알게 되었으며 당시 유럽의 정신의학이 철학적 인간이해를 필요로 한다는 비판적 문제의식을 이어받고 있었다. 이처럼 기존의 병리학적 의료모델이 전제로 하는 인간이해를 벗어나 의학에 철학적 토대가 필요하다고 여기고, 그러한 토대로부터 새로운 치료의 길을 열고자 하는 원의를 지녀왔던 보스가 우연히 접하게 된 하이데거 철학은 의사로서의 심리치료에 커다란 전환점을 제시했다.

1947년 보스가 하이데거에게 보낸 첫 편지를 계기로 그와 하이데거의 교제는 시작되었다. 물론 그는 빈스방거로부터 하이데거의 '현존재분석론'을 알고는 있었지만, 그가 하이데거에게 개인적으로 다가간 것은 스위스 첩첩산중에서 군의관(Bataillonsarzt)으로 근무하던 시절이었다. 그는 생애 처음으로 겪는 지루함으로 인해 '시간'을 문제시 하게 되었고, '사물'에 대해서도 근원적으로 숙고해 보려 시도했다. 그는 시간과 사물에 대한 사유를 전개해 나가는 데에 참고할 수 있는 문헌들을 찾던 차에 우연히 하이데거의 『존재와 시간』에 대한 신문기사를 읽게 되었다. 그리고 나서 그는 자신의 사유를 진척시켜 줄 거라는 굳건한 믿음으로 『존재와 시간』을 직접 읽기 시작했는데, 계속되는 질문들만 생겨났을 뿐 정작 자신의 사유를 전개하는 데에 별반 도움을 받지 못한 채, 이 책의 반 정도를 읽는 데에 그쳤다.

『존재와 시간』

그런데 이 독서체험으로부터 보스는 의사로서의 삶에 중요한 전환점을 맞이하게 되었다. 비록 하이데거의 책을 절반 정도밖에 읽지 않았고 이해하지도 못했지만, 보스는 그 자신을 뒤흔드는 질문에 사로잡히고 말았다. 그 질문은 그때까지 자신이 받았던 지적인 정식교육 과정, 즉 자연과학에 기반을 둔 교육과정에서 한 번도 제기된 적이 없었던 낯선 것이었는데, 왠지 모르게 그로 하여금 더 이상 잠자코 있지 못하게 만들었다. 이처럼 보스는 책을 통해서 간접적으로 하이데거를 알게 되었으며, 비록 하이데거의 책을 전부 이해하지는 못했지만, 하이데거가 제기한 인간존재에 대한 근원적인 질문은 보스의 내면에 잠들어 있던 '철학함'으로의 에로스를 일깨웠던 것이다. 그 이후 보스는 하이데거에 대해 개인적인 관심까지 가지게 되었으며, 이미 자신의 내면에서 하이데거와 '가상의 대화(Zwiesprache)'를 시작했다고 술회한 바 있다.

그러나 보스가 하이데거와 책을 통한 간접적인 만남과 가상의 대화를 직접적인 현실로 만드는 데에는 약간의 시간이 필요했다. 어느 정도의 시간이 경과하는 동안, 보스는 세계대전 이후 '전형적인 나치인'으로 낙인찍힌 바 있는 하이데거에 접근하기 꺼려하는 그 당시의 시대적이고 사회적인 다양한 평가들을 차분하게 참고할 수 있었으며, 히틀러에 반대했던 자신의 개인적인 소신을 지키면서도 하이데거와 교제를 시작할 판단의 여지를 마련할 수 있었다.

무엇보다 보스는 하이데거가 지닌 사유의 천재성을 인정했으며, 급기야 1947년 하이데거에게 '사유의 도움(denkerische Hilfe)'을 청하는 첫 편지를 썼다. 이후 256통의 편지를 주고받았고, 하이데거가 외국에서 보내 온 50통의 엽서를 받았는데, 정작 보스가 하이데거를 처음 만난 것은 1949년 여름 토트나우베르크(Todnauberg)의 산 속에 위치한 하이데거의 집을 방문했을 때였다. 그가 하이데거를 처음 만났을 때 그는 하이데거가 독일인이 아니라 마치 남프랑스에서 포도농사를 짓는 사람과 같은 인상을 받았다. 그런데 기이하게도 그의 눈과 높은 이마에서 "사유의 힘의 광채가 흘러나왔고, 그 광채는 가장 정열적이고 동시에 냉철했다. 또한 그것은 인간 지성의 모든 한계를 꿰뚫는 것처럼 보였다. 그 안에 은밀하고도 가볍게 가슴의 엄청난 부드러움과 다정다감함이 스며들어 있었다." (Heidegger, 1987, p. 384) 훗날 보스는 비슷한 눈을 이전에 두 번 만난 적이 있었다고 회고했는데, 프로이트와 인도의 수도자였다고 말했다.

첫 만남 이후, 보스는 하이데거가 사람들로부터 떨어져 나와서 은거(隱居)하고 있다는 사실을 알아채고 나서, 하이데거의 은거를 깨는 작업을 자신의 책무로 삼게 되었다. 이러한 책무를 이행하는 첫 시도로 보스는 하이데거에게 이탈리아의 페루자와 아시시로 함께 여행갈 것을 제안했다. 이 여행 동안 하이데거가 매우 들떠서 즐거워하는 것을 보고 나서, 보스는 이것이 하이데거와의 만남에서 자신이 이룬 첫 번째 작은 성공이라고까지 여겼다.

2) '졸리콘 세미나'에서 보스와 하이데거의 대화가 보여 준 상호배려

보스는 1949년의 개인적인 첫 만남을 가진 이후, 한편으로 하이데거와 평생 동안 개인적이고 사적인 만남을 이어가면서도, 다른 한편으로 정신의학과 철학의 간극을 이어갈 수 있는 학구적인 대화를 나누었다. 1959년부터 1969년까지 10년 동안 보스와 하이데거가 본격적으로 나눈 대화는 '졸리콘 세미나(Zollikoner Seminare)'라는 이름으로 불리는데, 그 내용은 1987년에야 책으로 출간되었다.

보스는 하이데거의 '현존재분석론'을 의학이론의 토대로 삼고, 자신의 의술에 '현존재분석'을 직접 적용하는 새로운 시도를 이어갔다. 예를 들어 그는 현존재분석을 자신의 '꿈 해석'에 적극적으로 활용했다(Boss, 1953). 이처럼 보스는 '현존재분석'을 받아들여 자신의 치료에 대한 기초를 마련했고, 그에 따라 기존 심리치료 방향을 전체적으로 수정해 나갔다. 이에 그치지 않고 그는 하이데거와의 대화를 자기 혼자만 독점하지 않고 동료들과 나눌 생각으로 하이데거의 방문에 맞춰 세미나를 지속적으로 열었다. 실제 '졸리콘 세미나'는 하이데거가 1959년부터 졸리콘에 있는 보스의 집을 방문해서 14일 정도 머물면서 정신과 의사들, 그리고 의대 학생들과 나눈 대화로 이루어졌다. 한 학기당 2회에서 3회 정도 하이데거는 보스의 집을 방문해서 세미나를 개최했으며, 방문기간 동안에는 한 주에 두 번씩, 저녁시간을 할애하여 각각 3시간씩 세미나를 진행했다.

'졸리콘 세미나'의 내용을 책으로 출간할 계획은 애초에 없었기 때문에, 나중에 책으로 출간된 『졸리콘 세미나』는 결코 체계적인

『졸리콘 세미나』

저술이 아니다. 전체적으로 세 부분으로 이루어진 이 책의 첫 부분은 실제 이루어진 세미나에서의 대화를 나중에 재구성하거나 세미나를 위해 준비되었던 하이데거의 원고를 바탕으로 작성되었으며, 두 번째 부분은 1961년부터 1972년까지 보스와 하이데거가 나눈 개인적 대화의 핵심내용을 보스가 기록한 것이고, 이 책의 마지막 부분에는 1947년 첫 만남 이후부터 1971년까지 하이데거가 보스에게 보낸 편지도 실려 있다.

『졸리콘 세미나』에서 다룬 주제와 내용을 본격적으로 다루기에 앞서서, 우리는 보스와 하이데거 사이에서 벌어진 정신의학과 철학의 대화가 얼마나 어려운 시도였으며, 얼마나 많은 실패를 거듭하면서도 계속해서 대화를 이어가고자 노력했는지를 눈여겨보아야 한다. 특히 보스와 하이데거가 계속되는 대화의 어려움을 어떤 태도로 극복했는지 주목해 볼 필요가 있다. 오늘날 정신의학, 심리학, 철학 등의 '학제간의 대화' 혹은 '융합'이라는 과제에 도전하고자 할 때에, 우리는 이들의 만남과 대화에서 보여 준 꾸준한 열정과 도전적 관심 그리고 솔직히 열린 태도가 지닌 의미를 되새겨 보아야 할 것이다.

보스는 자신의 동료 의사들 및 의대 학생들과 세미나를 진행하는 하이데거가 마치 신화에 나오는 '시시포스'와 같은 과제를 맡았다고 보았다. 왜냐하면 하이데거 자신은 워낙 심리학이나 정신병리 이론을 경멸했는데, 바로 그 이론이 머리에 가득 차 있는 보스를 포함한 의사들에게 마치 '시시포스'처럼 엄청난 힘으로 짓누르

하이데거(왼쪽)와 보스(오른쪽)

는 압박감의 무게를 가진 돌을 굴리며 사유를 진척시켜야 했기 때문이다. 따라서 이 세미나는 언제든지 그 돌이 굴러떨어질 수 있는 실패를 이미 운명처럼 지닌 모험적 시도로 보였다. 그럼에도 하이데거는 지칠 줄 모르는 인내와 느긋함을 지니고 신체적인 한계를 무릅쓴 채 지속적으로 대화에 임했다. 보스는 이러한 하이데거의 태도가 바로 하이데거 자신이 말한 "공동인간성(Mitmenschlichkeit)"의 최고의 형태, 즉 이기심 없이 사랑하고 타인에게 스스로를 자유롭게 내어 주며 "앞서서 뛰어나오는 배려(vorausspringende Fürsorge)"를 모범적으로 보여 준 것이라고 여겼다. 따라서 보스는 하이데거가 '공동인간성'의 위대함을 아주 잘 증명해 준 사상가라고 말했다(Heidegger, 1987, p. XIII).

또한 보스가 하이데거와의 대화를 위해 보여 준 호의에서도 우리는 매우 진지한 섬세함과 결단력 있는 단호함이 동시에 담긴 '배려'의 모습을 발견할 수 있다. 양자의 가장 첫 공적인 시도는 1959년 9월 8일 '부르크횔츨리(Burghölzli)'라는 취리히의 정신과 대학병원의 대형 강의실에서 진행된 하이데거의 강연이었다. 그 강의실은 그 당시 막 개조한 곳으로 매우 현대적인 기술을 갖춘 곳이었는데 보스는 바로 그 점이 하이데거의 사유와 맞지 않는 분위기여서 장소 선택이 잘못되었다고 느꼈다. 이에 따라 보스는 곧바로 두 번째 세미나부터 졸리콘에 있는 자신의 집으로 장소를 옮겨서 진행했다(Heidegger, 1987, p. XIII). 보스의 세심하고도 결단력 있는 배려는 10여 년의 '졸리콘 세미나'를 함께 진행하고 나서 1970년부터 노쇠한 하이데거가 체력적 한계를 드러내자, 의사로서의 양심에서 세미나를 중단시킨 데에서도 엿볼 수 있다.

그런데 이와 같이 최고의 배려를 몸소 실천한 하이데거와 세심한 배려로 경청의 장을 마련한 보스와 그 동료들 사이에서 벌어진 '졸리콘 세미나'의 실제 대화는 결코 쉽게 전개되지는 않았다. 세미나는 여러 번 중단되기도 했는데, 무엇보다 자연과학으로 무장된 의사들에게 하이데거의 질문은 이전에 단 한 번도 접한 적이 없었고 전적으로 새로운 것이어서 충격을 주거나 간혹 화를 자청하기까지 했다. 그러나 보스는 세미나를 처음 열었던 당시 자신의 나이가 50대 후반이었고 하이데거의 사유를 해 나가는 데에는 초보자에 불과했기 때문에 그 대화의 정체를 극복하는 데에 아주 작은 도움만을 줄 수 있었을 뿐이었다. 흥미롭게도 그는 세미나가 진행되고 있는 상황을 마치 화성인이 지구인들을 만나 이해시키는 것과 같은 환상 속의 한 장면으로 묘사하기도 했다(Heidegger, 1987, p. XIV). 이처럼 '졸리콘 세미나'에서 하이데거와 보스를 비롯한 참석자들이 서로를 이해하는 데에는 엄청난 지적인 어려움들이 존재했다. 그럼에도 이 세미나에서 가장 불가사의했던 점(das Seltsamste)은 서로가 지성의 끈을 놓지 않고, 첫 시간부터 계속해서 서로를 배려하면서 열린 태도로 대화를 아주 끈질기게 지속적으로 수행해 나갔다는 사실이었다(Heidegger, 1987, p. XV).

3. '졸리콘 세미나'에서 보스와 하이데거의 대화가 직면한 도전적 과제

1) 의학의 학문적 기초와 의술의 토대에 대한 보스의 비판적 질문

보스는 자신과 동료의사들이 '졸리콘 세미나'의 시발점 선상에서 하이데거와의 대화를 이어 나갈 뿌리, 즉 아무런 지적 토대(Boden)도 지니고 있지 않았다는 점을 발견했다고 말했다. 밖에서 보자면, 의학자와 철학자는 서로 아무런 공통의 지반을 가지고 있지 않은 것이 당연했으며, 대화를 진행해 나가면서도 양자는 전혀 다른 전문용어들을 사용할 수밖에 없었다. 그럼에도 이들은 '졸리콘 세미나'를 이끌어 나갈 공동의 이념을 지녔기 때문에, 이를 계속 바라보며 대화를 전개해 나갈 수 있었다. 그 공동의 이념은 각자의 원의에 상응하는 것이었는데, 즉 하이데거에게는 '고통받는 많은 사람들에게 가능한 한 철학적인 사유의 도움'을 전하려는 것이었고, 보스에게서는 '의학을 위한 단단한 뒷받침'이 필요했던 데에서 비롯된 것이었다고 할 수 있다(Heidegger, 1987, p. 365).

보스가 하이데거로부터 받고 싶었던 '사유의 도움'은 '의학이 학문으로서 지녀야 할 기초(Fundament)'에 해당하는 것이었다. 그는 자신의 스승이었던 오이겐 블로일러(Eugen Bleuler)로부터 학창시절에 개안(開眼)의 체험을 한 바 있었다. 블로일러는 "근대의 자연과학적인 탐구들이 우리 환자들에게 '본래 인간적인 것(zum eigentlichen Menschlichen)'에 이르도록 하는 데에 아무런 통로도 발견할 수 없도록 한다."(Heidegger, 1987, p. 364)고 말했다. 왜냐하면 자연과학적인 탐구 그 자체가 자신의 고유한 전제들에 대해 전혀 성찰하고 있지 않기 때문이었다. 의사가 된 지 얼마 안 되어 이 말을 들었던 보스는 큰 충격을 받았으며, 이러한 자연과학이 과연 어떻게 자신들의 의술에 맞는 기본노선과 의미를 제공할 수 있을지에 대해 매우 회의적으로 될 수밖에 없었다.

이러한 문제의식을 오랫동안 지녀왔던 보스의 비판적 질문은 다음과 같다. "오늘날 심리학의 규정이 여전히 근대적인 자연과학의 설명모델, 즉 갈릴레이-뉴턴의 자연개념으로 규정된다면, 육체적인 그리고 심신 상관적인 장애들에 있어서 의사의 도움이 어떻게 인간에게 적합하게(menschengerecht), 즉 우리의 사실적인 현존재에게 적합하게 될 수 있을까?"(Strube, 2003, p. 113) 보스는 실제 의사로서 자신이 전제하고 있는 정신의학이 여전히 데카르트 이후 근대적인 자연과학의 모델을 따르고 있고, 그 설명에 따라서 치료를 수행하는데, 과연 이러한 치료가 정신병을 앓고 있는 환자들에게 부합한 인간이해인지, 나아가 이러한 인간이해가 실제 고통을 겪는 환자들에게 진정으로 도움이 되는 것인지에 큰 관심을 지니고 있었다.

그가 특히 정신의학과 의사로서 관심을 지니고 있었던 질병은 물리적인 실재를 가지지 않는 심리적 투사들, 예를 들어 환각, 망상, 조현병 등이었다. 그런데 이러한 심리적 내지 정신적 질병을 자연과학적인으로 물리적 실재를 지니는 것으로 환원할 경우, 예를 들어 환각(Halluzination)을 뇌의 신진대사(Hirnstoffwechsel)에 의한 장애로 설명할 경우, 그에 따른 처방을 제공하기는 하지만, 보스는 이것이 과연 그 환자의 고통을 완화시키도록 돕는 치료인지에 대해 근본적인 의문을 품고 있었다.

보스가 지녔던 의학의 학문적 토대에 대한 질문은 단순히 이론적인 사변이나 학문적 논증의 차원에 그치는 것이 아니라 이처럼 아주 구체적으로 자기 환자의 치료에 적용되는 매우 실질적인 것이었다.[5] 따라서 보스의 질문을 다루는 하이데거도 단순히 철학적 사변을 통해 의학의 학문성을 논의하는 데에 머물지 않고 때로는 구체적인 병을 치료하면서 제기되는 문제점들을 함께 고민하곤 했다.[6] 이와 같이 볼 때, 의학의 학문적 토대에 대한 보스의 질문은 의학이 근대 이후 그 자신의 학문성의 근간으로 삼고 있는 자연과학적 설명모델에 관한 것이라 할 수 있으며, 이는 이론적 차원에의 학문적 논의에 국한되는 것이 아니라 특히 정신의학의 경우, 의술의 근거와 처방에 적용되는 매우 구체적이고 실천적인 요구를 지닌 것이었다.

---

5) 보스가 이처럼 새로운 치료에 대한 탐색을 시작한 데는 '코블링 박사'라는 여성 환자의 사례가 직접적 계기를 제공했다. 보스에게 치료를 받으러 왔던 36세의 이 여성은 환시를 보고 환청을 듣고 자살충동을 호소했다. 정신과 의사였던 이 여성은 자신의 환시, 환각 증상에 대해 보스가 뇌의 질환으로 환원하는 분석을 시도하자, 정신의 문제를 뇌로 환원하는 기존의 분석 및 치료방식에 전면적으로 문제를 제기하며 '어떻게 신체적인 과정이 정신적 것으로 변환될 수 있는지'를 되물었다. 이에 대해 보스는 그녀가 경험한 현상들이 '생리적 과정들의 주관적인 반영'이라고 답변을 하자, '반영'이라는 말로 자신이 직접 보는 것을 환원시키지 말라며 또다시 화를 내고 분석을 받아들이지 않았다. 그런데 보스는 코블링 박사가 오히려 자신으로 하여금 '모든 것을 새롭고 다르게 보도록 만든 환자'이자 새로운 문제의식을 지니고 현존재분석에 접근하도록 촉구한 환자였다고 회고했다(Boss, 2003, pp. 46-83). 빈스방거와 하이데거의 입장 차이에 근거하여 코블링 박사에게 접근한 보스의 현존재분석에 대해서는 한유림(2019, pp. 233-270) 참조.

6) 예를 들어서 '졸리콘 세미나'에서 하이데거는 시간과 공간에 대한 논의를 꽤 오랫동안 지속했는데, 이러한 논의를 해나가면서 1965년 1월 21일의 세미나에서는 프란츠 피셔(Franz Fischer)가 말한 '조현병에서의 시간—공간의 구조와 사유의 장애'에 대해서도 함께 토론을 한 바 있다.

2) 의학의 학문적 전제인 자연과학적 '대상성'과 '측정의 방법'에 대한 철학적 숙고

의학의 토대에 대해 보스가 제기한 질문을 받은 하이데거는 우선적으로 의학이 전제하고 있는 자연과학에서의 '자연'개념을 근원적으로 검토하는 데에서 출발했다. 자연과학이 자신의 학문적 대상으로 삼고 있는 '자연'개념은 근대의 대표적인 과학자라 할 수 있는 갈릴레이와 뉴턴에게서 유래하는데, 하이데거가 보기에 이들에게서 "자연은 물리질점들의 시공간적인 운동연관성이다(Natur ist ein raumzeitlicher Bewegungszusammenhang von Massenpunkten)." (Heidegger, 1987, p. 198)라고 할 수 있다. 하이데거는 당시의 의학뿐만이 아니라 특히 심리학과 정신병리학, 행동주의도 갈릴레이와 뉴턴의 이 같은 자연개념을 지니고 있었다는 점에 비판적으로 천착했다. 이러한 학문적 입장들은 인간도 역시 자연과 같이 '운동하고 있는 시공간적 물리질점'으로 간주하기 때문에, 인간을 원격으로 조정할 수 있다고 전제한다.

하이데거는 이러한 갈릴레이의 근대적 과학에서의 자연개념이 '물리질점(Massenpunkt)'이라는 표현에서처럼 '자연의 계산가능성(Berechenbarkeit der Natur)'이라는 요구를 실마리로 하고 있다고 지적했다. 이는 이전에 아리스토텔레스가 자연에 대해 지니고 있었던 존재론적 입장과는 대조를 이루는 것인데, 근대적 의미에서 자연의 계산가능성은 "자연의 경과에서 어떤 것을 계산할 수 있고, 어떤 것을 가지고 계산해야만 하는지를 보증하여 아는 그러한 관찰" (Heidegger, 1987, p. 134)을 기반으로 한다. 이와 같이 볼 때, 근대과학에서 자연은 관찰을 통한 계산을 수단으로 하여 학문적 대상이 되었다는 것을 알 수 있다.

그런데 이러한 자연의 계산가능성은 그 계산가능성에 앞서서 '자연에 대한 지배가능성(Beherrschbarkeit)'이라는 전제와 긴밀하게 연관되어 있는 것은 아닐까? 여기서의 지배가능성이란 자연을 소유하고 마음대로 처분할 수 있다는 것을 말하는데, 하이데거는 데카르트가 『방법서설』의 여섯 번째 부분에서 이미 이러한 지배가능성에 대해 다음과 같이 언급한 것에 주목했다. 학문에서 관건이 되는 것은 "우리를 자연에 대해 대가, 그리고 자연의 점유자이자 소유자로 만드는 것"(Heidegger, 1987, p. 136)이라 할 수 있다.

데카르트 이후의 근대 자연과학은 그것이 대상으로 삼고 있는 자연의 계산가능성을 확실히 하고 이로써 자연을 지배하기 위한 것인데, 하이데거는 이처럼 인간들이 근대 과학을 통해서 자연을 계산 가능한 대상으로 삼고 자연을 지배하고자 하는 것을 매우 비판적으로 바라보았다. 왜냐하면 근대 학문의 요구안에는 인간이 자연에 가하는 공격이 고스란히 들어 있기 때문이다. "그렇게 시작된 근대 학문의 요구안에는 정신의 독재가 말을 하고 있다. 그 독재는 정신 자체를 계산가능성의 조작자로 끌어내리고, 자신의 사유를 단지 전략적인 개념, 모델표상들, 표상모델들로 다루는 것으로만"(Heidegger, 1987, p. 138) 유효하게 만들기 때문이다. 하이데거는 자연을 대상으로 하는 근대 과학이 자연의 계산가능성과 지배가능성을 전제로 학문적 방법을 발전시켜 왔다는 점을 밝혀내고 난 뒤, 이에 대한 아무런 비판적 성찰도 하지 않은 채, 의학이 무분별하게 그러한 자연과학적 방식으로 학문의 대상을 받아들여 전제하고 있을 뿐 아니라 그 자연과학적 방법을 고스란히 따라가고 있는 것의 문제점에 천착했다.

나아가 그는 근대 자연과학에서 자연을 '계산가능성'으로 간주한 데에서 유래하는 '측정가능성(Meßbarkeit)'이라는 방법은 매우 결정적일 뿐 아니라 모든 대상 영역에 구분 없이 자명하게 적용된다는 사실에 주목했다. 인간을 예로 들자면, 신체적인 것과 정신적인 것의 두 영역에 대해서도, "자연과학적인 사유에는 다른 구분이 없을 뿐 아니라, 거기에는 두 가지 존재 영역을 구별하는 데에 연관되는 어떤 구분도 가능하지 않다. 자연과학적인 구별은 단지 측정할 수 있는 것의 영역 내부에서만 필연적으로 움직인다."(Heidegger, 1987, p. 127)고 하였다.

근대 자연과학에서 하나의 탁자가 대상으로서 사유될 때, 즉 탁자가 대상성 안에서 표상될 때, 이는 '측정'이라는 방법에 의해 구체적으로 전개된다. 하이데거는 이러한 자연과학에서의 '대상성', 즉 계산가능성, 지배가능성, 측정가능성에 의해 표상되는 '대상성'이 과연 무엇을 의미하는지에 대해 근원적으로 묻고, 이를 철학적으로 숙고하지 않으면 안 된다고 주장했다. 이러한 대상성은 고대 그리스와 중세의 사유에서는 없는 것이며, 근대적인 사유에서는 객관성과도 같은 의미를 지닌다. 그런데 하이데거에 따르면, "대상성은 사물의 현존성의 하나의 특정한 변양(Modifikation)이다. …… 근대의 과학은 존재자의 현존성의 경험에서 대상성으로의 이러한 변천에 근거하고 있다"(Heidegger, 1987, p. 129). 이처럼 이전의 사유에서의 현존성이 대상성으로 전환되는 데에는 근대 과학이 '측정가능성'이라는 방법을 적용한 것이 핵심적 역할을 담당했다.

이와 연관하여 하이데거는 '측정가능성'이 과연 사물의 고유한 특성인지 아니면 측정하는 인간의 행위에 속하는 것인지에 대한 물음을 던졌다. 예를 들어서 탁자의 측정가능성은 한편으로 탁자가 연장성(Ausdehntheit) 안에 있다는 사물의 특성이기도 하고, 다른 한편으로 인간이 그 탁자를 측정하는 행위와 연관되기도 한다. 그렇다면 측정은 사물로서의 연장을 고려하여 '대상'으로서 사유될 때, "스스로 현존하는 사물을 나에게 마주 세울 수 있는 하나의 방식"(Heidegger, 1987, p. 128)에 불과하다고 할 수 있다.

이처럼 측정은 이미 현존성을 전제로 하는 대상성에 적용되는 것인데, 문제는 "측정을 하는 자연연구자는 현존성에 대해서 그 자체로 아무것도 진술할 수 없고, 그에 따라 있었던-존재(Gewesen-sein)에 대해서도 아무 것도 진술할 수 없다."(Heidegger, 1987, p. 227)는 데에 있다. 여기서 우리가 하이데거를 따라 존재(Sein)를 현존(Anwesen)으로 이해하는 데에는 무엇보다 인간이 시간 안에서 '현존하는(anwesend)', 즉 '현재의(gegenwärtig)'(Heidegger, 1987, p. 43) 존재이며, 인간존재가 시간에 대해서 지니고 있는 독특한 연관성에 주목하지 않으면 안 된다. 따라서 현존성을 이해하기 위해서는 가장 먼저 '시간성'이 인간의 본질에 함께 속해 있다는 사실을 숙지해야 한다.

시간성과 인간의 본질에 대한 탐구를 위해 하이데거와 함께 철학사적 시원을 찾아 거슬러 올라가 보자면, 이미 아리스토텔레스가 시간이 어떻게 영혼과 관계하는지를 숙고한 것을 발견할 수 있다. 또한 시간과 인간 정신의 긴밀한 연관성에 대해 아우구스티누스는 "나의 정신(anima가 아니고 animus인) 안에서 나는 시간을 잰다."(Augustinus, Confessiones, XI, 27: Heidegger, 1987, p. 47에서 재인용)고 말했다. 그런데 이들은 시계의 사용에서 중요하게 대두되는 것처럼 시간을 양적으로 재는 '측정'만으로는 파악될 수 없는 '시간과 인간의 근원적인 관계'를 늘 염두에 두고 있었다. 이러한 철학사적 맥락을 짚어 낸 뒤, 하이데거는 시계를 읽는 것과 같은 양적인 시간 규정 및 시간 측정과 '시간–안에–있음(in-der-Zeit-sein)'이라는 존재론적 사실을 구분했다. 그러고 나서 그는 시간 측정이 이미 시간이 주어져 있다는 것, 즉 시간의 존재를 전제로 하며, 이처럼 '시간–안에–있음'은 인간에게 매우 본질적 규정이 아닐 수 없다고 밝혔다.

하이데거가 '졸리콘 세미나'에서 매우 빈번하게 그리고 긴 토론을 철학사적으로 전승된 맥락에서 '시간'을 밝히는 데에 할애하고 있는 이유는, 시간에 대한 존재론적 이해를 회복하는 것이 바로 자연과학의 출발점으로서의 '자연'이 담고 있는 '대상성'으로부터 '현존성'으로의 존재론적 전환을 이루는 데에 핵심이라고 여겼기 때문이다. 또한 이러한 철학적 숙고는 단순히 철학사적인 고찰에 그치는 것이 아니라, 오히려 정신의학에서 더 중요한 의미를 지녔기 때문이다.

> 예를 들어서 정신적으로 병든 사람에게 장애를 일으킨 시간 연관은 오로지 인간의 근원적인, 자연스럽게 이해된, 늘 의미가 있고 날짜를 기입할 수 있는 인간의 시간관계로부터 이해될 수 있다. 공허하고, '특성 없는' 지금의 연속으로서의 시간을 표상하는 데에서 유래하는 계산된 시간과 연관해서는 이해될 수 없다(Heidegger, 1987, p. 55).

하이데거는 시계로 측정되는 시간 이전에 이미 우리가 '시간–안에–있음'이라는 시간의 존재를 근원적으로 이해하는 것이 중요하다고 역설했다.[7] 그는 '진보'라는 이름으로 맹위를 떨치고 있는 오

---

7) 베르그송은 이처럼 '시간–안에–있음'을 공간과의 연관성 속에서 논의하는데, 이에 대해 하이데거는 존재론의 입장에서 비판을 제기한 바 있다(Heidegger, 1987, p. 57).

늘날의 자연과학으로서의 의학도 역시 시간을 '측정'이라는 방법에 의해서만 파악하고 시간의 존재에 대한 감수성이나 이해를 망각하며 시간을 '평균화(Nivellierung)'하고 있다고 보았다. 그런데 이 경우에도 시간의 존재는 단지 사라지는 것이 아니라 '평균화'라는 방식으로, 즉 시간의 존재론적 의미에 대한 이해나 숙고 없이 '결핍(Privation)'의 한 방식으로 존재하고는 있다(Heidegger, 1987, p. 63). 따라서 '진보'라는 우리의 시대는 오히려 이처럼 시간의 평균화 방식 속에서 시간의 근원적 존재가 '결핍'된 시대라고 할 수 있다. 그렇다면 과연 우리는 이러한 시간의 존재가 '결핍'된 방식이 아니라 '시간-안에-있음'이라는 시간의 존재론적 이해라는 근원적 사태에 어떻게 도달할 수 있을까? 그리하여 자연을 더 이상 '대상성'으로만 표상하는 데에 그치지 않고, '현존성'의 존재로 이해하며 다가서서 사유할 수 있을까?

4. 의학의 학문적 '토대'와 '인간이해'를 위한 현상학적 사유

1) 의학의 학문적 '토대'로서의 '엄밀성'

의학의 '토대'에 대한 보스의 질문은 단순히 정신의학이나 심리치료라는 의학의 특정 분야가 아니라 "응용 자연과학"으로서의 근대적 학문 형태를 띠고 있는 의학 일반에 대한 것이었다(Längle & Holzhey-Kunz, 2008, p. 192). 하이데거는 의학 일반이 근대 자연과학의 전제를 숙고하지 않고 그 '대상성'과 '방법'을 고스란히 답습하고 있다는 사실에 천착했다. 근대의 자연개념에서 출발하는 '대상성'과 '측정'이라는 방법의 과학은 앞서 고찰한 바와 같이 시간을 평균화된 '결핍'의 방식으로 존재하도록 하고, 이를 통해 인간과 시간의 근원적인 관계, 그리고 현존성을 이해할 수 없도록 한다. 따라서 오늘날의 자연과학은 아리스토텔레스나 아우구스티누스가 시간에 대해 사유한 것들을 알지도 못할 뿐 아니라 더 이상 생생한 철학적 숙고를 필요로 하지도 않는다. 그런데 하이데거는 이처럼 오늘날 학문에서 '엄밀한' 의미로 이해된 자기비판이 결여되어 있다는 사실이 단지 연구자 개인의 나태함 때문이 아니라 "현재 시대의 역운(Geschick)을 통해 규정되는 현혹(Verblendung)"(Heidegger, 1987, p. 74) 때문이라고 보았으며, 특히 이를 통해 "자연과학의 절대화(Verabsolutierung der Naturwissenschaft)"(Heidegger, 1987, p. 160)라는 위험에 빠질 수 있다고 경고했다.[8]

일찍이 니체는 이러한 자연과학의 절대화가 '방법'과 긴밀하게 연관되어 있음을 간파한 바 있다. "우리 19세기를 표시하는 것은 학문의 승리가 아니라 학문에 대한 학문적 방법의 승리이다." (Nietzsche, Wille zur Macht, Nr. 466: Heidegger, 1987, p. 167에서 재인용) 이는 방법이 학문에 봉사하는 것이 아니라 오히려 방법이 학문을 지배한다는 것을 말한다. 니체가 예견한 바와 같이 학문에 대한 방법의 승리는 오늘날의 의학 및 정신의학에서도 고스란히 현실로 드러났다.

---

8) 하이데거는 우리가 오늘날 낯설고 섬뜩한 시대에 살고 있다고 보았는데, 정보의 양이 엄청나게 증가할수록 다음과 같은 사실을 통찰할 수 있는 능력은 점차 줄어들고 있기 때문이다. 즉, "현대의 사유는 점점 더 눈이 멀고 있으며, 효과와 가능한 방식의 감각을 계산할 수 있는 기회만을 가지는 멍한 계산이 되고 있다"(Heidegger, 1987, p. 96).

하이데거는 의학 및 정신의학에서 드러나고 있는 자연과학적 방법의 절대화를 벗어나기 위해서 학문의 '정확성'과 '엄밀성'의 구분이 필요하다고 보았다. 그는 자연과학에서의 '정확성'이라는 진리가 계산적인 결과의 효과성으로 입증된다고 하지만, 이에 적합하지 않는 사태(Sache)가 있음에 주목해야 한다고 주장했다. 다시 말해, "학문에서 결정적인 것은 그것의 연구방식이 그 사태에 상응해야 한다."(Heidegger, 1987, p. 173)는 것인데, 개념적인 표상의 대상으로 만들 수 없는 사태들도 있다. 예를 들어서 '불안(Angst)'은 공포와 달리 그 불안에 대한 대상을 아무리 개념적으로 표상하려 해도 할 수 없는 사태이다.[9] 그러나 그렇다고 해서 불안을 학문적인 주제로 다룰 수 없는 것은 아니다. 하이데거는 이처럼 존재론적 사태에 적합한 것은 자연과학에서의 정확성이 아니라 현상학적인 '엄밀성'에 속한다고 말했다.[10]

> 학문의 엄밀성(Strenge einer Wissenschaft)은 그 기획과 방법이 사태에 상응해야 한다. 따라서 모든 엄밀한 학문이 반드시 정확한 학문이 될 필요는 없다. 정확성은 단지 학문의 엄밀성으로 규정되는 한 형식이다. 왜냐하면 정확성은 대상이 사전에 계산 가능한 것으로 만들어질 경우에만 존재하기 때문이다. 그런데 본성에 따라 계산가능성에 부합하지 않는 사태가 있다면, 정확한 학문의

---

9) 하이데거의 『존재와 시간』에서 불안과 공포에 대한 상세한 구분에 대해서는 Heidegger (1972, pp. 184-191) 참조.

10) 하이데거의 엄밀성에 대한 문제의식은 후설에게서 유래한다. 후설은 이미 1910년 『로고스』지에 「엄밀한 학문으로서의 철학(Philosophie als strenge Wissenschaft)」이라는 제목의 논문을 발표하면서, "철학은 그 최초의 출발 이래 엄밀한 학문이고자 하는 요구를 지녀왔다."고 주장했다(Husserl, 1989, p. 141).

방법에 따라 그것을 규정하려는 시도는 사태에 맞지 않는 것이다
(Heidegger, 1987, p. 173).

하이데거는 '졸리콘 세미나'에서 의사나 심리치료사들이 자연과
학적인 교육으로 인해 정확성의 학문과 그 방식에만 치중되어 있는
데, 과연 그것이 그들이 다루는 '인간'이라는 대상이 지닌 정신적인
혹은 심리적인 사태에 부합하는지를 비판적으로 검토해야 하며, 그
에 따라 정확성보다 더 근원적인 '엄밀성'에 눈을 돌릴 것을 촉구했
다. 그리하여 '인간이 무엇이고 누구이며 어떻게 존재하는지'의 물
음이 지닌 근본적인 의미, 즉 인간과 시간의 관계에 대한 내용적 물
음과 방법에 근원적인 관심을 가지기를 바랐다. 이러한 관심의 전
환은 더 이상 '정확성'을 추구하는 자연과학적 방식만이 아니라 '엄
밀성'을 추구하는 현상학적인 사유방식에 따르는 것을 말한다. '졸
리콘 세미나'에서 하이데거는 다음과 같이 말했다. "우리는 우리 대
화를 진행해 가는 도상에서 이제야 처음으로 자연과학적이고 심리
학적인 표상방식으로부터 눈을 돌려서 현상학적인 사유방식으로
들어가는 것을 배워야만 한다."(Heidegger, 1987, p. 76)
하이데거가 의사들에게 이러한 사유의 전환을 요구하고 나선 이
유는 그 당시 지배적이었던 '생리학적-심리학적 관찰방식'에서는
이미 정확성에 의거하여 객관화되고 있는 현상을 자명한 것으로
전제하고 있을 뿐, "자신이 전제로 하고 있는 것에 대해 눈이 멀었
다."(Heidegger, 1987, p. 97)고 판단했기 때문이다.[11] 나아가 하이

---

11) 이러한 문제의식은 이미 후설에게서도 발견된다. 그는 자연적 학문과 철학적 학문을 구
분하고, 전자는 인식비판에 전혀 관심을 가지고 있지 않은 자연적 정신태도에서 비롯되
며, 후자는 자명하게 주어진 자연적 학문의 대상성 그 자체를 반성적으로 사고하는 철학
적 태도라고 말했다(Husserl, 1973, pp. 17-18).

데거가 이처럼 학문의 정확성으로부터 엄밀성으로 시선을 전환시키고 현상학적 사유를 촉구하는 더욱 근본적인 이유는 보스가 애초부터 제기했던 의학의 토대(Grundlagen)를 마련하기 위한 것이었다.[12] 그렇다면 여기서 '토대'는 과연 무엇을 의미하는 것일까?

하이데거는 의학 및 정신의학의 '토대'에 대해 철학적인 숙고를 시작하면서, 토대의 철학적인 의미와 자연과학적 의미가 다르다는 점을 명시했다. 우선 철학적 차원에서 '토대'는 본질의 유래(Wesensherkunft), 즉 본질이 어디에서 유래하는지를 밝히는 것인데, 그 안에서 모든 확정 가능한 것들(alles Feststellbare)이 근거하고 있다고 할 수 있다. 이처럼 본질규정을 탐구하는 대신에 자연과학에서는 '토대'가 사물적(dinglich)인 차원에서 이해되는데, 즉 무엇을 야기시키는(verursacht) 것으로서 인과발생적(kausalgenetisch)인 방법으로 이해된다. 예를 들어서 색깔을 통해 우리는 양자의 차이를 구분해 볼 수 있는데, 색깔의 본질은 연장성(Ausdehntheit)이지만, 이는 색깔을 생성시키는 원인을 말하는 것은 아니다(Heidegger, 1987, p. 243).

그럼에도 자연과학에 기반을 두고 인간을 인과성의 '토대'로 환원시키려는 의학의 시도들이 여전히 현실에서는 강세를 드러내고 있으며, 이들에게서 우리는 '측정'에 의한 방법의 우위가 적용되고 있음을 확인할 수 있다. 이러한 추세 중 가장 강력한 학문적 경향의 하나로 인간을 뇌의 생화학적 과정들로 환원시켜서 설명하는 시도를 들 수 있다. '졸리콘 세미나'에서 하이데거는 의학의 '토대'에 대해 보스를 비롯한 의사들과 함께 논의하면서, 이미 이러한 뇌 연구가 점

---

12) 여기서 말하는 정확성과 엄밀성의 구분은 같은 존재자의 차원에서 양자택일적인 대비를 의미하는 것이 아니다. 오히려 정확성에 의한 자연과학적 인식이 될 수 없는 사태, 즉 엄밀성에 따른 존재론적 사태가 더욱 근원적인 인식의 토대임을 밝히기 위한 것이다.

차 증대되고 있는 학문적 시류를 목격하고 이에 주목했다. 그런데 그는 뇌 연구가 단지 정보를 제공하는 것 이외에 인간의 본질에 대한 아무런 것도 밝혀주지 않는다는 점을 강조했다.

> 뇌 연구가 인간에 대한 인식을 위한 토대학문이라고 주장된다면, 이 주장은 그 자체로 인간에 대한 인간의 참되고 실제적인 관계가 뇌의 과정들의 상호연관이라는 것을 포함한다. 뇌 연구 자체에 있어서 연구라는 것은 다름 아닌 하나의 뇌가 다른 뇌에 특정한 방식으로 …… 정보를 제공하는 것으로서 발생한다는 것이다 (Heidegger, 1987, p. 123).

하이데거는 이처럼 뇌 연구가 제공하는 정보만으로는 인간의 현상을 제대로 이해할 수 없을 뿐 아니라, 인간을 생화학적인 경과들, 말하자면 자연과학적인 대상들로 환원하는 것이 비인간적인 태도라고 비판했다(Paulat, 2001, p. 30).[13] 또한 뇌 연구는 인간들끼리의 관계 역시 인간 A의 뇌와 인간 B의 뇌끼리 정보를 교환하는 것으로 환원시킨다. 그런데 이러한 연구는 개인으로서의 인간 A의 고유함을 이해할 수 없으며, 인간 A와 인간 B의 관계, 나아가 인간 B가 인간 A에게 주는 도움의 의미를 전혀 밝혀 줄 수 없다.

예를 들어서 내가 시험을 앞두고 엄청난 심적 부담을 지니고 있을 경우, 시험이 나의 부담과 긴장을 유발시킨 발생적 원인이라고 환원시켜 설명할 수 있을까? 여기서 시험은 내 뇌의 생화학적인 차

---

13) 이러한 맥락에서 하이데거는 "인공두뇌학에서 지금 일어나고 있는 것처럼, 인간이 제어 장치 모델 따라 '연구'된다면, 인간 존재의 파괴는 완벽하다."(Heidegger, 1987, p. 160)고 비판했다.

원에서 인과적으로 발생하는 것으로서 내 부담의 원인이라고 할 수는 없을 것이다. 시험에 대한 부담을 지니고 있는 것과 그 부담으로부터 놓여나는 현상을 뇌의 생화학적인 경과들로 대상화시킬 경우, 이는 인간존재에 고유하게 속하는 것이 아니며 또한 사태에 상응(sachgerecht)한다고 볼 수 없다. 왜냐하면 거기서는 내가 현존하는 방식이 전혀 고려되고 있지 않기 때문이다. 따라서 이러한 대상화와 생화학적인 인과적 설명은 인간과는 관계가 없는, 즉 비인간적인 것이라고 할 수 있다.

이와 달리 시험을 치른다는 것은 "예를 들어서 비가 오는 것과 같은 과정이 아니라 인간의 상황 안에서 그리고 인간 삶의 역사 내에서 역사적인 것"(Heidegger, 1987, p. 262)으로 이해되어야 한다. 하이데거에 따르면, 이 현상에서는 무엇보다 나의 '그 곁에-있음(Dabei-sein)'이 고려되어야 한다. 또한 이 현상에서 만일 시험을 치르는 나(인간 A)의 부담을 이해하고자 대화를 하는 타인(인간 B)은 나의 구체적인 상황과 맥락을 이해하는 인간으로서의 '공동존재(Mitsein)'이어야 한다. 여기서 의사나 심리치료사가 나와 대화를 하는 타인(인간 B)으로 간주될 경우, 나(인간 A)에게 필요한 것은 의사(인간 B)의 뇌 작용이 주는 정보가 아니라 현존하는 한 인간으로서 의사의 '치료적 현존'[14]이다. 따라서 하이데거는 단적으로 "의사가 하나의 대상에 치유를 일으킬 수 있는 것처럼 스스로 파악하고 있다면, 공동인간존재(Mitmenschsein)와 공동존재(Mitsein)는 없어진다."(Heidegger, 1987, p. 263)고까지 주장했다.

---

14) 심리치료에서 '치료적 현존'은 "신체적, 정서적, 인지적, 영적인 차원을 포함하여 상담자와 내담자의 상호작용 과정에서 일어나는 현상"(유성경, 2018, p. 214)이라고 할 수 있다.

그렇다면 이제 의학의 '토대'를 철학적 차원에서 밝히기 위해서, 하이데거가 말하는 인간의 본질유래에 상응하는 '엄밀성'의 현상학적 사유를 통해서 '그 곁에-있음'과 '공동존재'의 근간이 되는 '현존재'가 과연 무엇을 의미하는지에 대한 좀 더 적극적인 해명을 알아보아야 할 것이다.

2) 정신의학과 심리치료의 토대를 이루는 인간의 본질: '현존재'와 실존함

하이데거에 따르면, 의학에서 '토대'의 의미를 탐구한다는 것은 '인간존재의 본질을 찾는 것'을 가장 긴요한 과제로 삼지 않으면 안 된다. 왜냐하면 의학에서 "만일 사람들이 인과적으로 발생하는 의미에서 토대를 탐구한다면, 사람들은 사전에 인간을 포기하고, 인간이 무엇인가라는 질문도 지나치게"(Heidegger, 1987, p. 243) 되기 때문이다. 그렇다면 하이데거는 인간을 주안점으로 삼고 인간에게 부합하는, 인간존재의 본질을 밝힐 수 있는 정신의학 및 심리치료의 토대에 대해 어떻게 얘기하고 있을까?

가장 우선적으로 하이데거는 그 당시까지의 심리학, 인간학, 정신병리학이 인간을 넓은 의미에서 하나의 대상으로만, 즉 경험적으로 확정할 수 있는 것의 총체로서 존재자의 영역에서만 파악해 왔다고 보았다. 그런데 하이데거가 볼 때, 인간은 본질이 다른 존재자이다. 즉, "인간은 근본적으로 그의 본질에 따라, 다른 존재자와 자기 자신에 대해 태도를 취하는 존재자인데, 이는 그가 존재를 이해하기 때문에만 가능한 것이다.(여기서 태도를 취한다(Sich-Verhalten)는 것은 존재이해를 통해 정초된 관계를 말한다)."(Heidegger, 1987, p. 197)

물론 미국의 심리학자 설리번(Sullivan)도 이와 비슷한 주장을 한 바 있다. 그는 인간이 다른 사람과 관계를 맺는 존재자라고 규정했지만, 이는 인간에 대한 확정(eine Feststellung am Menschen)이었을 뿐이지 인간을 인간으로서 규정하는 본질을 진술한 것은 아니었다. 다시 말해, 그는 이미 인간의 본질을 전제하고 출발했을 뿐, 그 기초를 묻지 않고 있었다.

하이데거는 인간을 본질적으로 규정하기 위해서 '현존재(Dasein)'라는 용어를 사용했다. 여기서 우리는 그가 '인간존재(Menschsein)'라고 하지 않고 '현존재'라고 명명한 이유를 살펴보지 않으면 안 된다. 그가 '현존재'라는 용어를 새롭게 사용한 이유는 인간이 '존재이해'를 지니고 있다는 사실을 강조하려는 것이었다. "인간은 존재를 이해하는 경우에만, 즉 그가 존재의 열림(Offenheit) 안에 서 있는 경우에만, 오로지 인간일 수 있기 때문에, 인간 존재 그 자체는 이러한 열림 자체의 방식으로 존재하는 것을 통해 표시된다."(Heidegger, 1987, p. 157)

'현존재'에서 가장 핵심적인 것은 현존재로서의 인간이 자신의 존재를 이해한다는 점이다. 그런데 인간이 존재이해를 지니고 있다는 것은 곧 인간이 인간으로서 규정되는 데에 있어서 '존재의 열림'에 서 있을 수 있다는 것에 기반한다. 즉 '현-존재(Da-sein)'라는 용어의 '현(Da)'은 이러한 열림에 대해 인간이 '탈자적으로(ek-sistierend)' 관여하며 존재할 수 있다는 의미, 즉 '실존함'의 의미를 담고 있다. 이처럼 인간을 '현존재'로 규정하게 될 경우, 인간은 여타의 존재자들처럼 '대상성'에 의해 '범주적(kategorial)'으로 주-객 도식에 의해 인식되는 것이 아니라, 그의 '현존성'에 의해 '실존론적(existenzial)'(Heidegger, 1987, p. 158)으로 이해되고 해석된다는 것을 말한다. 전자는 근대의 자연과학에서 존재자들의 '대상성'을 '측정'이라는 방법에 의해 계산하고, 그 정확성에 의거하여 인식하는 것을 의미한다. 반면에 후자에서는 앞서 '불안'의 예에서처럼 인간이라는 존재자의 존재 그 자체, 즉 '현존성'을 문제 삼고, 그 존재이해에 의해 존재의 열림에 관여하게 된다. 이러한 '현존성'은 결코 표상을 통해 대상화될 수 없다. 현존재는 인간존재의 전체를 말하는데, 만일 이러한 현존재를 표상적으로, 즉 계산적으로 사유하게 될경우, 한 인간의 현상은 두 개의 대상으로 나뉘어 존재자로서 파악되고, 그렇게 되면 탈자적 연관에서 벗어나게 된다. 이처럼 현존성은 인간의 존재 자체에 대한 탈자적 연관에 의해서만, 다시 말해 존재 전체와의 실존론적 연관을 지닐 때에만, 현상적인 엄밀성의 의미가 밝힘(Lichtung)을 통해 드러남으로써 이해되고 해석된다. [15]

하이데거는 정신의학과 심리치료라는 학문의 사태에 적합한 인간은 다름 아닌 '현존재', 즉 '실존하는 인간'이라고 단적으로 말했다. "심리치료적 학문에서의 통일된 최정점(Einheitspol)은 실존하는 인간이다."(Heidegger, 1987, p. 259) 그리고 이처럼 실존하는 인간에게서 가장 본질적인 것은 '존재이해'에 있다. 따라서 하이데거는 인간존재를 존재이해로부터 현상학적으로 경험하고 사유할 것을 요구하며, 보스와 동료의사들에게 '졸리콘 세미나'를 통해서 이러한 존재이해에 기반한 '현존재'라는 인간상에 토대를 두고 심리치료의 학문이 바로 설 수 있기를 촉구했다. 하이데거는 "물리학의 주

---

15) 하이데거는 빈스방거가 현존재분석론에서의 '존재론적인(ontologisch) 것'을 '존재자적인(ontisch) 것'으로 해석했으며, 그에 따라 염려(Sorge)를 사랑으로 보완했다기보다는 오히려 염려에서 실존론적, 즉 존재론적 의미를 밝혀내지 못했다고 비판했다(Heidegger, 1987, p. 151).

제는 생명이 없는 자연(die leiblose Natur)이지만, 정신의학과 심리치료의 주제는 사람(der Mensch)이며", "학문 그 자체가 인간의 행위이자 작품이라면, 인간의 학문에 대한 물음은 학문을 비로소 가능하게 하는 인간에 대한 물음과 독특하게 교차되어 드러난다." (Heidegger, 1987, p. 178)고 역설했다.

그는 정신의학과 심리치료의 기초가 바로 이러한 인간존재, 즉 실존하는 인간, 현존재로부터 세워질 경우, 정신의학과 심리치료의 학문에 필요한 인간이해뿐만 아니라 정신의학적 치료나 심리치료 행위의 상대인 '병든 인간'에 대한 이해, 그리고 '의사와 환자의 관계'에 대한 이해에 있어서 새로운 전망을 가질 수 있다고 보았다. 따라서 그는 병의 의미와 그 치료에 대해 인간의 본질로부터 유래하는 이해를 실존론적인 입장에서 밝혔다.

> 인간은 본질적으로 도움을 필요로 한다. 왜냐하면 인간은 자신을 잃어버릴, 자신을 대면하지 못하는 위험에 항상 처해 있기 때문이다. 이러한 위험은 인간의 자유와 연관된다. 병들 수 있음(Krankseinkönnen)의 전체적인 물음은 그 본질의 불완전성과 연관된다. 각각의 병은 자유에 대한 상실이며, 삶의 가능성이 제한되는 것이다(Heidegger, 1987, p. 202).

하이데거는 현존재로서의 인간이 항상 자신의 존재를 대면하지 못할 위험에 처해 있으며, 무엇보다도 자신의 존재가능성을 자각하지 못하고 자신의 불완전성에 의해 자유를 잃어버릴 수 있기 때문에 병에 걸릴 수 있다고 보았다. 그렇다면 이처럼 자신을 망각함으로써 실존론적 자유를 상실하게 될 때, 즉 자신의 삶에서 자기 존재가능성이 제한될 때 과연 어떤 심리치료가 필요한 것일까?

정신의학과 심리치료가 자신들의 치료에서 목표로 하고 있는 것은 사회적 '적응'이며, 이로써 개인들이 사회 안에서 각자의 기능을 충분하게 수행할 수 있도록 하는 데에 있다.[16] 그런데 예를 들어서 기존의 심리치료에 의해 내담자나 환자가 일상에서 잃어버린 사회적 기능들을 원활하게 회복하고 충분히 기능하는 인간이라고 하더라도, 그의 근원적인 존재가능성이 망각되었다면, 다시 말해 그 자신의 실존함이 지닌 자유를 잃어버렸다면, 이에 대한 치료는 과연 어떻게 가능한 것일까? 하이데거는 기존의 치료가 지닌 전제에 대해 다음과 같이 철학적으로 숙고해 나갔다.

> 모든 적응은 공동존재(Mitsein)라는 근거에서만 오로지 가능하고 의미를 지닌다. 의사들이 돕고자 한다는 것(beim ärztlichen Helfen-wollen)에서 어떤 것의 기능함(das Funktionieren von etwas)이 아니라 항상 실존함(das Existieren)이 관건이라는 사실에 주의해야 한다. 사람들이 전자를 의도한다면, 현존재에 전혀 도움이 되지 않는다(Heidegger, 1987, p. 202).

기존의 심리치료가 목표로 삼는 '적응'은 오히려 존재론적 차원에서 '공동존재'에 토대를 두고 있다. 그런데 의사나 심리치료사들의 도움은 단순히 이들의 기능에 의해서만 이해될 수는 없다. 오히려 의사와 환자, 심리치료사와 내담자는 현존재의 실존함을 구심점

---

16) 로저스의 인간중심치료에서 가장 이상적인 인간은 "충분하게 기능하는 인간(fully functioning person)"(Rogers, 1983, p. 290)이다.

으로 삼아서 존재론적 차원에서 도움을 주고받는 것이다. 그렇다면 이때의 도움이란 과연 어떤 의미이며 어떻게 가능한 것일까? 하이데거는 그 당시 플뤼게(Plügge)의 스트레스에 대한 설문조사를 예로 들면서, 스트레스를 기존의 치료와 달리 어떻게 실존론적으로 파악하고 접근할 수 있는지를 보이고자 시도했다. 스트레스는 플뤼게의 설문조사의 텍스트에서처럼 단순히 '스트레스 자극'이라는 의미로 명확하게 파악되기 어려운 매우 다양한 의미를 지녔다. 따라서 스트레스의 다의성은 계산가능성에 근거한 자연과학 안에서 정확히 측정되기 어렵고, 오히려 실존론적 의미에서 다음과 같이 파악될 수 있다.

> 스트레스는 요구, 부담(무거운 짐)을 뜻하고, 짐을 벗음도 또한 부담일 수 있다. 어느 정도의 부담은 삶을 유지하도록 한다는 이 사태는 어디에서 정초되는가? 이것은 탈자적인 연관에 기초한다. 이 연관은 인간존재의 기초적인 구조이다. 그 구조 안에 인간이 이미 항상 자신이 아닌 존재자들로부터 말 건네지는 저 열림(Offenheit)이 근거한다(Heidegger, 1987, p. 180).

하이데거는 스트레스의 다의성이 대상화된 인간의 표상작용을 통해서는 명료하게 인식될 수 없으며, 오히려 인간존재의 상황이나 세계 안에서 '부담'이 지니는 실존론적 의미를 이해해야 한다고 말했다. 그런데 이처럼 '부담'의 의미를 이해하기 위해서는 인간존재를 전체로 파악하는 '탈자적인 연관'을 파악해야 하며, 이를 통해 인간에게 건네지는 말의 의미를 열린 태도로 이해하고자 노력해야 한다. "이렇게 이해된 부담, 즉 스트레스는 탈자적으로–존재하는 인간(der ek-sistierende Mensch)의 본질구성틀에 속한다."(Heidegger, 1987, p. 180) 물론 스트레스는 『존재와 시간』의 의미에서 실존론적 범주에 의해 '빠짐(퇴락)'이라고 해석될 수 있으며, 이럴 때에 스트레스는 "내던져져 있음, 이해, 언어를 통해 규정된 인간 실존(Existenz)의 구성틀에 속한다."(Heidegger, 1987, p. 184)고 실존론적으로 이해될 수 있다.

이와 같이 의사나 심리치료사가 현존재로서의 인간과 그 실존함을 현상학적 사유에 따라 이해하고, 이러한 실존론적 토대로부터 환자나 내담자의 존재가능성을 함께 숙고하고, 그 자신에게 고유한 존재의 열림에 탈자적으로 관계할 수 있도록 돕는 것이야말로 인간본질의 사태에 적합한 치료라고 할 수 있다. 따라서 보스는 기존의 의학이나 심리치료의 존재론적 토대를 철학적으로 찾는 작업을 넘어서서 기존의 정신분석에 대한 대안적 의술의 한 갈래로서 '현존재분석'을 전개해 나가기에 이르렀다. 그에게 의사들의 '도울 수 있음(das Helfenkönnen)'은 공동존재로서의 인간들끼리 언어를 통해 탈자적인 존재가능성을 수행하는 것(Heidegger, 1987, p. 210)에 기초한다고 할 수 있다.

5. 보스와 하이데거 대화의 실천적 함의

'졸리콘 세미나'에서 보스는 의학의 학문적 기초와 의술의 토대에 대한 질문을 제기했으며, 하이데거는 이에 답하기 위해 근대 이후 의학이 전제하고 있는 자연과학적 '대상성'과 '측정의 방법'에 대해 철학적으로 숙고했다. 그리하여 인간을 단순히 측정하기만 하는 '대상성'만이 아니라 인간의 본질이라는 사태에 부합하는 '현존성'에 의해 접근할 수 있기 위해, 근대 자연과학의 '정확성'이 유래하는 '엄밀성'에 의한 현상학적 사유로의 전환을 촉구했다. 나아가 보스와 하이데거는 한편으로 정신의학과 심리치료의 토대를 이루는 인간의 본질로서 '현존재'와 '실존함'을 함께 사유하고자 노력했다. 또한 다른 한편으로 이러한 현상학적 사유를 바탕으로 하는 실존론적 입장에서 하이데거는 의사이자 심리치료사인 보스와 함께 구체적으로 병든 환자, 즉 자신의 존재가능성을 잃어버린 채 실존론적 자유를 제한받고 있는 병든 인간을 도울 수 있는 방안을 고민했다. 그리하여 그 환자와 '공동현존재'로서 관계를 맺고 그가 자신의 열림에 탈자적으로 관여함으로써 실존할 수 있도록 하는 대안적 심리치료, 즉 현존재분석의 가능성을 탐색했다. 이와 같이 볼 때, '졸리콘 세미나'를 통해서 전개된 보스와 하이데거의 대화는 현존재분석으로서 '현상학적-해석학적인 대화(das phänomenologisch-hermeneutische Gespräch)'의 원형을 매우 잘 보여 준다고 하겠다. 여기서 '현상학적-해석학적'이란 "정신현상이 드러내고 있는 존재 의미를 펼치는 것인데, 치료 상황에서 이는 환자와 치료자간의 대화"(Boss, 2003, p. 37)를 통해서 명료화되고 구체화된다.

많은 학자들은 주로 '졸리콘 세미나'에서 보스와 하이데거가 직면한 도전적 과제의 이론적 내용, 즉 의학의 토대가 되는 자연과학의 '대상성'과 '방법론'에 대한 비판적 성찰, '현존성'에 다가가는 '현상학적 사유' 등에 관심을 기울인다. 물론 '졸리콘 세미나'에서 가장 핵심적인 주제는 정신의학과 심리치료가 자연과학적인 방법론의 맹목에서 벗어나 존재론적 차원에서의 인간이해에 도달하는 것이며, 이를 위해 오늘날 분과학문의 토대를 비판적으로 성찰할 수 있는 철학적 사유와 통찰력의 필요성을 일깨우는 것이라 할 수 있다.

그런데 이 지점에서 우리는 보스와 하이데거의 생생한 만남과 대화에 담긴 그들의 '대화방식과 태도의 실천적인' 함의에 더욱 귀 기울일 필요가 있다. 보스는 하이데거와의 대화를 통해 자신의 의학적 '토대'를 실제로 마련할 수 있었다. 그는 하이데거가 말한 '인간의 실존함'이라는 본질을 기본적인 구조로 받아들이면서, '자신의 의술에 신뢰할 만한 개요'(Heidegger, 1987, p. 365)[17]를 깨닫고 현존재분석을 전개해 나갔다. 그런데 보스가 단순히 '학문적인 기술자'가 아니라 인간에 대한 적합하지 않은 표상들을 차단하고 거리를 둘 수 있는, 즉 '사유하는 의사들(denkende Ärzte)' 중의 한 사람이 될 수 있었던 이유는 인간존재를 '현존재'로 경험하는 '훈습(Einübung)'을 성공적으로 수행할 수 있었기 때문이었다(Heidegger, 1987, p. 280). 이는 하이데거가 '졸리콘 세미나'를 통해서 "보는 것을 훈습하는 것과 자연과학적인 편견을 방법적으로 차단하는 것이 필요하다"[18]고 말한 것을 실제 실천에 옮겼기 때문에 가능했다고 할 수 있다.[19]

그렇다면 이러한 훈습은 어떻게 구체적으로 실천될 수 있을까? 클라우디우스 스트루베(Claudius Strube)는 보스와 하이데거의 대화를 통해서 우리가 훈습을 구체화하는 데에 두 가지의 기회가 있

---

17) 실제로 보스는 『의학의 근본개요』라는 제목의 책을 출간한 바 있다(Boss, 1971).

18) 이러한 작업이야말로 단순한 유용성에 목적을 두고 있는 근대 자연과학의 계산적 사유로부터 벗어나 "미와 진리에 대해 숙고하는 사유(Nachdenken über Schönheit und Wahrheit)"(Paulat, 2001, p. 34)를 실천하고 있는 것이라고도 할 수 있다.

19) 대부분의 치료들에서도 '훈습'의 필요성은 강조되어 왔다. '도정신치료'를 표방한 바 있는 이동식에 따르면, "핵심감정은 치료자를 쳐다보는 눈, 태도에 있으며 첫 기억, 반복되는 꿈, 일거수일투족에 드러나 있다"(이동식, 2008, p. 133). 이동식은 일거수일투족에 배어 있는 핵심감정으로부터 벗어나기 위해서는 계속되는 훈습이 필요하다고 역설했다. 그에 따르면, "핵심감정을 자꾸 깨닫게 해서 벗어나게끔 도와주는 게 정신분석의 훈습, working through, 깨달음으로 자꾸 대치시키는 것"(이동식, 2008, p. 160)이다.

다고 보았다. 첫째는 직접적으로 '의사-환자의 관계'에서 도움을 주려는 것, 그리고 두 번째는 '세미나'에서 의학적인 도움의 학문적 가능성에 대한 그룹토론을 진행하는 것이다. 전자는 의사로서의 보스가 직접 구체적으로 실천한 것처럼 심리치료에서 실제로 수행되는 '의사의 능력'에 달려 있는데, 그 능력은 "환자의 구체적인 실존함을 언어로 가져오고, 이를 통해 세계에서 그 자신에게 고유한 존재를, 특히 그의 생활세계로부터 자유롭게 주어진 상황에 자신을 연관 짓는 방식을 투명하게 드러나도록"(Strube, 2003, p. 119) 하는 것을 말한다. 이와 연관하여 하이데거는 의사와 환자의 관계에서 의사가 자신 스스로 "뒤로 물러나야 하고(zurücknehmen), 다른 사람을 존재하도록(sein lassen) 해야"(Heidegger, 1987, p. 263)한다고 강조한바 있다.

두 번째로 세미나에서 훈습을 구체화하는 기회를 가질 경우, 거기서 가장 관건이 되는 것은 "의학적인 자기숙고를 하는 데에 올바른 방법"(Heidegger, 1987, p. 348)을 발견해야 한다는 데에 있다. 이는 보스와 하이데거의 '졸리콘 세미나'에서처럼 기존의 심리치료 이론과의 비판적 대결에서 엿볼 수 있듯이, 자연과학의 학문적 이상으로부터 놓여나서 인간에게 맞는 치료를 위해 노력하는 것을 말한다(Strube, 2003, p. 119). 보스는 '졸리콘 세미나'에서 실제 벌어진 대화를 '일종의 그룹치료(eine Art Gruppentherapie)'에 비유했는데, 이는 "조금 더 자유로운 조망, 인간적인 구성틀에 조금 더 알맞게 보도록-함(Sehen-lassen)을 가능하게 했기"(Heidegger, 1987, p. 174) 때문이다.

끝으로 우리는 보스와 하이데거의 대화에서 새로운 사태를 바라보고 사유하는 훈습의 과정을 이처럼 꾸준한 열정으로 지속할 수 있었던 데에는 양자가 보이지 않게 '서로 배려하는 태도'를 지 녔기 때문이었다는 점을 되새길 필요가 있다. 양자의 가장 근원 적인 '공동현존재'로서의 기반은 양자가 서로에게 보여 준 배려 (Fürsorge)의 실천에서 더욱 잘 드러난다. 환자를 대신해서 '뛰어드 는 배려(einspringende Fürsorge)'가 아니라 '앞서서 뛰어나오는 배려 (vorausspringende Fürsorge)'(Heidegger, 1987, p. 122)[20]야말로 앞서 말한 훈습이 제공된 두 현장, 즉 의사와 환자가 만나는 심리치료의 현 장, 그리고 보스와 하이데거의 대화가 펼쳐진 세미나 현장에서의 수많 은 난관을 이겨내고 버텨 나가게 했던 보이지 않는 실천적 주춧돌 이라 할 수 있다.

보스와 하이데거가 '졸리콘 세미나'에서 보여 준 바대로 이러한 열정적 훈습, 그리고 상호배려에서 비롯되는 열린 태도야말로 앞으로 심리치료와 철학, 심리치료와 철학상담이 만나서 대화와 협력을 시도해 나갈 때, 그 실천을 위한 근본 지침으로 삼아야 할 것이라고 할 수 있다. 더욱이 오늘날 '융합'에 대한 요구들이 생겨나면서 학 제간의 대화들이 시도되고는 있지만 정신의학, 심리학, 철학의 만 남이 서로의 전문영역들을 병렬적으로 나열하는 데에 그치거나 또 는 '통섭' 등에서 보여 준 바처럼 하나의 학문영역으로 다른 학문들 을 환원시키는 방식이 주를 이루어 왔다. 이와 달리 특히 '인간'이 라는 사태 그 자체에 직면하여 다학제적인 대화를 이끌어 가기 위

---

20) 보스는 현존재분석의 치료국면에서 하이데거의 『존재와 시간』에 나오는 공동현존재의 '배려'를 매우 중요하게 받아들였다. 그에 따르면, 분석가로서의 프로이트도 환자를 대신 해서 '뛰어드는 배려', 즉 지배하며 개입하는 배려에 대해 경고했고, 오히려 환자가 '앞서 서 뛰어나오는 배려', 즉 환자가 스스로 실존하게 함으로써 자유롭게 하는 배려를 확실하 게 보여 주었다(Boss, 2003, p. 140).

해서는 얼마나 많은 상호배려가 필요하며, 얼마나 깊이 상호성과 개방성을 담보하려는 열린 태도가 필요한지를 '졸리콘 세미나'를 통해 새삼 깨닫게 된다.

제2부

심리치료와 철학상담의
협력과 경쟁

최근 들어 심리치료와 철학상담의 관계에 대해서 몇몇 논쟁점들이 제기되었다. 그런데 이러한 논쟁을 시작하기에 앞서 우리는 과연 양자를 서로 경쟁적이거나 배타적인 관계로만 바라보아야 할지 좀 더 근원적인 차원에서 물어야 할 것이다. 심리치료와 철학상담이 각각의 전문성과 고유성을 인정하면서도 과연 서로 공조할 수 있는 방안은 없을까? 제2부에서는 심리치료와 철학상담의 고유성을 면밀히 탐색해 본 뒤, 양자의 새로운 관계를 모색해 보고자 한다. 돌이켜 보자면, 지나온 심리치료의 역사적 전개과정 속에서 인지치료나 합리정서행동치료와 같이 철학적 내용을 각 치료의 핵심기법으로 활용하거나, 현존재분석과 같이 철학적 인간이해로부터 전적으로 새로운 심리치료가 시도되기도 했다. 그런데 이러한 심리치료적 접근은 오늘날 새롭게 대두된 철학상담이 독자적인 행보를 시작하기 이전이었다. 따라서 제2부에서는 아헨바흐로부터 1981년 이후 새롭게 등장한 철학상담이 기존의 심리치료나 상담적 접근과 어느 지점에서 만나고 구분되는지에 천착해 보고자 한다. 우선적으로 한국에서의 '여성주의 상담'은 실제 삶의 현장에서 시작된 '실천'으로서의 철학상담과 매우 많은 공통점을 지닌다. 또한 '현존재분석'은 하이데거의 철학적 인간학을 치료적 국면에 적용함으로써 철학상담의 가능성을 이미 예견한 바 있다. 나아가 로저스의 '인간중심치료'는 이전까지의 병리학적 진단과 행동의 변화를 중시했던 심리치료들로부터 탈피하여 이론중심성과 전문가중심주의를 벗어나고 있으며, 이후 철학상담을 포함한 모든 상담적 접근의 새로운 방향을 제시했다. 또한 최근 외상치료의 필요성이 증대되면서 '기억'에 대한 철학적 이해와 더불어 철학적 사유를 통한 철학상담의 치유가능성도 새롭게 탐색되고 있다. 이처럼 제2부에서는 한편으로 여성주의 상담, 현존재분석, 인간중심치료, 외상치료 등의 다양한 상담 및 심리치료적 접근과 철학상담의 접점을 밝혀내면서도, 다른 한편으로 양자의 갈래를 나누어 고찰할 것이다. 이러한 작업을 통해서 서로의 영역다툼이 아닌 협력과 경쟁을 통한 상생의 길을 모색하는 것이야말로 앞으로 상담 및 심리치료와 철학상담이 현대인들로 하여금 진정으로 '인간다운 삶'에 다가가는 데에 긴요한 디딤돌로 자리 잡게 할 것이다.

제3장

여성주의 상담과
철학상담[1]

1. 철학상담과 여성주의 상담의 첫 만남

  우리는 어떤 상황에 처했을 때 자신의 삶을 진지하게 되돌아보는가? 뭔가 꽉 막힌 상태, 혹은 스스로 뭔가 잘 풀리지 않는다고 여길 때가 아닐까? 가끔 우리는 무기력감에 휩싸이며 고립감을 느끼고 때로는 아예 구체적으로 뭔가 해나갈 의욕이나 식욕조차 상실하기도 한다. 정도의 차이만 있을 뿐이지 우울함, 절망감, 외로움을 전혀 느껴보지 않은 사람은 아마도 거의 없을 것이다. 물론 이런 상태가 심해져서 불면증에 걸리거나, 폭식증이나 거식증의 섭식장애의 상태에 이르는 등, 육체적으로 직접적인 이상이 나타나면, 드

---

1) 이 장의 초고는 2008년 정부(교육과학기술부)의 재원으로 한국학술진흥재단의 지원을 받아 수행된 연구[KRF-2008-358-A00020]이며, 이 장은 "노성숙(2009). 철학상담과 여성주의 상담. 여성학논집, 26(1), 3-39"을 토대로 수정, 보완을 거쳐 수록한 것이다.

디어 자의반 타의반 어떤 해결책을 찾아 나선다.

　그런데 일상적인 생활을 해나가는 데는 특별한 지장이 없으면서, 육체적으로나 심리적 혹은 정서적인 이유들로만 진단될 수 없는, 그 진단으로 포착될 수 없는 자신의 정체성, 삶의 의미, 자신의 가치관에 대한 질문들이 생겨났을 때, 또는 자신만의 미래를 위한 중요한 결정, 예를 들어 결혼, 취업 등을 앞두고 있을 때, 혹은 아직 문제가 무엇인지조차 알 수 없으면서 나를 덮치고 있는 불안, 우울, 무의미함, 무기력함 등에 빠져 일상에서 좀처럼 앞으로 나아갈 수 없다고 느낄 때, 우리는 이에 어떻게 대처하는가? 그렇다고 가까운 친구를 찾아 얘기해 보아도 시원한 해결책이 보이지 않고, 심리상담을 받자니 어느 분야의 문을 두드려야 할지가 막막할 수도 있다.

　이처럼 일상에서 누구나 직면할 수 있는 실존적 위기들은 우리로 하여금 '자신의 삶을 철학적으로 검토'하게끔 하는 매우 귀중한 계기를 제공한다. 그런데 자신의 내면을 찬찬히 이성적으로 돌아보면서 분별력을 발휘하는 것, 즉 인간에게 고유한 지성을 활용하면서 진지하게 성찰하는 것이 필요하다는 것이 불필요한 마음의 동요나 우울함을 다스리는 데에 효과적이라는 사실을 잘 알면서도 혼자서는 역부족이라고 느낄 때가 많다. 그렇다면 이러한 나의 철학적 사색을 동반해 줄 사람은 없을까? 더욱이 대화자가 철학적 지혜를 경험적으로 잘 소화한 철학자여서 인간에 대한 깊은 이해와 공감을 가지고, 지금 여기에 있는 구체적인 나의 문제를 함께 고민해 줄 수 있다면, 때로는 삶의 이정표가 될 수 있는 시기나 삶의 위기라고 느낀 순간, 그 철학자와의 대화를 찾아 나서지 않을까?

　1981년 아헨바흐는 고대에 행해졌던 철학상담을 현대에 새롭게 시작한 바 있는데, 그 자신이 철학상담을 억지로 만들어 낸 것이 아

니라 이미 철학상담이 태어나 있었다고 고백했다. 다시 말해, 철학
상담은 학계에서 철학이론가들의 준비에 의해 고안된 것이 아니라
일상적 삶에서의 문제에 직접 부딪혀 있던 사람들이 철학자를 찾
아 대화를 원했기 때문에 시작되었다. 오늘날 철학상담은 한편으
로 철학상담자로 하여금 학계라는 울타리를 벗어나 애초에 삶으로
부터 시작되었던 '철학함'의 생기를 회복시키고자 한다. 또 다른 한
편으로 철학상담은 내담자로 하여금 자신의 삶을 근본적으로 검토
하고 새롭게 직면하면서 그 스스로의 모습을 되찾고, 자신이 원하
는 삶을 향해 다시 용기를 내서 걸어갈 수 있도록 독려한다.

　오늘날 철학상담의 기회는 누구에게나 열려 있는 것이 사실이지
만, 여성들에게 더 많은 전망적 가능성으로 제시되고 있다. 여성들
이 남성들에 비해서 실제로 상담에 대한 욕구와 동기를 이미 많이
지니고 있기 때문이다. 그런데 상담자가 되려는 사람도, 상담을 받
으려는 사람도 여성이 월등히 많다는 것은 사실이지만, 과연 여성
들이 기존 상담의 틀 안에서 상담자로서나 내담자로서 충분한 기
회를 가지고 있는가? 특히 내담자로서의 여성들은 충분한 이해를
받고 있는가?

　'여성상담'이 '여성 내담자의 인간적 성숙을 도와주는 과정'(이혜
성, 1998, p. 15)이라고 할 경우, 그 어떤 심리적, 종교적 상담보다도
'철학상담'이야말로 여성들 스스로 주체가 되어서 '인간적인 성숙
함'에로 다가설 수 있는 직접적인 기회를 새롭게 제공할 수 있지 않
을까? 그런데 이와 같은 기대와는 달리, 서구에서 시작된 현대 철
학상담의 역사 속에서 지난 38년 동안, '여성'을 대상으로 특화하거
나 여성주의의 문제의식을 전문화한 상담이 몇몇 시도된 적은 있
지만,[2] 이 역시 여전히 미비한 상태에 불과했다. 더욱이 한국에서

철학상담이라는 분야도 소개되고 활동을 전개하고는 있지만, '한국여성'이라는 역사적, 사회적, 문화적 차이의 맥락을 고려하면서 철학상담을 어떻게 수용하고 발전시켜 나갈 것인지는 여전히 도전적 과제로 남아 있다.

이와 같이 '한국 여성들을 위한 철학상담의 수용'이라는 장기적인 과제에 직면해서, 1983년 창립된 '한국여성의전화'의 구체적인 역사를 고찰하는 것은 매우 의미심장한 작업이다. 단지 여성을 대상으로 하는 '여성상담'은 전 세계에 많지만, 여성주의의 문제의식을 가지고 상담활동을 꾸준히 발전시켜 온 역사는 흔치 않기 때문이다. '한국여성의전화'는 '여성주의 상담'을 최초로 소개해 왔을 뿐 아니라, 이미 한국 여성의 입장에서 기존의 상담과는 다른 차원의 상담을 실천해 왔다. 참으로 놀라운 것은 서로의 실제 활동영역도 다르고, 이전에 전혀 조우한 적이 없었던 철학상담과 '한국여성의전화'가 실천해 온 여성주의 상담 사이에서 기존의 심리상담이나 심리치료를 벗어나고자 했던 유사한 흔적과 노력들이 많이 발견된다는 점이며, 바로 이점에 양자의 만남을 고찰하려는 이번 장의 문제의식이 놓여 있다.

따라서 이번 장은 한국 여성들을 위한 철학상담의 새로운 모델을 창출하려는 첫 과업의 일환으로 철학상담과 여성주의 상담의 첫 만남을 시도한다. 우선적으로 2절에서 철학상담의 역사와 특성을 간략하게 소개한 뒤, 3절에서 '여성의전화'의 상담활동을 중심으로 한국에서 여성주의 상담의 역사와 그 안에 드러난 특성들을 고찰할 것이다. 나아가 4절에서 철학상담과 여성주의 상담의 내용적

---

2) 예를 들어 아그네스 휨브스(Agnes Hümbs)는 브레멘시의 여성기관에서 '여성들을 위한' 상담활동을 시작했지만(Zdrenka, 1997, p. 77), '여성상담', 즉 여성을 대상으로 하는 상담이 과연 여성주의적 혹은 성 인지적인지 비판적으로 주목할 필요가 있다.

인 공통점들을 찾아내어 비교검토하면서 양자의 관계성을 더욱 깊이 있게 이해해 보고자 한다. 이로써 각각 서로 다른 활동영역에서 전개되어 온 철학상담과 한국 여성주의 상담이 비록 서로 다른 역사적, 사회적, 문화적 맥락과 배경에서 시작되었지만, 진정으로 '인간다운 삶'을 목표로 상담을 '실천'해 오고 있었다는 점을 밝혀내고, 나아가 앞으로 철학상담이 한국 여성들의 '잘 삶'[3]을 증진시키기 위한 구체적인 대화의 기회로 자리매김할 수 있는 가능성을 탐색하고자 한다.

2. 철학상담의 특성

1) '치료'가 아닌 '실천'으로서의 철학상담

오늘날 새로운 철학의 분야로 부상한 철학상담은 1981년 최초로 독일의 게르트 아헨바흐(Gerd B. Achenbach)에 의해서 '철학실천(Philosophische Praxis)'이라는 이름으로 창안되었으며, 1982년에 '철학실천을 위한 국제학회(Internationale Gesellschaft für Philosophische Praxis)'도 결성되었다. 오도 마크봐르트(Odo Marquard)는 독일에서 가장 유명한 『철학용어사전(Historisches

아헨바흐

---

3) 아헨바흐는 철학실천으로서의 철학상담의 목표가 '삶을 잘 살 수 있는 능력 (Lebenskönnerschaft)'이라고 강조했는데, 이는 단지 '지혜'만이 아니라 칸트적인 의미에서 '올바르게 살도록 획득된 능력'을 말한다(Achenbach, 2001, p. 12).

Wörterbuch der Philosophie)』에 '철학실천'이라는 항목을 기술하며 철학상담을 최초로 소개한 바 있다. 그에 따르면, 철학실천으로서의 철학상담은 "전문적으로 감행되는 '삶에 대한 철학적인 조언'"(Marquard, 1989, p. 1307)이며, 고대철학에서 '삶의 방식(Lebensform)'으로서의 철학이 지니고 있었던 삶에 대한 실천적 측면을 적극적으로 되찾으면서 새롭게 시작되었다(Hadot, 2002).[4] 독일에서 시작된 철학상담은 유럽의 네덜란드, 프랑스, 스페인, 이탈리아, 노르웨이 등으로 확산되었고, 캐나다와 미국[5]을 거쳐서 최근 우리나라에까지 전해졌다.[6]

오늘날 철학의 실용화에 대한 관심이 커지면서 철학상담이 철학과 상담의 영역에서 각각 새로운 분야로 많은 관심을 불러일으키고 있기는 하지만, 특히 한국사회에서 철학상담이 철학과 상담 및 심리치료와의 경계에서 자신의 고유한 대상과 영역 등을 어떻게 설정하고 자리매김해 나갈지는 여전히 큰 숙제로 남아 있다(노성숙, 2018a, pp. 27-37). 흔히 철학상담은 철학을 활용한 '치료'의 하나로 이해되기도 한다. 그러나 아헨바흐에 따르면 철학상담은 "'새로운 치료'가 아니며, 심지어 전혀 치료라고 할 수도 없다"(Achenbach, 2010i, p. 153). 나아가 아헨바흐는 철학상담이 "오늘날

---

4) 특히 이러한 방향전환을 위해 피에르 아도(Pierre Hadot)는 스토아학파와 에피쿠로스학파를 중심으로 고대철학의 중요성을 일깨운 바 있다(Hadot, 2002).

5) 철학상담을 널리 대중화시킨 데에는 루 매리노프(Lou Marinoff)의 영향이 매우 크다. 그의 책은 미국에서만이 아니라 유럽 및 우리나라에도 번역되면서 많은 호응을 얻었으며, 일상에서 부딪히는 문제들에 대해 철학자를 찾아가 상담할 수 있는 가능성을 쉽게 전달하고 있다(Marinoff, 2000, 2006).

6) 국내에서 철학상담에 대한 관심을 최초로 이끌어 낸 사람은 김영진이다. 그는 철학적 병이 육체적 병이나 정신의학적(신경정신과적) 병과는 달리 다양한 가치판단이 개입되는 병이라고 보고, 이 병을 진단하고 그에 따라 적절한 치료와 처방을 하는 철학의 새로운 분야를 '임상철학(clinical philosophy)'이라고 불렀다(김영진, 1993, 2004).

심리치료에 대한 대안으로서 확립된다."(Achenbach, 2010h, p. 15)고 주장한 바 있다.

그렇다면 도대체 철학상담은 어떤 의미에서 치료가 아니며, 그러면서도 여타의 심리치료들에 대한 '대안'이 되는 것일까? 우선적으로 철학상담은 기존의 심리치료와 달리 내담자들을 '환자' 내지 '병자'로 취급하지 않는다. 때로는 철학상담을 위해 온 사람들을 '의뢰인'이라고 부르기도 하고, 또는 '조언을 구하는 사람' '방문자' '손님'이라고 칭하기도 한다. 이러한 입장의 차이는 무엇보다 철학상담의 근본전제가 심리치료와 다르다는 데에서 기인한다. 즉, 철학상담에서 내담자는 상담자와 동등한 입장에서 '철학적 대화'를 통해 함께 문제를 고민하는 사유의 동반자이다. 따라서 상담자는 이러한 대화과정에서 자신의 삶으로부터 나온 문제들을 좀 더 명확히 이해하려는 내담자를 만나고, 그 내담자의 내면에 아직 드러나지 않고 잠재되어 있던 철학자의 면모를 되살려내고 '철학함을 실천'하고자 시도한다.

이처럼 치료가 아닌 철학적 대화를 '실천'하는 철학상담은 대부분의 정신의학적 치료에서 사용되는 의학적이고 병리학적인 모델이나 심리치료에서의 다양한 치료적인 기법들을 거부한다. 정신의학적 치료나 심리치료에서 환자들의 문제는 하나의 '징후'로 진단되고, 그에 상응해서 처방이 내려진다. 심지어 대화치료를 시도하는 심리치료에서조차 대화하는 과정 속에서 진단하고 처방을 통해 치료하는 작업이 행해진다(Lindseth, 2005, p. 20). 이에 반해 철학적 대화에서 가장 중요한 차별점은 내담자의 문제적 상황을 흔히 '징후들'에서 나타나는 바와 같이 콤플렉스나 일탈로 분류하지 않는다는 것이다. 조언을 하는 입장에 있는 철학자는 조언을 받으려 하는 내담자가 가져온 문제적 상황이나 갈등의 양상을 오히려 '그 내담자에게 유일한 것'이라고 여기고, 이를 매우 진지하게 받아들이며 대화를 진행한다. 그에 따라 내담자의 문제는 결코 일반화되거나 도식에 따라 분류되는 여러 경우들 중의 하나로 환원되지 않는다. 오히려 내담자는 스스로 짊어진 자신만의 복잡한 문제나 독특하게 처한 상황으로부터 그 문제에 대한 물음을 묻고 사유하며 언어로 표현하는 과정을 거치면서, 그 자신만의 '철학함'을 시작하고, 상담자와 함께 철학적 대화를 나누게 된다.

철학상담이 치료가 아닌 또 다른 이유는 상담의 결과에 대한 인식에서도 나타난다. 여타의 심리치료에서 상담자는 임상적인 틀에 따르는 적절한 진단과 처방을 내리는 치료자인 반면에, 철학상담자는 대화의 상대자이자 조언을 통해서 도움을 주는 사람이다. 아헨바흐에 따르면, 철학상담에서 대화의 두 상대자들은 내담자가 가져온 문제에 대해 가능한 이유들을 모두 찾아보거나, 무엇보다도 그 문제가 지닌 독특성과 본성을 이해하려 시도한다. 따라서 내담자는 정신의학적 치료나 심리치료에서처럼 자신의 문제를 전문가인 치료사에게 내맡긴 채 전문적인 진단과 치료를 받는 수동적인 존재가 아니다. 오히려 내담자는 자신의 삶에서 제기된 문제에 깊은 관심을 가지고 함께 대화할 수 있는 철학상담자를 만난다.

철학상담의 과정에서 상담자는 내담자를 누구보다 진지하게 받아들이며, 공감을 가지고 내담자가 삶에서 부딪힌 문제를 경청하는 데에 열중하고, 그에 대해 새롭게 생각할 수 있는 자극들과 다른 관점들을 제시한다. 이러한 대화과정을 거치면서 내담자는 더 이상 혼자만의 힘으로 감당할 수 없었던 문제에 대해서 자기 스스로 다양한 이해를 시도하게 된다. 그리하여 내담자는 자신의 문제로부터 처음 겪었던 고통에서의 관점과는 다른 관심으로 이끌리게 되기도 한다. 슈스터는 이러한 철학상담의 독특한 과정이 '철학함의 교육 과정'이라고 주장했다. 그녀에 따르면, 철학상담에서는 "명백한 하나 혹은 몇 가지의 해석과 해결책이 제시되는지(심지어는 하나도 제시되지 않는지)의 여부가 그 본질이 아니다. 왜냐하면 결국 방문자들을 향상시키는 데로 이끌어 갈 수 있는 것은 곧 철학함의 교육적인 과정이기 때문이다. 심지어 어떤 이슈에 대해 만족할만한 이해나 어떤 문제에 대한 해결책을 찾았다고 하더라도, 그것을 다시 생각하는 것은 새로운, 더 만족할 만한 관점으로 이끌어 갈 것이다"(Schuster, 1999, p. 36). 이와 같이 볼 때, 두 사유의 동반자가 나누는 철학적 대화에서 철학함의 활동은 절대적인 결론이나 궁극적인 해결책으로 마감될 수 없는 열린 대화[7]가 아닐 수 없다.

2) 삶을 총체적으로 검토하기 위한 철학적 대화

우리는 과연 철학상담을 구체적으로 언제 어떻게 시작하며, 이는 무엇을 목표로 하는가? "캐묻지 않은 삶(ho anexetastos bios)은 사람에게는 살 가치가 없는 것"(Platon, 2003, p. 176)이라고 말한 소크라테스를 뒤따라, 철학상담은 사람들이 스스로 자신의 삶을 총체적으로 검토하는 것을 돕고자 시작되었다. 그런데 사람들은 언제 자신의 삶을 전면적으로 검토하고 싶어 할까? 뭔가 삶이 꽉 막혀 '더 이상은 잘 나가지 않고(nicht-zurecht-kommen)' 어느 지점에

---

7) 아헨바흐와 달리 철학상담이 문제를 해결하고 극복하는 '종결점-지향적'인 접근이 되어야 한다고 주장하는 입장도 있다(Lahav, 1995, p. 21).

정체되어 있을 때, 더 이상 그것으로부터 나오지도 못하고, 어디로 나아가야 할 바를 알지 못할 때일 것이다.[8] 또한 그들 중의 대부분은 일상 속에서 빠져나올 수 없는 숱한 '이야기들에 얽혀 있는 채(in Geschichten verstrickt)'로 난관에 처해진다(Achenbach, 2010a, p. 238). 예를 들면, "도덕적인 딜레마, 직업에서의 윤리적 갈등, 경험과 이상을 통합시키는 데 따르는 어려움, 이성과 정서 사이의 갈등, 의미, 목적, 가치의 위기, 개인적 정체성의 문제, 부모로서 자식을 양육하는 전략, 직업 변경에 따른 불안, 중년에 만나게 되는 인생의 위기, 인간관계의 문제, 목적을 달성하지 못해서 느끼는 낭패감, 사랑하는 사람의 죽음 혹은 본인의 죽음"(Marinoff, 2000, p. 29) 등이다. 아헨바흐에 따르면, 실제 철학상담에서 대화를 나누는 문제의 내용이나 폭은 무한히 열려 있으며, 내담자 스스로 문제라고 여기는 모든 내용들까지도 포괄한다. 철학은 다름 아닌 "무제한의 관심과 무한한 주의력"(Achenbach, 2010e, p. 81)이기 때문이다.

그렇다면 이와 같이 위기에 처한 내담자들과 함께 시작되는 대화는 과연 어떻게 '철학적'으로 되는가? 철학상담자가 철학적 지식을 잘 알고 있으면서 그 지식을 내담자의 구체적인 이야기에 잘 적용시킬 수 있으면 그것은 훌륭한 철학상담이 될 것인가? 아헨바흐는 철학을 공부했다는 사실만으로 철학상담을 할 수 있다고 생각하는 것은 큰 오산이라고 말했다. 왜냐하면 "학과공부가 철학자를 만든 것은 아니기 때문이다"(Achenbach, 2010i, p. 155). 물론 실

---

8) 이와 같이 삶이 잘 나가지 않는, 정체된 상태에서 뭔가 잘못되어 있다는 것을 내담자가 자각하는 첫 계기는 철학상담에서 매우 중요하다. 왜냐하면 "(스스로에 대해서 고찰되는) 잘못된 것(das Falsche)이 없이는 삶의 생동감, 발전, 진전은 있을 수 없을 것이고, 더욱이 잘된 것(das Richtige)이라는 것도 있을 수 없기 때문이다"(Achenbach, 2003, p. 46).

제 상담에서 철학적 지식이나 이론이 활용될 수는 있다. 그런데 이때 마치 심리치료에서의 프로이트와 융의 이론을 대신해서 셸링과 니체의 이론이나 개념이 언급되는 것은 아니다. 비록 철학자들이나 그들의 개념이 언급된다고 하더라도 그것이 곧 철학상담에서 본질적인 것은 아니다. "이와 같이 특수한 삶에 대한 조언을 철학적으로 만드는 것은, 우선적으로 대화로서 고유한 역동성에 따라 무의식적으로 전개되는 과정의 전제조건들에 대한 성찰을 하는 것이다. 삶에 대한 철학적인 조언은 그것이―잘 되어가기를 원하는―조언을 '주는' 한에서 철학적인 것이 아니라, 조언을 찾게 하는 그러한 욕구가 스스로 문제를 만드는 한에서 철학적이다."(Achenbach, 2010l, p. 39) 즉, 철학적 대화를 통해서 내담자의 욕구들이 단순히 충족된다기보다는 오히려 새로운 철학함의 욕구들이 계발될 수 있다. 따라서 이러한 철학적 대화를 통해서 해결책들이 확답으로 단지 주어지는 것이 아니라 오히려 새로운 철학적 질문들과 그 질문을 사유하고 싶은 욕구들이 생겨날 수 있다.

이처럼 철학상담은 유명한 철학자들을 진단의 틀로 사용하여 내담자들의 문제를 다루거나 철학자들의 지식을 단순히 처방적으로 적용하지 않는다. 아헨바흐는 매우 냉소적으로 물었다. "도대체 어떤 사람이 아플 때에 의학적인 강의를 듣기 위해서 의사에게 간다는 말인가?"(Achenbach, 2010h, p. 17) 이와 마찬가지로 내담자들은 철학상담자로부터 이론적 가르침을 받으려 하지 않는다. 따라서 철학상담에 필요한 것은 오히려 철학상담자가 철학적 인식과 이해를 통해서 그 스스로 '총명하고도 이해력 있게 그리고 주의 깊게 되었는지', 그러한 공부를 하는 도중에 '그가 이전에 간과했던 것에 대한 감각을 충분히 얻었는지' 또한 '그가 일탈적이고 이례적으로 사고하고, 지각하고 판단하는 데에 익숙해지는 것을 배웠는지'의 여부에 있다. 왜냐하면 철학상담자는 단지 '내담자와 함께 지각하고 사유하는 자'이기 때문이다. 그는 내담자 각자가 직면하고 있는 문제로 인해 겪게 되는 고립감으로부터 벗어나게 해 주고, 때로는 일탈적이고 이례적이어서 갈등을 일으키는 문제들을 내담자로 하여금 이전과 다르게 바라볼 수 있도록 노력한다.

아헨바흐에 따르면, 철학상담의 이론이라고 불릴 수 있는 가장 중요한 점은 역설적이게도 철학상담이 '자유로운 대화(ein freies Gespräch)'(Achenbach, 2010i, p. 156)라는 데에 있다. 그런데 이 말은 철학상담이 임의적으로 아무렇게나 할 수 있는 대화라는 뜻이 아니다. 철학상담자는 철학적 전통과 인식에 정통하면서도 단순히 이를 내담자에게 이론적으로 설명하거나 그 인식을 내담자에게 되풀이해서 적용하는 것이 아니라, 오히려 기존의 철학적 전통이나 텍스트로부터 학문적, 실천적 지혜를 얻어 내면서도, 전적으로 상담과정에서 내담자의 실제 다양한 삶의 맥락과 그 문제를 이해하기 위해 이를 적극 활용한다는 데에 있다. 이를 위해 철학상담자에게 필요한 것은 "편협하지 않고, 고착화되지 않은 정신, 깨어있고 열린 문제의식, 모순이나 갈등을 제거하지 않고 오히려 본질적으로 그것들에 의해서 움직이는, 즉 다른 말로 하면, 생기 있고, 구체적인 사고"(Achenbach, 2010i, p. 156)이다.

이와 같이 철학상담자가 철학이론의 체계화나 구조화된 틀로 내담자를 평가하지 않고, 오로지 '철학함의 실천'을 통해서 사유를 활성화시키도록 할 때, 내담자들은 진정한 철학적 대화와 자기성찰을 통해서 이전에 소화하지 못했던 삶의 문제들을 검토하고 '자기분석과 자기해명'에 이르게 될 것이다. 철학상담자는 내담자에게 진정으로 공감하면서 한편으로 그를 지지하기도 하지만, 다른 한편으로 내담자가 보지 못했던 것들을 비판적으로 바라볼 수 있게 만들기도 한다. 이러한 공감적 유대와 비판적 사고는 궁극적인 대답과 해결을 찾지 못했다고 믿는 내담자들로 하여금 지금까지 자신이 참이라고 믿고 있던 것들을 충분히 열린 마음으로 재고하도록 한다. 나아가 철학적 지혜에 대한 관심을 가지고 지속적인 질문을 제기하도록 만들면서 자신의 삶을 더욱 흥미롭게 대하고, 계속해서 '자기교정'의 사유를 해나가기 위한 동인을 계발하게 될 것이다. 따라서 이러한 철학적 대화의 목표는 어떠한 명확한 결과들을 직접적으로 얻어내려는 것이라기보다는 자신의 문제를 새롭게 이해하고 또한 이해받고자 하는 데에 있다. 이러한 맥락에서 린트세트(Lindseth)는 단적으로 "철학상담의 직접적인 목표는 치료하는 것이 아니라 인식 혹은 이해"(Lindseth, 2005, p. 20)하는 것이라고 주장했다.

이제까지 철학상담의 고유한 특성들을 알아보았다. 이러한 철학상담을 한국여성들의 삶의 맥락에 맞게 소개하고 수용하기 위해서, 3절에서는 지나온 역사 속에서 한국 여성들을 상대로 상담활동을 벌여 온 '한국여성의전화'의 활약상을 토대로 한국 여성주의 상담에 주목하고자 한다.

3. 여성주의 상담의 특성

1) 한국 여성주의 상담의 태동과 전개

한국에서 여성주의 상담은 1960년대 이후 활발해진 서구 여성운동의 영향을 크게 받았으며, 여성운동의 일환으로 '여성주의 치료(feminist therapy)'가 소개된 데에서 비롯된다. 한동안 여성주의 상담이 '여성상담'이라는 용어로 통용되기도 했지만, 1980년대 후반부터 좀 더 정치적이면서 여성주의 시각과 가치에 기반을 둔 '여성주의 상담'의 필요성이 적극적으로 생겨났다.[9] 예를 들어 미리암 그린스팬(Miriam Greenspan)은 자신 스스로의 경험으로부터 여성상담 및 여성치료에 대한 새로운 접근, 즉 '여성주의적' 접근을 감행했다. 그녀는 "현재 활용되고 있는 심리상담들이 바탕으로 하고 있는 잘못된 신념들을 밝혀내고 기존 심리상담들이 여성을 대함에 어떻게 실패했는가를 여실히 보여 주는 한편, 기존의 여성심리 이론을 바탕으로 심리상담자가 혼자 운영하는 것이 아니라 여성 내담자와 함께 꾸려 나가는 새로운 방식의 심리상담의 기초를 닦으려"(Greenspan, 1995, p. 13) 시도했다.

여성주의 상담은 우선적으로 집단상담으로서 1960년대 여성운동과 함께 **자조집단**(self-help group)과 **소규모 토의집단**(rap group)이 등장하면서 시작되었다. 이 집단들은 기존의 상담에서 이루어진 고정관념에 고착된 성역할을 비판하고 나섰다. 왜냐하면 전통적인 상담의 틀 안에서 상담자의 다수는 남성이고, 내담자의 대부분은 여성인데, 남성 상담자들은 여성 내담자들로 하여금 기존의 고정관념에 따른 성역할에 적응하게 함으로써 여성의 성장을 북돋우기보다는 오히려 방해하고 있었기 때문이다. 그리하여 여성심리

---

9) 여성상담과 여성주의 상담 사이의 관계에 대해서는 좀 더 상세한 논의를 필요로 한다. 전자가 상담의 대상을 '여성'으로 국한시키면서 기존의 정신분석적 상담이나 인본주의적 상담 등의 모델을 제시하고자 시도하는 반면에, 후자는 기존 상담이나 상담치료와의 차이를 강조하면서 이론적으로나 실천적으로 질적인 차이를 주장한다(이지연, 2004, p. 774).

상담자들을 중심으로 여성들 스스로 자신의 처지를 이해하고 자각하도록 상호 도움을 주고받을 수 있는 모임을 만들었다. 그들은 급기야 여성으로서의 삶을 정기적으로 함께 토론하는 모임인 **의식향상집단**(consciousness-raising group, 이하 CR집단 약칭)을 형성하기에 이르렀다. 여성들만의 CR집단을 통해서 여성들은 여성으로서의 경험을 서로 비교하고, 자신들이 경험한 분노와 무력감의 느낌을 나누면서 어떤 **공통점을** 발견하게 되었으며, 이러한 집단경험을 통해서 개인의 경험을 보다 큰 관점에서 바라볼 뿐 아니라 **상호적인 지지를** 보내기 시작했다(정소영, 2006, p. 52).[10] 이러한 여성집단들의 움직임은 기존의 상담과 치료에도 많은 변화를 초래했다. 예를 들어, 1975년 미국심리학회에서도 전문적인 상담자들의 성편견 및 성역할 고정관념과 관련된 심리치료의 변화를 위해 CR집단의 훈련을 권장한 바 있다(이지연, 2004, p. 779).

한편, 1983년에 창립된 '한국여성의전화'는 단순히 여성을 대상으로 진행되어 온 '여성상담'의 한계를 벗어나 한국 사회에서 '여성주의' 상담이 태동하도록 하는 데에 가장 핵심적 역할을 담당했다. 2005년 발간된 『왜 여성주의 상담인가』에서 우리는 여성들끼리의 모임과 그 모임에서 서로의 유대를 통한 사유의 전환이 참으로 얼마나 엄청난 변화를 가져올 수 있었는지를 추체험(追體驗)할 수 있다. 황경숙은 이 책의 서두에서 여성주의 상담의 궁극적인 목표는 "각 여성의 개인적 특성에 가치를 두면서, 여성들이 가지고 있는 힘을 깨닫고 스스로 자유로워지고 불평등한 사회구조를 변화시켜 인간을 존중하는 사회를 만들기 위함"(황경숙, 2005, p. 4)에 있다고 말

---

10) 의식향상집단 및 의식향상훈련에 대해서는 정소영(1985) 참조.

했다. '한국여성의전화'는 이러한 목표를 성공적으로 실천에 옮겼을 뿐 아니라, 그 실천의 과정에서 자연스럽게 여성주의 상담에 대한 연구를 시작하고, 자신들의 경험을 이론으로 연결시키는 작업까지 수행한 바 있다. 그들이 벌인 최초의 여성주의 상담활동 및 상담자들의 모임이자 그들 스스로의 의식향상집단이 되었던 '여성주의 상담 연구모임'은 가히 한국 여성주의 상담의 태동과 전개과정을 한눈에 보여 주는 역사적 산증인이라 할 수 있다. 정춘숙은 '한국여성의전화'를 중심으로 이러한 한국 여성주의 상담의 역사를 매우 상세하고도 일목요연하게 잘 정리해 놓았다(정춘숙, 2005, pp. 46-95). 여기서 우리는 정춘숙의 보고를 중심으로 한국에서 전개된 여성주의 상담의 역사를 철학상담과의 비교를 위해 간략하게 살펴보고자 한다.

한국 여성의 전화는 1983년 6월 11일 '여성의전화'로 창립되었으며, 1983년부터 1990년까지는 '여성의전화', 1991년부터 1997년까지는 여러 지역에서 동일한 이름의 단체가 생겨나면서 '한국여성의전화'로 불렸고, 1998년부터 전국 지부조직을 총괄하고 정책사업을

1983년 6월 11일, '여성의전화' 개원식 모습

중심으로 하는 '한국여성의전화연합'과 서울지역사업을 중심으로 하는 '서울여성의전화'로 나뉘어졌다. 이와 같이 단체명이 변화했음에도 불구하고, 여성주의 상담은 전화상담, 면접상담, 쉼터상담을 통해서 꾸준히 이어졌으므로, 이 모든 활동의 주체는 '여성의전화'라고 통칭될 수 있다.

'여성의전화' 창립 초기에는 '여성의전화'의 여성운동적 관점을 실현할 만한 상담이론이 없어서 많은 어려움을 겪었다고 한다. 따라서 상담원 교육에 여성학 이론을 집중적으로 배치했는데, 이는 여성들이 개인적으로 겪는 차별과 사회구조적인 원인 분석을 통한 여성차별에 대한 성찰을 가능하게 했으며, 상담원들로 하여금 '여성 개인의 문제가 사회적 문제'라는 여성주의 상담의 기초를 각인시킬 수 있었다.

한편 '여성의전화'는 상담이냐 운동이냐의 사이에서 정체성의 논란을 겪게 되었다. 예를 들어 1986년 『베틀』[11] 16호에서 '상담원사업'이라는 제목으로 여성의 전화가 '상담소'인가 '여성운동단체'인가라는 정체성의 문제가 대두되었으나, 상담과 운동이 동전의 양면과 같은 것임을 확인한 바 있다. 이어서 1988년 개원 5주년의 자료집인 『여성상담사례집』에서 상담과 운동의 일치라는 '여성의전화'의 입장이 재천명되었으며, '여성의전화'가 여성주의 상담의 목표인 사회변화를 위해 매진할 수 있는 여성운동체로서의 자기정체성을 지니고 있음을 재확인하기도 했다.

그런데 창립 초기부터 계속해서 '여성의전화'의 상담자들은 전통적인 상담이론과 여성학적 관점의 차이로 인해 많은 난관에 부

---

11) 『베틀』은 1983년 10월부터 1995년 6월까지 87호가 발행된 '여성의전화' 소식지를 말한다.

딪혔으며, "여성운동에 걸맞은 여성 고유의 혹은 여성들의 심리를 대변할 수 있는 상담이론의 정립"(정춘숙, 2005, p. 51)을 절실하게 요구하게 되었다. '여성의전화'에서 '여성주의 상담'이라는 용어는 1986년 상담원들의 재교육에서 처음 등장했다. 1987년 '여성의전화'는 운동이념에 맞는 상담이론의 정립을 주요 목표로 정했으며, 1988년『여성상담사례집』을 통해 여성상담론을 모색하는 여러 성과들을 낳았다. 이 사례집은 '여성의전화'의 활동들을 토대로 여성주의 상담의 초석을 다지고 있는데, 특히 전통적인 상담과 여성상담의 차이를 '적응'과 '변화'로 요약했다. 그러고 나서 자신들의 상담경험을 토대로, 개별화된 여성들의 문제가 단지 특수한 사례가 아니라 우리 사회의 성차별적 구조와 매우 밀접한 연관이 있음을 재확인하고 난 뒤, '여성의전화'의 입장이 상담과 운동의 일치에 근거하고 있음을 거듭 명시했다.

이후 '여성의전화'는 여성주의 상담의 구체화와 체계화에 대한 지속적인 관심을 지니고, 1991년 8월 발행된『베틀』55호에서 처음으로 '여성주의 치료'를 소개하기도 했으며, 또한 1994년 6월에 개최된 여성상담 심포지엄에서처럼 한국 사회의 맥락에서 여성주의 상담을 구체화하기 위한 노력을 계속해 왔다. 그리하여 1997년에는 김민예숙 등의 활동가들에 의해서 오랜 숙원사업이었던 여성주의 상담을 연습할 수 있는 교재, 즉『여성주의 상담연습 교본』을 발간하기에 이르렀다.

2) 여성주의 상담의 특성

김혜경에 따르면, "여성주의 상담은 사회의 성차별 문제를 자각하고 여성차별 철폐와 성평등한 사회건설을 위해 노력하는 '여성주의적' 가치체계에 근거한 상담"이며, "여성주의 상담자는 이러한 '여성주의적' 가치체계에 부합하는 상담접근을 선택하는 사람"이다. 또한 여성주의 상담에서의 핵심은 "단순히 상담이론이나 기법에 관한 것이 아니라 그간 남성중심의 가부장적 사회에서 소외되고 평가절하되었던 여성을 '여성의 눈으로' 새롭게 바라보는 전환된 가치관에 관한 문제"(김혜경, 2005, p. 14)에 있다고 할 수 있다.

그린스팬은 전통 치료체제가 다음의 세 가지 신화에 근거해 있다고 주장한다. 첫 번째 신화는 "문제는 모두 자신에서 비롯된다"는 것이며, 두 번째의 '정신 병리학의 의학적 모델' 신화는 "우리 사회에서 인간의 정서적 고통은 의학적 문제이며, 그러한 심리적 고통을 겪는 사람은 병에 걸린 것이고, 정신적 문제 또한 육체적 질병과 마찬가지로 의학적인 수단으로 치료할 수 있다"는 것이고, 세 번째의 '전문가' 신화는, "개인의 정서적 고통을 정신질환이라고 한다면, 진단과 치료는 전문가만이 할 수 있다"는 것이다(Greenspan, 1995, pp. 49-64).

그린스팬에 따르면, 전통치료체제나 심리상담 이론의 핵심적 한계는 결국 여성 내담자들이 모든 문제의 원인을 자신에게 돌리고, 위계적인 관계에서 전문가의 치료를 받아들이는 환자로 머무는 데에 있다. 즉, 전통적인 상담이론은 여성내담자들이 지니고 있는 "문제의 원인을 개인 내적인 병리적 요인으로 돌리므로 심리적 고통의 사회적 근거를 모호하게 만들고, 상담자와 내담자 관계를 모든 것을 알고 처방을 내리는 전문가와 정상에서 벗어나 전문가의 치료를 받아야만 하는 환자로 위계화"(김혜경, 2005, p. 16)한다. 물론 기존의 치료체계와 달리 로저스를 중심으로 하는 인본주의 상담은 긍정적인 인간관, 내담자 중심의 새로운 상담관계 등을 통해서 여성심리상담자들에게 많은 영향을 끼치기도 했다. 그러나 인본주의 상담도 여전히 "여성의 문제와 당면한 현실을 구조적인 시각으로 보지 못하고, 전적인 책임을 개인에게 돌리기 때문에 여성의 문제를 근본적으로 해결하는 데에 한계"(김혜경, 2005, p. 17)를 지닐 수밖에 없었다.

그렇다면 기존의 심리치료와 달리 여성주의 상담은 과연 어떤 특성을 지니고 있는가? 김혜경을 따라 여성주의 상담의 특성을 다음의 세 가지로 집약해 보고자 한다(김혜경, 2005, pp. 20-27). 우선 첫째로 여성주의 상담은 '여성주의적 가치를 가져야 한다.' 여성주의 상담은 여성주의적 접근에서 정의되어야 하는데, 이는 여성해방의 가치를 추구하는 '여성주의' 철학이 여성주의 상담에 본질적이기 때문이다. 각 상담자들이 구체적으로 자신의 상담에서 어떻게 여성주의적 가치와 그 가치를 실현하기 위한 접근방식을 취할 것인지는 다양하게 선택하고 활용할 수 있지만, '개인적인 것은 정치적인 것'이라는 문제를 보는 관점과 성평등, 인간존중사회의 건설이라는 상담의 기본 목표는 같다고 할 수 있다. 따라서 사회변화를 추구하는 여성주의 상담자들은 끊임없는 자기성찰과 사회구조분석에 대한 경각심을 일깨워 가고자 한다.

둘째로, 여성주의 상담은 '개인의 변화를 넘어 사회적인 변화를 추구한다.' 여성주의 상담은 여성들의 문제가 개인의 문제가 아니라 성역할과 사회화로 인한 구조의 문제라고 본다. 따라서 근본적인 해결을 위해서 개인의 변화만이 아닌 사회구조의 변화를 목표로 한다. 그린스팬에 따르면, 사회제도로 인해 피해를 입은 사람들은 '피해 의식'을 갖는다. 그런데 이와 같이 억눌린 집단, 여성집단이 가지는 피해자 심리의 특징은 다름 아닌 '은폐된 저항'이다. 예를 들어, 많은 여성들이 앓고 있는 우울증은 한편으로 여성답다고 알려진 여성의 무기력함이라는 상황에 적응하는 것인 동시에 반란을 일으키는 무의식적 전략이다. 따라서 그린스팬은 우울증이 다름 아닌 '자리바꿈한 그리고 내면화된 분노'라고 재정의한다. 이러한 분노가 가부장적 사회에서의 여성 정체성에서 필연적 측면을 차지하고 있기 때문에, 우울증은 집단으로서의 여성들에게 보편적으로 나타날 수밖에 없는, 가장 흔하고 보편적인 병이다(Greenspan, 1995, pp. 215-221).

그렇다면 여성들은 어떻게 우울증에서 벗어날 것인가? 그린스팬에 따르면, 우울증의 원인은 적절한 출구를 찾지 못하고 있는, 우리를 짓누르고 있는 것에 대한 끊임없는 무의식적인 분노에 있지만, 분노가 있으면 사실은 힘도 있기 때문에 여성주의 상담에서는 그 분노를 느끼고 표출하고 명명할 수 있도록 내담자를 도와야 하며, 결국 분노와 우리 삶에서의 사회적 조건들을 연관시키는 작업이 이루어지도록 노력해야 한다(Greenspan, 1995, pp. 328-344). 그리하여 여성주의 상담은 여성들이 당면하고 있는 "문제의 원인을 개인 내적인 원인과 사회적인 원인으로 구분해 보고, 내적인 자기변화와 사회변화 사이에 얽혀 있는 총체적인 관계를 볼 수 있도록 도와야 한다"(김혜경, 2005, p. 24). 이와 같이 여성주의 상담은 여성 개인의 힘을 강화시키는 것만이 아니라, 그 개인의 변화를 통해서 사회적 변화를 이끌어 내고자 시도한다.

셋째로, 여성주의 상담에서 '상담자와 내담자는 평등하다.' 기존의 상담이나 심리치료에서와 달리 여성주의 상담에서 상담자와 내담자는 "함께 작업하는 평등한 관계"이며, "경직되고 위계적인 거리감을 두기보다 보살펴 주고 협조하는 사이"(김혜경, 2005, p. 25)이다. 여성주의 상담은 무엇보다도 내담자를 변화시킬 수 있는 힘이 오로지 내담자 자신에게서 비롯된다는 것을 깨닫게 하는 데에 목적이 있으며, 이를 위해 상담자는 탈신비화라는 과정을 거치게 된다. 여성주의 상담자는 지지자이자 동료로서 내담자의 인식과 체험을 존중하고, 상담과정에서 내담자로 하여금 여성으로서 자신의 문제가 결코 자기 개인의 탓이 아니라 사회구조에 기반하고 있음을 깨닫게 하며, 내담자 스스로 일어설 수 있도록 돕고자 한다.

지금까지 '여성의전화'를 중심으로 한국에서 여성주의 상담이 태동하게 된 경위에서부터 역사적으로 전개되어 온 과정을 추적해 보았고, 그 가운데 여성주의 상담의 주요 특성들이 무엇이었는지를 고찰해 보았다. 이제 서로 상이한 배경에서 시작되었고 전개되어 온 철학상담과 여성주의 상담의 공통점에 천착하여 양자를 더욱 심도 있게 탐구하고자 한다.

4. 철학상담과 여성주의 상담의 공통점

1) '실천'이라는 토대를 강조하는 상담

철학상담과 여성주의 상담의 첫 번째 공통점은 '실천'이라는 토대를 강조하는 데에 있다. 우선적으로 철학상담은 사람들이 스스로 자신의 삶을 검토하는 것을 돕는, 즉 철학함을 실천하는 "풀뿌리 운동"(Schuster, 1999, p. 33)의 하나로 시작되었다. 아헨바흐는 철학이 오랫동안 학계나 대학 안에 국한되어서 개념적이고 이론적 작업에만 치우쳐 있었으며, 대학에서의 철학자는 이미 파이어아벤트(Feyerabend)가 지적한 바와 같이 단지 '사고를 담당하는 공무원(Denk beamte)'이나 '개념을 관리하는 자(Begriffverwalter)'가 되어 있을 뿐이라고 비판했다(Achenbach, 2010m, p. 184). 따라서 이론이나 개념을 통해서 철학상담을 규정해서는 안 되며, 철학상담은 오히려 "이론이 빼앗아 가야 했던 사태를 되찾으려 시도"(Achenbach, 1985, p. 113)를 하려는 데에 있다. 나아가 철학상담은 심리치료에서처럼 이론과 메타이론의 구분을 폐지하는데, 아헨바흐가 말하는 '철학실천'은 메타이론에 의해 감독되거나 미리 구상되고 차후에 성찰이 뒤따르는 것이 아니라, 성찰되고 실천되는 과정과 함께 비로소 이론을 구성하기 때문이다.

또한 철학상담에서의 내담자들은 철학적 질문에 대한 직접적인 관심이나 철학적 인식이 궁금해서 오는 사람들이 아니다. 그들은 철학이 아니라 그 자신 스스로와 다른 사람들과의 갈등이나 어려움을 가지고 있을 뿐이다. 그들이 기대하고 있는 것은 '철학에 대한 이해가 아니라 철학적 이해'이며, 여기서 상담자는 '철학을 가르치는 선생이 아닌 철학자로서 요구'되고 있다(Achenbach, 2010c, p. 58). 따라서 철학상담은 철학적인 가르침, 즉 전해 내려온 철학적 자산들로 재구성할 수 있는 그런 가르침을 목표로 하지 않는다. 내담자들은 다양한 일상의 어려움들이 뒤죽박죽되어 있는 지점에서 철학적 사유를 시작하고 철학함의 활동을 실천하려는 것이기 때문이다. 이러한 실천을 도우려는 상담자는 내담자에게 예를 들어서 헤겔을 '가르치려'해서는 안 되며, 헤겔을 이미 잘 소화해 냄으로써 지금 자신을 방문한 내담자를 더욱 잘 이해할 수 있도록 준비되어 있어야 한다.

이와 같이 오늘날 철학상담에서는 삶과 분리되어 있지 않은 철학함의 '실천'에 대한 강조가 철학의 화석화를 이끌어 온 '이론'에 대한 비판에서 시작되었던 반면에, 여성주의 상담은 오히려 여성운동의 일환으로 시작되었기 때문에 처음부터 그 근본적인 토대가 이미 '실천'에 놓여 있었다. 이러한 입장은 1983년 '여성의전화' 창립취지문(안)에 잘 드러나 있다. "창립취지문(안)에는 여성의전화의 활동을 폭력의 희생자들을 돕고, 가정에서 폭력을 추방하는 동시에 사회전체의 심리적 건강에 기여하고자 하는 상담사업으로 여성운동의 일환"(정춘숙, 2005, p. 48)이라고 정의한 바 있다. 이러한 문제의식은 '여성의전화' 30주년비전선언문에서도 다음과 같이 재차 확인된다. "한국여성의전화의 지난 30년은, 개인적인 문제로 숨겨져 왔던 여성에 대한 폭력을 사회적인 문제로 이끌어 낸, 한국여성인권운동의 역사 그 자체입니다."[12]

'여성의전화'에서 계속되어 온 '상담과 운동의 관계에 대한 정체성 논쟁'은 한국의 사회적 맥락에서 독특하게 자리매김해 온 여성주의 상담의 위상을 잘 보여 준다. 즉, '여성의전화'가 그것도 지속적으로 '상담소' '여성운동단체' '정치활동단체'로서의 정체성을 고민했다는 것은, 여성주의 상담이 '운동', 즉 직접적인 '실천'의 차원으로부터 시작되었으며, 운동으로서의 실천적 의미를 잃지 않기 위해 매우 치열하게 고민한 흔적을 여실히 드러낸다.[13]

---

12) 한국여성의전화, "30주년 비전선언문". http://hotline.or.kr/vision30에서 2020년 12월 10일 인출.

13) 예를 들어 여성운동의 정체성을 강하게 주장하는 한국성폭력상담소는 '상담소'라는 이름을 바꾸는 것이 어떠냐는 논쟁을 한 바 있고, 1998년 개원한 한국여성상담센터는 여성폭력 문제를 상담하지만 운동단체를 표방하기보다 체계적인 통합 상담소로서의 자기 정체성을 분명히 하고 있다. 그런데 과연 운동과 상담이 상호 대립적인 관계이어야 하는지에 대해서는 더욱 심화된 논의와 토론이 필요하다. 변혜정은 매우 흥미롭게 여성주의 상담의 의미를 새롭게 함으로써 그것이 반성폭력운동의 자원이 될 수 있는 가능성을 모색했다(변혜정, 2006, p. 232).

여성주의 상담이론가인 워렐과 리머(Worell & Remer)도 여성주의 심리학적 '실천'의 중요성을 강조한 바 있다. 또한 이들은 그 '실천'을 위한 4개의 핵심원리, 즉 '여성의 개인적·사회적 다양성에 대한 주목' '의식향상적 접근' '내담자와 상담자 간의 평등한 관계' '여성의 가치화와 자기정당화 과정'이라는 원리에 기초한 '역량강화 모델'을 제시했다. 이러한 역량강화 모델을 통한 실천은 우선적으로 여성주의의 관점에 의거한 여성의 개입을 시도할 뿐 아니라 더 나아가 '대중운동'과 '사회변화에 대한 권고'를 통합하기에 이르기까지 확장을 시도하면 전개되어 왔다(Worell & Remer, 2004, pp. 55-63).

2) 상담자와 내담자의 평등한 관계

철학상담과 여성주의 상담의 두 번째 공통점은 상담자와 내담자의 '평등한' 관계라고 할 수 있다. 이 점은 양자가 기존의 정신의학적 치료나 심리치료와의 차이를 보여 주는 매우 핵심적인 부분이다. 아헨바흐는 자신의 철학상담의 '본질'을 묻는 질문에 대해 전통철학에서의 본질이라는 의미로는 답변될 수 없음을 예고하면서, 철학상담의 중심 혹은 핵심을 수학적인 비유를 통해서 설명했다. "타원은 두 개의 확정적인 지점들, 즉 초점들로부터 동일한 거리들의 총합을 지닌 모든 지점들의 기하학적인 장소이다."(Achenbach, 2010o, p. 93) 아헨바흐에 따르면, 타원에서 볼 수 있는 균등한 관계와 비슷한 것이 철학상담에서도 생겨나는데, 상담자와 내담자는 양 끝에서 두 중심을 이루면서, 서로에게 역동적으로 상호작용하고 반응한다.

이와 같은 수학적인 비유를 통해 우리는 철학상담에서 상담자와 내담자의 관계를 다시금 구체적으로 가시화해 볼 수 있다. 이미 앞서 살펴본 바와 같이, 철학상담은 내담자들을 '환자' 내지 '병자'로 취급하는 기존의 심리치료와 달리, 상담자와 내담자가 '철학적 대화'를 통해 동등한 입장에서 함께 문제를 고민하는 '사유의 동반자' 입장을 취한다. 아헨바흐에 따르면, "철학실천의 중심은—마치 타원의 중심과 마찬가지로—이중적인 중심이며, 전체는 말하자면 하나의 형태인데, 그 형태는 두 초점의 균등한 관계로부터 생겨난다"(Achenbach, 2010o, p. 92). '타원'과 마찬가지로 철학상담의 중심은 '이중적'이면서도 하나의 형태를 유지한다. 즉, 철학상담은 두 개인이 하나의 형태로서 대화, 즉 상담활동을 형성하는데, 그 상담의 형태는 이중적 초점으로서의 두 개인이 균등한 거리에서 지속적인 긴장을 유지하면서 상호 작용하는 것으로 드러난다. 아헨바흐는 여기서의 두 개인을 두 '모나드들'이라고 규정하기도 했는데, 이 두 모나드들은 라이프니츠에게서처럼 창문이 없는 모나드가 아니라, 오히려 자신의 본질을 충족시키기 위해 다른 존재에 의해 인정되는 것이 필요한 관계성 속에 있는 존재들이다. 따라서 철학상담에서 두 모나드들은 서로를 인정함으로써 대자이자 자신의 존재 그 자체인 즉자가 될 수 있는 존재들이다.

이미 앞서 여성주의 상담의 특성에서 살펴본 바와 같이, 여성주의 상담도 상담자와 내담자가 평등하다는 점을 매우 강조한다. 여성주의 상담이론과 원리의 초석을 다진 바 있는 엔스(Enns, 1997)는 '상담자와 내담자의 평등한 관계'를 상담관계의 핵심 원리라고 주장했다. "여기서의 평등은 상담자와 내담자 간 경계가 모호해지고 부적절한 역할전도가 일어나는 '획일적인 평등'을 의미하지 않는다. 상담자가 전문성은 잃지 않되 내담자와 상담자 간에 위계적인 경계를 없애고, 내담자가 자신의 삶의 전문가임을 인식하고 조력하는 상호적인 관계를 의미한다."(김혜경, 2005, p. 31) 이미 위렐과 리머도 여성주의 상담의 네 원리 중의 세 번째로 '상담자와 내담자의 관계에서 평등'을 강조한 바 있다(Worell & Remer, 2004, p. 125).

특히 여성주의 상담이 상담자와 내담자의 평등한 관계를 주장하는 데에는 "전통적인 상담자들이 여성이 건강하지 못한 환경에 적응하도록 격려하고 위협하는 데 자신의 권력을 사용하고, 가부장적 사회통제의 매개체가 되었다."는 비판을 전제로 한다. 따라서 "한 사람은 '전문가'이고 한 사람은 '환자'인 것이 아니다. 상담은 내담자가 자신에 관한 전문가로 대우되는 협력적 과정"(김혜경, 2005, p. 40)이어야 한다. 이에 따라 전문가를 중심으로 이루어졌던 전통적인 상담이나 치료와는 달리 여성주의 상담은 상담자와 내담자의 '공감, 양육, 상호존중'의 새로운 원리[14]에 의해 작동된다고 할 수 있다.

3) 상담자의 경청과 자기개방

앞서 논의한 상담자와 내담자의 평등한 관계는 구체적으로 어떻게 전개되어야 할까? 이를 위해 상담자는 과연 어떤 태도를 취해야 하며, 그 태도는 어디에 근거할까? 우선적으로 철학상담은 상담자의 경청을 매우 중요시한다. 아헨바흐에 따르면, "철학실천의 철학은 문제들에 대한 주의 깊은 경청(ein aufmerksames Zuhören)과 집중적인 숙고(konzentriertes Durchdenken)가 그 문제들을 무언가 변

---

14) 이 지점에서 우리는 상담의 여성성도 재고해 볼 수 있다. 이혜성은 '상담의 여성성'을 융 (Jung)이 말한 '어머니의 원형'과 연관시켜서 그 원형이 '양육, 보살핌, 수용'의 특성을 지 닌다고 말했다(이혜성, 1998, p. 28).

화시킨다는 희망을 품고 있다"(Achenbach, 2010d, p. 24). 그런데 상담자가 주의 깊게 잘 듣는다는 것은 어떻게 가능하며, 무엇을 의미하는가? 상담자가 내담자의 이야기를 경청하고 그것에 대해 집중적으로 함께 사유한다는 것은 무엇보다도 상담자가 내담자를 매우 진지하게 받아들이지 않고는 불가능하다. 이는 철학상담에서의 대화가 일상에서 나누는 다른 대화들과 다른 점이기도 하다. 나아가 아헨바흐는 철학상담에 이러한 진지함과 함께 "통찰력이 가득 찬 관용"(Achenbach, 2010l, p. 38)의 의무가 있다고 주장했다. 따라서 상담에서 올바름, 참과 거짓 등의 확고한 원리를 적용하는 것이나 혹독한 평가가 우선시되어서는 안 된다고 말했다.

또한 아헨바흐에게서 경청은 단순히 수동적인 것이 아니라 매우 능동적인 것이며, '들여놓음(Eingelassenheit)'의 한 형태인데, 이는 상담자의 적극적인 개입이라기보다는 하나의 관심어린 '놓아둠(Gelassenheit)'이기도 하다. 따라서 진지함을 지니고 내담자를 받아들여 관용적으로 대하면서, 상담자는 경청을 통해서 '내담자를' 자신에게로 들여놓음과 동시에 내담자에게 '자기 자신을' 내놓는다.[15] 특히 여기서 중요한 것은 상담자가 내담자의 이야기를 경청할 때, 상담자 자신을 제외시켜 놓지 않고 오히려 항상 내놓고 있다는 점이다. 이와 같이 경청의 들여놓음과 내놓음 속에서 상담자는 자기를 개방하며, 항상 내담자와 함께 철학적 성찰을 해나가는데, 바로 그 점에서 기존 심리치료의 세팅과는 다른 차원이 열린다고 할

---

15) 이러한 내용을 아헨바흐는 독일어의 '들여놓는다(einlassen)' 동사의 이중적 형태에 주목하면서 다음과 같이 설명했다. '들여놓는다'는 동사는 한편으로 목적격(transitiv als 'einlassen' des anderen)의 의미로 다른 것이나 다른 사람'을 들여놓으며, 또 다른 한편으로 '들여놓는다'는 동사의 재귀적(reflexiv als 'sich einlassen') 용법에서 '그 자신 스스로도' 내놓는다(Achenbach, 2010f, p. 119).

수 있다.

한편, 앞서 살펴본 대로 여성주의 상담은 기존의 심리치료들과는 달리 상담자와 내담자의 평등한 관계를 강조한다. 그런데 이러한 관계를 유지하기 위해서 상담자는 기존의 권위적 전문가와는 다른 태도로 자신을 탈신비화(demystify)할 뿐 아니라 상호성(mutuality)을 촉진시키도록 노력해야 한다. 여성주의 상담자와 내담자가 상호적인 평등한 관계에서 대화하기 위한 가장 첫 조건은, 무엇보다도 '서로 말하고 듣기'라 할 수 있다. 변혜정은 여성주의 상담의 특성을 기존의 상담과 차별화하면서, 상담의 원래적 의미이자 새로운 의미를 상/담이라는 명칭을 통해서 제시했다. 즉, 상담은 "'서로 말하기(相談)'이며, 서로 잘 말하려면 듣기가 필수적이기 때문에 듣기를 강조"(변혜정, 2006, p. 259)하지 않을 수 없다고 주장했다. 특히 상담자는 내담자의 이야기를 잘 들어야 하는데, 어떻게 하면 내담자의 이야기를 더 잘 경청할 수 있을까?

철학상담과 마찬가지로 여성주의 상담에서도 잘 듣기 위한 상담자의 자기개방이 필수적으로 요구된다. 그린스팬은 다음과 같이 말했다. "훌륭한 경청가가 되려면, 심리상담자는 다른 사람의 주관적인 경험에 대해 자신을 열어놓는 방법을 반드시 알아야 한다. 즉, 다른 사람의 경험을 자신의 신념에 비추어 비판하거나 범주화하거나 또는 다른 방법으로 수정하지 않고 내담자의 관점에서 받아들일 수 있어야 한다."(Greenspan, 1995, p. 270) 나아가 그린스팬은 상담자의 자기개방이야말로 여성주의 상담이 발달시켜야 하는 기술이자 매우 효율적인 '여성적' 기술이며, 상담자가 이 기술을 잘 활용하면 내담자에게 큰 도움이 될 수 있는데도 이러한 것을 가르쳐 주는 학파가 없음을 한탄하기도 했다.

상담자의 자기개방은 '이야기의 초점을 흐리지 않으면서 다른 사람에게 자신을 드러내는 방법'인데, 여기서 중요한 것은 상담자 자신의 욕구를 충족하기 위해서가 아니라, 상담자가 내담자를 더욱 잘 이해하기 위해서 내담자의 문제와 비슷한 경험에서 비롯되는 것들을 내담자와 나누고자 자신을 드러낸다는 데에 있다. 즉, 내담자의 아픔에 대한 공감을 나타내고, 자신이 비슷한 경험을 했을 때 깨달은 바를 알려주는 형태의 자기개방이다(Greenspan, 1995, p. 273). 기존의 심리치료와는 달리 여성주의 상담에서 상담자는 내담자의 문제와 연관이 있다고 느낄 경우, 자신을 노출하고, 자기참여적인 반응을 보이고자 노력한다. 이와 같이 여성주의 상담에서 상담자가 보여 주는 "스스로 참됨(genuineness), 공감적 이해(empathy), 직면(confrontation), 자기개방(self-disclosure), 일치성(congruence)"(정소영, 2006, p. 137)이야말로 다른 어떤 심리적 기술, 기법에 우선한다고 할 수 있다.

4) 깊은 존중과 이해에 기반한 내담자의 자기됨과 자기양육

철학상담은 그 시작에서부터 최종점에 이르기까지 철학적 조언을 얻기 위해 방문하는 사람들에 대한 깊은 존중과 이해에 근거해 있으며, 여기서 관건이 되는 것은 내담자를 "철학적으로 이미 정해진, 하나의 궤도에로 데려오는 것이 아니라, 그로 하여금 그 자신의 길을 계속 가도록 하는 것"(Achenbach, 2010h, p. 16)이다. 아헨바흐는 종종 철학상담을 두 사람이 두는 장기놀이에 비유했다. 내담자는 흰색을, 상담자는 검은색을 가지고 놀이를 하며, 시작은 물론 상담을 위해 방문한 내담자가 한다. 그런데 이때 내담자는 철학적 정보를 필요로 하는 질문을 하는 것에서 시작하는 것이 아니라, 일상에서 발생하는 온갖 문제들에 대해 보고를 하면서 대화를 시작한다. 그리고 그 이야기의 대부분은 내담자 본인에게 일어난 일이고, 그에게 부담을 주거나 고통을 주거나, 그를 불안하게 만들거나, 좌절시키거나, 실망시키거나, 소외시키는 등 급기야는 자신을 질식시키거나 죽일 것 같은 상태에 대한 이야기들이자 그러한 문제들에 대한 보고이다(Achenbach, 2010c, p. 58). 이와 같이 자신의 삶이 자기 뜻대로 되지 않고, 잘 나아가지 않을 때, 뭔가 꽉 막혀 있을 때, 내담자들은 그것으로부터 벗어나고자 철학적 조언을 구하는 것이다.

그렇다면 철학상담에서 내담자는 상담을 통해서 무엇을 얻고자 하는가? 내담자는 철학상담자로부터 그 어떤 가르침이나 '이론'에 의해 대접받기를 원하는 것이 아니다. 철학상담을 통해서 내담자의 고통은 무의미하게 방치되는 것이 아니라, 적어도 어떤 방식으로든 '해석되고', 그럼으로써 '이해된다'(Achenbach, 2000, p. 183). 내담자의 가장 큰 요구 중에 하나는 '가능한 한 제대로 이해받는 것'이며, "이해받는 것—그것은 인간들을 움직이는 가장 높고도 가장 광범위한 요구이다. 다른 사람에게서 충분하게—즉, 섬세하고, 강조적으로 그리고 모든 우려들까지를 포함해서—이해된 사람은 외롭지 않다"(Achenbach, 2010d, p. 26). 그렇다면 여기서 상담자가 내담자를 이해한다는 것은 과연 어떤 의미인가? 아헨바흐는 내담자를 어떤 이론이나 도식에서 추출된 '규칙의 한 경우'로서가 아니라 그를 진지하게 받아들여서, 그야말로 '유일한 그 자신'으로서 이해한다는 것이 가장 중요하다고 강변했다. 그 내담자에게는 "그 어떤 '척도'('건강'이라는 척도까지)도 적용될 수 없으며, 단지 문제는 그 스스로가 알맞게 살고 있는지—니체로 인해 유명해진 말로 하자면,

그가 바로 그 자신이 되었는지의 여부에 달려 있다."(Achenbach, 2010h, p. 17)

이와 같이 내담자가 철학상담자를 통해서 존중되고 이해받음으로써 자기 자신이 된다는 것은, 철학함의 과정을 통해서 내담자가 결국 자기 스스로를 이전과 다르게 이해하고 수용하며, 자신의 문제에 대한 새로운 해명에 이른다는 것을 의미한다. 이를 위해 "철학적인 동인, 의심, 선택들이 부활"되고, "철학은 자신이 추측하지 않았던 곳에서 살아 있는 실재로서의 자신을 만나게 된다"(Achenbach, 2010c, p. 61). 이러한 철학함의 실천에서 오는 '자극'을 통해서 내담자는 그때까지 자신을 사로잡았던, 꽉 막혀서 더 나아가지 못하게 만들었던 삶의 정체(停滯)됨으로부터 벗어나 새로운 움직임을 시작할 수 있게 된다.

철학실천에서 가장 관건이 되는 것은 '외로움을 제거하는 것이 아니라 견딜 만하게 만드는 것'이며, '문제를 모면하는 것이 아니라 문제들을 풍부하고도 생산적이게 만드는 것'이다. 이와 같이 내담자 스스로 철학적 통찰력을 '낳도록' 용기를 주고 어려움을 견딜 수 있게 하는 과정 속에서 철학상담자는 일종의 '소크라테스적 산파'의 역할을 하게 된다. 즉, 철학자들의 임무는 아무런 전제도 없는 허구적인 영(0)점에서 사고를 시작하는 것이 아니라, 오히려 사고의 힘이 마비되거나 사고가 기만적인 확실성 속에 대피해서 부패하고 있는 지점에서 한 걸음 더 나아가도록 독려하는 것이다. "짧게 요약하자면, 그 임무는 사고의 소금이 맛을 잃고 있는 경우에, 성찰하는 힘을 새로이 자극하는 것이다."(Achenbach, 2010e, p. 84)

철학상담과 마찬가지로 여성주의 상담에서도 내담자에 대한 깊은 이해와 존중은 매우 중요한 요소이다. 여성주의 상담자는 우선적으로 탈신비화 과정을 통해서 내담자와 상담자의 권력 차이를 감소시키도록 노력해야 하며, 이를 통해서 내담자가 자신을 상담자에게 전적으로 의존하지 않고 그 스스로 일어설 수 있도록 돕고자 노력한다. 상담자는 내담자에 대한 지지자이자 동반자로서 우선적으로 내담자가 지니고 있는 삶의 체험을 존중할 수 있어야 하며, 특히 오늘날 여성이 직면하고 있는 다양한 사회적, 정치적 맥락과 그 맥락에 기반한 정체성을 이해할 준비가 되어 있어야 한다. 상담자가 내담자의 다양성을 깨닫고, "다양한 배경을 가진 여성들을 안다는 것은 여성의 삶에 대한 이해를 풍부히 하고 편견없이 대하도록" 하는 데에 있다(김혜경, 2005, p. 35).

또한 내담자의 다양성을 존중하고 이해하는 것과 더불어 여성주의 상담에서 가장 중요한 것은 내담자로 하여금 자기 스스로의 힘을 되찾게 하는 것이다. 예를 들어서 상담자가 이전에 내담자가 지니고 있었던 특성 중에서 남성중심적 관점에 의해 부정적인 평가를 받거나 억압되었던 것을 찾아내어 재평가할 수 있도록 돕는 것도 내담자가 스스로의 힘을 찾을 수 있는 하나의 전략이 될 수 있다.[16] 따라서 무엇보다도 여성주의 상담에서 가장 핵심적인 것은 '내담자를 변화시킬 수 있는 힘이 오직 자신에게 있다'는 것을 확실히 깨닫게 하는 작업이다. 그린스팬은 자신의 가장 중요한 임무가 "내담자로 하여금 자신의 의식을 '환자'에서 한 인간으로 탈바꿈하도록 도와주는 일"(Greenspan, 1995, p. 281)이라고 말했다.

---

16) 이러한 맥락에서 성고정관념에 대한 비판적 성찰은 매우 중요하다. 여성에 대한 고정관념이 평가와 능력 또는 평가와 호감의 차원에서 어떻게 작용하는지, 나아가 성고정관념이 기술적으로만이 아니라 어떤 처방적인 성격을 지니는지를 고찰함으로써 고정관념 깨기에 도전해야 한다(조혜자, 2002, pp. 163-190).

이와 같이 내담자에게는 어떤 강제나 처방이 아니라 지지와 존중이 필요하며, 그 "지지와 존중을 통해 내담자들은 서서히 힘을 얻게 되고 자신을 변화시키게 된다. 아무런 결정도 해 주지 않는 자율성이 초기에 내담자들을 어렵게 할 수도 있으나 상담자나 여성단체가 그들의 일방적인 해결사가 아니며 의존적이어서는 결코 문제가 해결되지 않음을 스스로 자각하게 됨으로써 내담자는 더욱 굳건히 서게 된다"(김혜경, 2005, p. 27). 이와 같이 여성주의 상담에서 상담자가 보여 주는 내담자에 대한 지지와 존중은 내담자 스스로의 잠재적 힘을 확인하고, 더이상 사회적 억압에 순응하지 않는 대응력을 발전시키게 된다. 그리하여 여성주의 상담의 목표인 '역량강화'는 바로 이러한 상담과정, 즉 스스로를 '의미 있는 존재'이자 '행위의 주체'로 확인하고 길러내는 자기양육의 과정을 통해서 이루어짐을 알 수 있다.

5. '철학적' 여성주의 상담과 '여성주의적' 철학상 담의 전망

이번 장에서는 철학상담과 한국 여성주의 상담의 특성을 각각 소개한 뒤, 두 상담이 지닌 공통점을 이끌어 내 봄으로써 두 상담을 더욱 심층적으로 이해해 보았고, 이를 통해 한국 여성들을 위한 철학상담의 새로운 모델을 발굴하기 위한 첫 작업을 시도해 보았다. 이제 각각의 상담이 지니는 의미와 양자의 비교검토가 지니는 의의와 한계를 생각해 보고자 한다.

철학은 본래 삶에 대한 근본적인 물음에서 시작되었다. 그러나 철학이 오랫동안 대학이라는 제도 안에서 학문의 한 분과로 자리

잡게 되면서 물론 이론적으로 많은 성과를 거두었고 그에 따라 전문화되기도 했지만, 실천적 학문으로서의 철학에 대해서는 오늘날 철학 스스로 위기의식을 느낄 정도로 회의적이게 된 것이 사실이다. 이러한 학계의 위기의식과도 맞물리면서, '철학상담'은 그동안 사변적 이론에 치우친 철학의 균형을 잡기 위한 새로운 가능성을 제공하며, 철학을 학문적이고 이론적 차원에서만이 아니라 각 개인들이나 구체적인 사회집단의 차원에서 '철학함'을 활용할 수 있는 실천적 분야로 되살리고자 창안되었다. 그리하여 한편으로 삶과의 연관성을 상실한 채 학계라는 울타리 안에 갇혀 있던 철학, 다른 한편으로 일상 속에서의 철학적인 문제에 부딪혀 있는 사람들 사이에 다리를 놓고자 한다. 나아가 각 개인들 혹은 집단들이 직면하는 삶의 문제들에 대해 철학이 다시금 진정한 의미에서 관심을 기울이며, 철학적 전통 속에서 축적되어 온 지혜를 활용하면서 함께 대화를 나눌 수 있는 기회를 제공하고자 한다. 이와 같이 철학상담은 가장 구체적이고 생생한 삶의 현장에서 철학적 지혜를 실천하는 '풀뿌리' 운동의 하나로, 학문으로서의 철학과 각 개인의 삶에 생기를 불어넣고자 시도해 왔다.

한편, 한국에서의 여성주의 상담은 단순히 한국 여성들을 '대상'으로 하는 '여성상담'이나 그 여성들에 대한 '상담이론'이 아니라 '여성주의적 가치를 구체적으로 실천하는 상담이자 운동'으로 전개되어 왔다. 이 사실은 아마 전 세계적으로 보아도 독특한 현상일 뿐 아니라 독자적인 행보가 아닐까 싶다. 특히 오늘날 여성주의가 여성과 남성 간의 차이만이 아니라 여성들끼리의 차이를 어떻게 사유할 것인가를 화두로 삼고 있다는 점에 비추어 볼 때, '한국여성의전화'가 보여 준 한국에서의 여성주의 상담은 상담자와 내담자 사이에서 생거나는 여성들끼리의 관계에 대해서 매우 전망적인 가능성들을 구체적으로 제시하고 있다. 왜냐하면 상담자나 내담자가 모두 여성이면서도 그 관계의 평등을 실현하고자 시도해 왔으며, 여전히 시도하고 있다는 점은 여성들 간의 다양성이 역동적으로 상호작용할 수 있는 기회를 제공했을 뿐 아니라, 그 차이들을 인정하면서도 여성주의적 가치를 함께 실현할 수 있는 상담, 즉 '여성들이 서로 주체가 되는 상담'의 가능성을 구체적으로 보여 주었기 때문이다.

이번 장에서는 각각의 영역에서 새로운 '실천적' 시도로 매진하고 있는 철학상담과 여성주의 상담의 첫 만남을 주선해 보았다. 양자의 첫 만남은 애초에 각자의 시발점이나 영역이 너무도 멀리 떨어져 있는 것처럼 여겨지기 때문에 매우 어색한 것이 사실이다. 그럼에도 이제 그 낯섦과 어색함을 넘어서서 서로의 근원적이고도 원칙적인 공통점을 확인함으로써 한국 여성들을 위해 철학상담을 수용할 수 있는 첫 토대를 다졌다는 점에서, 이 만남의 의의를 찾을 수 있다. 더욱이 그 공통점들이 두 상담을 각각 이해하고자 할 경우도 매우 핵심적인 것들이어서, 앞으로 양자의 대화는 계속되어야 할 것이다.

또한 이러한 첫 만남은 한국 여성들을 위한 철학상담의 새로운 모델을 창출하려는 첫 과업의 일환으로 시도되었는데, 여기서 '첫' 만남의 의미는 이 작업이 지닌 이중적 한계를 동시에 드러낸다. 왜냐하면 한편으로 철학상담이 아직도 한국사회의 맥락에서 널리 알려져 있지 않았고, 또 다른 한편으로 양자의 관계에 대해서는 처음으로 사유하는 기회였기 때문이다. 이 모든 시도가 처음인 만큼, 포부와 기대가 앞서는 것도 사실이며, 좀 더 치밀하고 세련된 비교검토를 다음의 연구과제로 남겨놓을 수밖에 없다.

그럼에도 철학상담은 학문으로서의 철학 및 전통 속에서의 철학적 지혜와 바로 여기에 있는 개별적인 인간들 사이에서, 여성주의 상담은 여성주의 이론 및 여성주의 가치와 구체적으로 지금 여기 곤경에 처한 여성들 사이에서 다리를 놓으면서 따로 또 같이 결국 '인간다운 삶' '잘 사는 삶' '신명나는 삶'을 실천할 것을 목표로 하고 있지 않은가? 나아가 이러한 근원적인 공통점만이 아니라 차이점들을 더욱 명확히 함으로써 서로를 자극하고 풍요롭게 키워나갈 경우, 한국 여성들에게 더욱 잘 맞는 철학상담을 만들어 나갈 수 있으리라 희망해 본다.

그리하여 여성주의 상담은 '철학적'으로, 철학상담은 '여성주의적'으로 재고찰하는 작업들을 통해서 각 상담의 차이를 좀 더 생산적으로 활용할 수 있기를 전망해 본다. 한편으로 철학상담은 여성주의 상담으로 하여금 인간과 사회에 대해 좀 더 근원적인 차원에서의 철학적 이해를 도모하고, 억압에 대한 비판적 사고와 여성주의 가치를 좀 더 폭넓게 지속적으로 성찰하도록 기여할 수 있지 않을까? 또한 철학상담은 집단으로서의 단수 '여성'이 아닌 '여성 개개인들'에게 주목함으로써 오늘날 여성주의의 난제인 '여성들끼리의 차이'를 밝혀내고, 그 차이에 섬세한 주의를 기울일 수 있는 가장 생생하고 직접적인 토대, 그야말로 개별 여성들의 차이에 입각한 철학함의 풀뿌리를 마련할 수 있지 않을까? 또 다른 한편으로 여성주의 상담은 철학상담에게 사회적, 정치적 맥락화의 중요성을 일깨우고, 성인지적 상담의 가능성과 여성성에 대한 좀 더 구체적으로 초점화된 이해를 제공할 수 있지 않을까? 한국 여성들 스스로 각자 그리고 서로 함께 주체가 될 수 있는 잠재력을 자각하고 계발시키기 위해서, 철학상담과 여성주의 상담 사이의 만남의 깊이가 한층 더해지기를 기대해 본다.

제4장

현존재분석과 철학상담[1)]

1. 비극적 삶과 철학상담

우리는 삶에서 과연 비극을 피할 수 있을까? 오늘날 '행복'과 '긍
정'에 대한 수많은 수요는 오히려 그에 대립되는 불행, 즉 보이지
않는 '비극'과 '부정'의 현실을 새삼 자각하도록 한다. 그런데 정작
각자 자신의 삶에서 비극의 주인공이 되는 것을 피하고 싶어 하면
서도, 인간은 이미 오래전부터 '비극'이라는 예술장르를 향유하는
문화적 전통을 발전시켜 왔다. 특히 고대 그리스의 유적지들을 방
문할 경우, 우리는 비극이 상영되었던 극장들을 흔히 방문하게 된
다. 그리스인들은 왜 그 커다란 극장을 만들고 다들 모여서 비극을

1) 이 장의 초고는 2011년 6월 24일 서강대 철학연구소 하계 학술 심포지엄에서 발표되었으
며, 이 장은 "노성숙(2011). 비극적 삶에 대한 현존재분석과 철학상담: 엘렌 베스트의 사례
를 중심으로. 철학논집, 26, 59-92"을 토대로 수정, 보완을 거쳐 수록한 것이다.

즐겨 보았을까?

　다양한 형태의 비극 속에 등장하는 '운명'이라는 이름의 '비극성'은 특히 인간이 겪는 고통의 현상을 적나라하게 드러낸다. 예를 들어서 '오이디푸스'와 같은 고대 그리스 비극 속의 주인공이 아버지를 죽일 운명을 피하고 싶어서 자신의 왕국을 도망쳐 나오는 여정은 오히려 자신의 운명에 더 깊숙이 빠져들도록 한다. 이처럼 비극은 삶에서 만나는 사건에서 겪는 인간의 고통이 지닌 불가피성을 더욱 드라마틱하게 묘사하는데, 오이디푸스처럼 자신에게 덮쳐 온 비극적 고통과 직면하여 고뇌하고 몸부림치는 장면들은 많은 관객들로 하여금 현실에서 겪고 있지만 때로는 회피하고 싶었던 고통스런 감정들을 간접적으로 직면하면서 정화할 수 있는 기회를 제공하기도 한다.

　그리스와 로마에서 치유와 의술의 신으로 불리는 '아스클레피오스'의 성전이 있었던 에피다우로스라는 고대 그리스의 작은 도시에도 오늘날까지 매우 잘 보존된 극장이 남아 있다. 그리스인들은 비극을 상연하고 향유하는 과정과 인간의 고통에 대한 치유 사이에

에피다우로스의 극장

놓인 매우 근원적인 연관성을 이미 간파하고 있었던 것은 아닐까? 비극을 통한 예술적 향유는 무엇보다 인간 각자가 삶에서 겪는 실제의 고통을 간접적으로나마 노출하고, 그에 대해 성찰할 수 있는 심미적 거리를 통해 그 고통을 극복하고자 하는 매우 현실적인 치유의 열망을 반영하고 있는 것은 아닐까? 그런데 이처럼 비극 예술을 향유함으로써 간접적으로가 아니라 실제 비극적 삶의 직접적인 주인공이 될 때, 우리는 각자 자신의 고통에 어떻게 직면하고 대처해 나가야 할까?

1981년 독일에서 시작된 아헨바흐(Achenbach)의 '철학실천(Philosophische Praxis)'[2]은 고대 그리스의 철학자들이 사유활동을 전개했던 '철학적 대화'의 전통을 되살려 특히 삶의 위기에 빠진, 혹은 실제 삶에서 비극적 고통의 주인공이 된 개인들에게 상담의 기회를 제공하고자 창안되었다.[3] 그렇다면 비극적 삶을 직면하고 있는 내담자들에게 철학상담은 과연 어떻게 다가가며, 철학적 대화를 나눌 수 있을까?

이번 장에서는 철학이론으로부터 시작하여 그것이 적용될 수 있는 하나의 철학상담 사례를 보여 주는 것이 아니라, 하나의 실제 임상사례에서 시작하여 기존의 심리치료에서 철학을 활용했던 것

---

2) 1981년부터 2009년까지 독일에서 전개된 '철학실천'의 역사와 경험에 대해서는 Achenbach(2010) 참조. 오늘날 철학상담이 새롭게 대두하게 된 배경에 대한 상세한 논의는 노성숙(2010, pp. 145-176) 참조.

3) 지난 30여 년 동안 철학상담은 철학의 새로운 분야이자 기존 상담에 대한 새로운 대안으로 등장하여, 유럽 및 미국에서 다양한 방식으로 발전되어 왔으며, 우리나라에서도 많은 관심 속에 수용되고 있다. 그럼에도 과연 철학상담이 기존의 실천적 철학과 어떻게 구분되며 심리치료 및 심리상담과 어떻게 차별화되는지, 철학상담만의 고유한 방법론과 기법은 무엇인지, 나아가 철학상담의 사례연구는 어떻게 진행되어야 하는지에 대해서는 많은 논쟁들이 제기되고 있다. 이에 대한 문제의식은 노성숙(2018a, pp. 27-37) 참조.

을 검토한 뒤, 다시금 그 사례를 철학적 사유와 철학적 이해를 통해서 접근해 봄으로써 철학상담의 구체적인 가능성을 탐색해 보고자한다. 즉, '엘렌 베스트(Ellen West)'라는 가명의 역사적인 임상사례를 현존재분석과 철학상담의 관점의 대비를 통해서 분석해 보고자한다. 이 사례는 빈스방거가 실제 정신의학적 치료에서는 실패했지만, 약 20여 년이 지난 후에 현상학과 하이데거의 철학을 수용하면서 심리치료의 새로운 패러다임으로 제시한 '현존재분석(Daseinsanalyse)'의 대표적인 사례이다. 또한 이 사례는 그의 현존재분석과 함께 미

오페라로 제작된 '엘렌 베스트'

국의 실존주의 심리학자 메이에게는 긍정적으로, 인본주의 심리학자 로저스에게는 부정적으로 큰 반향을 낳았다.[4] 따라서 이 구체적인 임상사례를 통해서 우리는 정신의학, 정신분석, 실존주의 심리치료, 인간중심치료 등의 다양한 논쟁적 층위를 만날 수 있으며, 나아가 철학상담의 새로운 역할을 가늠해 볼 수 있는 좋은 계기를 마련할 수 있다.[5]

이와 같이 이번 장에서는 비극적 삶을 살

---

4) 메이는 빈스방거의 현존재분석 이론과 엘렌 베스트에 대한 그의 입장을 긍정적으로 수용했으나, 로저스는 엘렌 베스트에 대한 빈스방거의 치료에 대해서 매우 분노한 바 있다. 이에 대해서는 May(1983, pp. 41-42)와 Rogers(2007, pp. 179-194) 참조.

5) 엘렌 베스트에 대한 정신의학적, 심리치료적 관심 이외에도 문학적, 예술적 관심들이 지속적으로 생겨나고 있다. 퓰리처상을 수상한 바 있는 프랭크 비다트(Frank Bidart)는 자신의 어머니가 돌아가신 다음 해인 1990년 『서부의 밤: 시 모음집(In the Western Night: Collected Poems)』에 '엘렌 베스트'라는 제목의 시를 발표했다. 또한 오페라 작곡가인 리키 고든(Ricky Gordon)은 1996년 8월 그의 파트너인 제프리 그로시(Jeffrey Grossi)를 에이즈 합병증으로 인해 잃고 나서 방황하던 차에 비다트의 시를 발견하고 깊은 감명을 받았다. 그리하여 이 시를 바탕으로 '엘렌 베스트'라는 오페라를 제작하여 2019년 6월과 7월 뉴욕에서 상연했다. 이에 대해서는 https://www.operasaratoga.org/ellen-west 참조.

다간 '엘렌 베스트'의 사례를 집중적으로 다루면서, 정신의학에서 철학을 넘겨받아 치료에 적용하고자 하는 빈스방거의 현존재분석의 의미를 알아보고, 현존재분석에서 발견되는 문제점이나 빠진 부분들을 검토함으로써, 정신의학이 철학을 필요로 하는 바로 그 지점으로부터 철학상담적 이해의 첫걸음을 시작하고자 한다. 우선적으로 2절에서는 빈스방거가 치료에 실패했고 그에 따라 자살하고 만 매력적이고 지적인 여성 엘렌 베스트의 사례를 간략하게 소개할 것이며, 3절에서는 빈스방거의 현존재분석에서 엘렌 베스트의 비극적 삶과 죽음을 '비극적 실존'이라는 키워드를 통해서 어떻게 이해했는지를 집중적으로 고찰할 것이다. 나아가 4절에서는 빈스방거의 현존재분석의 의의와 한계를 가늠해 보면서, '비극성' '실존'라는 핵심내용을 철학적 사유를 통해 관통함으로써 엘렌 베스트의 비극적 삶을 철학상담의 입장에서 어떻게 달리 해석하고 새롭게 다가갈 것인지를 밝혀볼 것이다.

2. 비극적 삶과 죽음에 대한 이야기: 엘렌 베스트의 사례

먼저, 빈스방거가 요약한 여성환자 엘렌 베스트의 생애사(Lebensgeschichte)와 병력(Krankengeschichte)을 중심으로 엘렌 베스트의 삶과 죽음을 재구성해 보면 다음과 같다.

엘렌 베스트는 약간 경직되고 형식을 중시하는 아버지와 연약하고 신경질적이며 가끔 우울

엘렌 베스트

함에 빠지는 어머니 사이에서 태어난 유대인 여성이었다. 그녀는 이미 어릴 적부터 다루기 힘든 아이였고, 학창시절에는 다부진 성격에 "시저가 아니면 무를 달라!(Aut Caesar, aut nihil!)"라고 외치고 다니며, 무조건 최고가 되고자 했다. 시를 짓기 시작했고, 스스로 특별한 것을 하려는 소명을 받았다고 여겼으며, 사회적인 문제에도 관심이 많았다. 그녀의 시와 일기에는 그녀가 때로는 하늘로 날아갈 듯이 기뻐했다가 심하게 우울한 상태에 빠지기도 한다고 적고 있다.

20세가 되었을 때 그녀는 자신이 태어났던 독일의 남부에 위치한 위버호수를 방문했다. 그녀의 오빠가 많이 아파서 그를 돌보기 위해 갔었는데, '그곳 출신의 낭만적인 남성'과 사랑에 빠져 약혼을 하지만, 아버지의 반대에 부딪혀 파혼하고 만다. 그리고 나서 시칠리아를 여행하던 중에 체중이 과하게 늘었고, 곧이어 단식을 시작했으며, 심한 거식증(Anorexie)을 겪었다.[6]

그녀는 개인수업을 받은 후에 대학입학자격시험(Abitur)을 치르려고 했으나, 건강상의 이유로 그 계획을 그만 포기해야 했다. 그이후 교사임용시험에 합격하는데, 그녀는 이를 통해 뮌헨 대학에 등록할 수 있었다. 이 시기에 그녀는 학생운동 동아리에 가담하게 되고, 24세에 구스타프 비(Gustav B)라는 동료학생에게 반해서 사랑에 빠졌다. 그러나 그녀에게 이 관계는 쉽지 않았다. 왜냐하면 그녀의 파트너가 불안정한 사람이었으며, 그녀의 부모도 이 관계

---

6) 그 당시의 일기에는 다음과 같이 적고 있다. "날마다 나는 조금씩 뚱뚱해지고, 늙고, 추해진다. …… 위대한 친구, 죽음이여, 그대가 나를 더 기다리게 한다면, 나는 나를 열어 제치고 그를 찾겠다." "그것은 들끓고 있으며 내 안에서 고동친다. 그것은 껍질을 벗으려 한다! 자유! 혁명!" "나는 뛰는 심장을 가진 여성이다."(Hirschmüller, 2003, p. 15)

를 용납하지 않았기 때문이다. 그 당시 그녀는 마르기를 강렬하게 원하면서, 갑상선호르몬약을 다량으로 복용했다.

그녀가 26세가 되었을 때 그녀의 지지자이자 후원자였던 사촌 칼(Karl)이 청혼을 했으나, 그 이후 2년 동안 그녀는 자신이 사랑했던 동료학생과 사촌 사이에서 방황하다가 급기야 28세가 되어 사촌 칼과 결혼했다. 결혼식 당시 그녀는 체중이 매우 많이 늘었는데, 신혼여행에 가서 체중이 급격히 감소했다. 몇 달 후 매우 심한 하혈과 함께 유산을 한 뒤, 더 이상 아이를 가질 수 없게 되었다.

이미 그 몇 해 전부터 그녀는 섭식장애를 앓았고, 체중이 늘어서는 안 된다는 강압적인 생각을 늘 하고 있었으며, 설사약(Abfuhrmittel)과 갑상선호르몬약을 간혹 다량으로 복용함으로써 체중을 줄이고는 했다. 제1차 세계대전이 끝난 후 그녀의 상황은 더욱 악화되었고, 드레스덴에서 새로 개원한 봐이드너(Weidner) 박사의 요양소에 입원했으나 거기서의 치료는 성공적이지 않았다. 그녀가 체중을 늘려서 보고함으로써 의사를 속였기 때문에 그 의사는 그녀의 문제가 심리적인 것이라고만 판단했다.

마침내 그녀는 한 친구의 제안으로 '정신분석'을 접하게 되었고, 뮌헨에 머물면서 빅토르 에밀 폰 겝자텔(Viktor Emil von Gebsattel)에게서 정신분석을 받게 되었다. 그 당시 겝자텔은 철학박사논문을 쓴 후 다시금 의과대학을 졸업하고, 뮌헨의 에밀 크레펠린(Emil Kraepelin) 정신의학 대학병원에 근무하고 있었다. 그러나 그녀의 회상에 따르면, 겝자텔이라는 정신분석가는 그녀에게 '지식(Erkenntnis)'을 주긴 했지만 그녀를 '치유(Heilung)'해 주지는 못했다(Hirschmüller, 2003, p. 16). 따라서 그녀는 점차 더 심각한 위기에 빠졌고, 한스 폰 하팅베르크(Hans von Hattingberg)라는 뮌헨의 신경과 의사로부터 두 번째로 정신분석을 받았다. 그러나 분석을 받으면서도 그녀는 여러 번 심각한 자살시도를 했으며, 신체적으로 더욱 힘들어했다. 결국 그녀는 뮌헨의 내과병원에 입원했고, 거기서 하팅베르크의 분석을 계속 받았다. 그 당시 고문의사(Konsiliarius)였던 크레펠린은 그녀에게 '우울증(Melancholie)'이라는 진단을 내렸고, 정신병동에 입원하여 더 치료받기를 권했으나 그녀는 입원하지 않았으며, 하팅베르크의 반대의사에도 불구하고 정신분석까지도 끝내고 말았다.

그 이후 1921년 엘렌 베스트는 빈스방거의 '벨뷔 요양소'에 입원해서 남편과 함께 두 달 반 정도 머물렀다. 그 당시의 그녀에 대한 진료는 근본적으로 휴식, 수면과 안정을 취하는 것이었으며, 약물보다 주로 대화로 이루어졌다. 그런데 환자인 엘렌 베스트는 빈스방거와의 대화를 통해서 병세가 호전되기를 희망했지만, 의사인 빈스방거는 그녀의 상태가 우울증을 넘어서 심각한 형태의 정신병, 즉 시간이 지나도 손을 써볼 수 없는 조현병적인 증상을 보이며 더욱 나빠지고 있음을 직감했다. 환자인 엘렌 베스트, 그녀의 남편 칼, 그리고 의사인 빈스방거가 모두 함께 노력했음에도 그녀의 상태는 전혀 호전될 기미를 보이지 않았고 오히려 더욱 심각하게 악화되었다. 빈스방거는 알프레드 호헤(Alfred Hoche)와 오이겐 블로일러(Eugen Bleuler)에게 협진을 요청했고, 그들 역시 빈스방거가 내린 '조현병(schizophrenia)'이라는 진단에 동의했다.

그녀의 병세가 더욱 심각해지면서, 빈스방거는 그녀를 폐쇄병동의 독방에 보내야 한다는 소견을 제시했다. 그러나 그는 그녀의 독방수용이 그녀를 자살충동으로부터 보호하긴 하겠지만 치유에 대한 희망을 전혀 제공하지 못한다는 사실을 알고 있었으며, 이를 엘렌 베스트와 그녀의 남편에게 알렸다. 그러자 그들은 벨뷔 요양소를 곧 떠나기로 결심했다. 그런데 그때 그녀에게 관여했던 모든 의사들은 그녀가 퇴원을 하게 될 경우, 자살하게 되리라는 것을 거의 확신하고 있었다. 왜냐하면 그녀가 자주 자살하겠다고 선언한 바 있으며 그 원의를 이미 반복해서 표현했기 때문이다. 그녀는 결국 벨뷔 요양소를 떠난 지 3일 후, 그녀의 남편이 함께 있는 곳에서 치사량의 독약을 복용하고 자살했다.

남편인 칼 베스트(Karl West)는 그녀의 생애 동안 자신이 지켜보았던 진료 과정, 아내의 죽음, 그리고 죽음 직후에 경험한 사건들에 대해 일기와 편지를 써서 간직했다. 칼은 엘렌 베스트가 죽은 직후 빈스방거에게 직접 편지를 보내 이를 알렸고, 빈스방거도 그에게 답신을 보냈다. 그 이후에도 두 사람의 교류는 수십 년 동안 계속되었고, 서로가 엘렌 베스트에 대해 추모하는 마음을 유지했다고 전해진다.

3. 엘렌 베스트의 '비극적 실존'에 대한 현존재분석

빈스방거는 그 당시의 정신분석이 여전히 과학적인 방법론에 매어 있다는 점을 비판하면서 후설의 '현상학'을 자신의 치료이론에 적극 수용했다. 나아가 그는 하이데거의 현존재분석론에 입각하여 새로운 치료이론을 만들어 내고자 하면서도, 하이데거가 존재론적 현상학에 머물고 있는 반면에 자신은 새로이 '인간학적(anthropologisch)' 현상학을 시도하겠다고 주장했다.[7] 물론 빈스방

---

7) 빈스방거의 현존재분석에 드러난 인간이해는 진교훈(2007, pp. 375-406) 참조.

거가 활동하던 시기에 기존의 정신의학으로부터 떨어져 나와 '정신분석'이 새롭게 대두되기도 했지만, 빈스방거의 '현존재분석'은 또 다른 차원에서 환자를 이해하고 치료하고자 했던 당대 획기적인 기획이었다.

그런데 그의 현존재분석을 대표하는 엘렌 베스트의 사례에 대해서는 수많은 논쟁과 해석들이 생겨났다.[8] 비록 실제 역사 속에 살다 간 그녀는 적절한 치료를 받지 못한 채 오히려 명료한 의식 상태에서 자살을 선택했지만, 빈스방거가 그녀의 사례를 토대로 현존재 분석을 내놓은 이후, 그녀의 비극적 삶과 죽음에 대한 이야기는 많은 반향을 일으켰고,[9] 이와 연관해서 심리치료와 상담에 대한 많은 의문이 제기되었다.[10] 이번 절에서는 빈스방거가 엘렌 베스트의 자살을 '비극적 실존'으로 파악한 것에 대해 집중적으로 고찰하고자 한다. 이를 위해 빈스방거의 현존재분석으로부터 엘렌 베스트의 고통과 비극성, 실존, 세계기투에 대한 핵심내용들을 밝혀보고자 한다.

---

8) 2002년에도 독일 튀빙겐에서 엘렌 베스트 사례를 검토하는 국제학술대회가 열렸으며, 그 이후 2007년에는 그녀의 시와 일기, 서간문 그리고 남편의 일기, 남편과 빈스방거의 서신 교환 등을 담은 첫 책이 출간되기도 했다(Akavia & Hirschmüller (Eds.), 2007].

9) 히르쉬뮐러(Hirschmüller)에 따르면, 엘렌 베스트와 연관해서 제기된 질문들의 주요 내용은 다음과 같다. "책임성에 대한 것, 환자의 권리에 대한 것, 의사의 능력에 대한 것과 의사들이 지닌 권력의 제한성에 대한 것, 적극적인 그리고 소극적인 안락사(Sterbehilfe)의 정당화에 대한 것, 인간의 자기결정권과 정신병에 걸렸을 때 그 자기결정권을 제한하는 것에 대한 것"(Hirschmüller, 2007, p. 12) 등이다.

10) 아카비아(Akavia)에 따르면, 엘렌 베스트 사례에 대한 비판적 논쟁점은 크게 두 방향으로 전개된다. 첫째, 빈스방거의 조현병에 대한 진단과 엘렌 베스트의 자살을 그녀의 본래적인 행위로 기술한 것에 대한 비판적 입장이 있다. 둘째, 엘렌 베스트가 가부장적 사회의 지배적인 남성들, 특히 아버지와 남편에 의해 그녀의 독립적 영감들을 제한당하면서 그들의 의지대로 행동하도록 강요받았고 가부장적 사회의 억압에 시달렸다고 보는 여성주의의 입장이 있다(Akavia, 2008, p. 121).

1) 현존재분석과 엘렌 베스트 사례

빈스방거는 자신이 새롭게 발전시킨 이론인 '현존재분석'의 대표적인 것으로서 엘렌 베스트 사례를 들었다. 그는 정신분석으로부터 벗어나 현상학과 실존철학을 토대로 삼으면서 '현존재분석'을 새롭게 세상에 내놓으면서, 이 이론에 의한 '비극적 실존'의 전형적인 예로 20여 년 전 자신의 환자였던 엘렌 베스트를 언급했다.[11] 그런데 빈스방거는 현존재분석의 입장에서 왜 그 사례를 다시 해석하고자 했을까? 무엇보다 먼저 그는 그 환자의 자살에 대해서 기존의 이론에 의한 심리학적인 동기를 찾는 것만으로는 충분치 않다고 여겼다. 왜냐하면 그녀가 단순히 심리적인 고통을 겪었고, 그 고통을 끝내고자 자살을 감행했다는 사실을 안다고 해서 그녀를 제대로 이해했다고 할 수 없었기 때문이다.

빈스방거는 다음과 같이 말했다. "현존재분석적으로 고찰하자면, 엘렌 베스트의 자살은 '자의적인 행위(ein Akt der Willkür)'이자 '필연적인 사건(ein notwendiges Ereignis)'이다. 이 두 마디는 다음과 같은 사실, 즉 엘렌 베스트의 경우, 현존재는 그 죽음을 위해서 충분히 성숙했다는 것에 근거한다. 다른 말로 하자면, 그 죽음, 여기서 그녀의 죽음은 그 현존재가 지닌 삶의 의미를 필연적으로 충족시킨 것이다."(Binswanger, 1944b, p. 97) 그런데 여기서 그녀의 죽음이 삶의 의미를 오히려 필연적으로 충족시킨 것이라는 점은 도대체 어떤 의미인가? 죽음이 과연 삶의 의미일 수 있을까? 이는 너무

---

11) 물론 이 시도 자체를 두고도 논란의 여지는 많다. 빈스방거가 자신이 치료하는 데 실패한 사례를 새로운 이론을 도입함으로써 정당화하려는 위험성이 도사리고 있기 때문이다.

도 모순적이지 않은가?

빈스방거는 엘렌 베스트에게서 이러한 모순적 의미가 발견되며, 바로 그 모순적 의미 속에 그녀의 실존적 의미가 놓여 있다고 주장했다. "그녀의 죽음에서 우리는 단지 매우 인상 깊게도 그녀 삶의 실존적 의미 혹은 그 삶에 맞는 모순적 의미(richtiger Widersinn)를 발견하게 된다. 그 의미는 그녀 자신으로 존재하는 것이 아니라 그녀 자신이 아닌 것으로 존재하는 것이다."(Binswanger, 1944b, p. 100) 그런데 과연 죽음이라는 것, 자신의 존재를 부인하는 것, 즉 자신의 비존재가 그녀의 삶이 지닌 의미라고 단언할 수 있을까?

빈스방거가 엘렌 베스트의 죽음을 실존과 연관지어 해석한 것에서 가장 강도 높은 표현은 그녀의 죽음이 그녀의 '실존'에 불가피한 것이어서 이를 '비극적' 실존이라고까지 규정한 데에 있다. "죽음의 향연은 그녀의 실존이 탄생하는 향연이었다. 그러나 현존재가 단지 삶을 포기한다는 전제하에 실존할 수 있다면, 거기서의 실존은 비극적 실존이다."(Binswanger, 1944b, p. 102)

2) 엘렌 베스트의 비극성

빈스방거가 현존재분석에 의해 엘렌 베스트를 새롭게 이해해 보고자 시도한 것의 결정체는 '비극적 실존'이라는 표현에 있다. 따라서 우리는 엘렌 베스트의 '비극적 실존'에 천착하여 현존재분석에서의 인간이해와 심리치료적 독특성을 고찰하지 않으면 안 될 것이다. 이에 '비극성'과 '실존'의 두 측면으로 나누어서, 먼저 '비극성'에 대해 살펴보고자 한다.

빈스방거에 따르면, 엘렌 베스트의 고통은 삶이 아닌 죽음을 통해 완성되기 때문에 '비극'이었다. 그런데 여기서 사용된 '비극'이라는 용어는 그 당시 어떠한 치료적 담론에서도 자리를 차지하고 있지 않은 개념이었으며, 이로써 빈스방거는 새로운 차원의 프로젝트, 즉 치료적이라기보다는 철학적이고 인간학적인 의미, 처방적이라기보다는 더욱 기술적이고 해석적인 의미를 밝혀내고자 했음을 알 수 있다(Akavia, 2008, p. 138). 이러한 의미의 전환은 심리치료의 국면에서 매우 획기적인 것이었으며, 빈스방거는 '현존재분석'이라는 새로운 치료적 패러다임의 창출로 큰 관심을 받았다.

그런데 엘렌 베스트를 '비극적 실존'으로서 현존재분석의 한 사례로 제시할 경우, 거기서 그녀의 비극성은 과연 어떻게 이해되어야 할까? 빈스방거는 왜 정신의학적 패러다임에서는 적용될 수 없는 용어인 '비극적' '실존' 등의 철학적 용어를 치료적 국면에서 사용한 것일까? 엘렌 베스트처럼 거식증과 폭식증의 섭식장애를 앓고 있는 내담자가 죽고 싶다고 말했을 때,[12] 그녀의 고통을 우리는 어떤 의미에서 '비극성'으로 이해할 것인가?

여기서 우리는 먼저 빈스방거가 엘렌 베스트의 '고통(Leiden, suffering)'을 단순히 질병에서의 통증(pain)으로 이해하지 않았다는 사실을 주목할 필요가 있다.[13] 다시 말해서 엘렌 베스트는 약물치료가 가능한 육체적인 통증을 가지고 있었던 것이 아니라 그것을 넘어서 엄청난 고통을 당하는 존재의 상태에 있었다고 할 수 있다(May, 1983, p. 38). 빈스방거가 사용한 '비극성'이라는 용어는 그녀

---

12) 매리노프는 몸의 질병(disease)이 아닌 마음의 불편함(dis-ease)에 철학상담이 필요하다고 주장했다(Marinoff, 2006, p. 13). 그렇다면 그의 심신이원론의 구분에 따라서, 우리는 다음과 같이 질문해 볼 수 있다. 엘렌 베스트의 병은 물리적인 약물이 필요한 것일까? 아니면 마음의 병이라 얘기할 수 있는 불편함이라고 할 수 있을까?

13) 고통과 통증의 구분에 대해서는 서홍관(2008, pp. 17-18) 참조.

가 단순히 물리적 통증을 호소하고 있는 것이 아니라 남다른 고통에 빠져 있음을 표현한 것이다. 따라서 이 표현에는 그녀가 겪고 있는 고통을 총체적으로 접근하고자 하는 의도가 들어있음을 알 수 있다. 그가 '현존재분석'으로 새로운 방향전환을 한 이유도 바로 그 고통을 마음이나 몸에 국한시키지 않고, 그의 책 제목에서처럼 『인간현존재의 근본형태와 인식』(Binswanger, 1964)으로부터 이해하고자 한 것이다. 그리하여 그는 '인간학적인' 해석학, 즉 인간에 대한 근본적 이해와 세계의 연관성 속에서 고통을 해석하고자 시도했다.

빈스방거는 엘렌 베스트에게서 단순히 겉으로 드러난 거식증과 폭식증, 통증의 육체적 차원만이 아니라 오히려 그녀의 고통을 그녀가 살고 있는 삶의 전체적 맥락 속에서, 즉 빈스방거의 표현대로라면, 생애사와 병력의 맥락 속에서 그녀의 삶 전체를 포괄하는 근본구조로부터 이해하고자 했다. 그런데 그가 보기에, 그녀의 고통은 그 삶의 근본구조에서부터 그녀 스스로 자신을 부정하고 또한 자신을 포기함으로써만 극복될 수 있었기 때문에, 이미 종국적으로 자살이라는 '필연적 사건'에 이를 수밖에 없었으며, 그 안에 그녀의 피할 수 없는 운명적 비극성이 잘 드러나 있다. 나아가 빈스방거는 엘렌 베스트의 고통 속에 드러난 '비극성'을 '실존'과도 연관시켰다. 왜냐하면 그녀가 죽음을 '자의적인 행위'로 선택했기 때문이다. 그렇다면 빈스방거는 왜 그녀의 자살로 드러난 비극성을 단순히 기술하는 데에 그치지 않고, 그 비극성을 '실존'이라고까지 규정한 것일까? 어떻게 그녀의 자살이 '실존적 행위'일 수 있으며, 그의 '현존재분석'에서 '실존'은 과연 어떤 의미를 지니는 것일까?

3) 엘렌 베스트의 세계기투와 실존

이제 우리는 엘렌 베스트의 '비극적 실존'에서 '실존'이 빈스방거의 현존재분석에서 어떤 의미를 지니며, 그가 그녀의 세계를 어떻게 해석했는지를 좀 더 상세히 고찰해 보고자 한다. 그 가운데 빈스방거가 그녀의 세계를 왜 그토록 폐쇄적이라고 보았는지에 대해 특히 주목해 볼 것이다. 엘렌 베스트가 세상과의 단절이라는 절망 속에서 자살을 원했던 것은, 무덤과 함께 연상되는 단순히 뚱뚱해지는 세계로부터 벗어나는 다른 세계, 즉 에테르의 세계(die Welt des Äthers)를 원했기 때문이다. 그런데 빈스방거는 엘렌 베스트가 자신이 원하던 영적인 세계에 오히려 자신의 죽음을 통해서 이르게 되었으며, 이로써 실존을 완성하게 되었다고 보았다. 그렇다면 여기서 죽음을 통해 그녀의 실존이 완성되었다는 것은 과연 어떤 의미를 지니는가?

빈스방거의 현존재분석은 하이데거의 '세계-내-존재(In-der-Welt-sein)'로부터 한 걸음 더 나아가 '세계기투(Weltentwurf)'라는 새로운 개념으로 환자를 이해하는 데에서 출발한다. 그가 환자를 단순히 기계론적이고 유물론적인 입장이 아닌 인간학적 입장에서 바라보려고 했다는 것은 매우 고무적인 일이며, 환자를 단순히 객관화된 관찰대상으로서가 아니라 '현존재'라는 구조전체로, 즉 환자의 세계 그 자체와 함께 총체적으로 접근하고자 했다는 사실은 최근 인간중심심리치료 및 철학상담의 입장에서 매우 환영받을 일이다. 이처럼 그는 정신분석에서 현존재분석으로 패러다임 전환을 감행함과 동시에 정신분석의 주요 주제였던 신경증적 불안을 넘어서서 특히 조현병 환자의 세계이해에 더욱 많은 관심을 가졌다.

따라서 무엇보다 먼저 빈스방거가 엘렌 베스트의 사례를 '세계' 및 '세계기투'와의 연관성 속에서 보았다는 점에서 기존의 정신분석과는 다른 방식으로 환자에게 접근하고 있음은 매우 분명하다. 당시의 정신분석에서의 구강기와 항문기 관점에서 억압받은 그녀를 바라보자면, 폭식증은 사랑의 실패에 대한 보상으로, 거식증은 비만이 되는 것에 대한 두려움으로 단순화되어 환원적으로 분석될 수 있을 것이다. 또한 엘렌 베스트의 증상은 비단 그녀 개인에게만 고유한 특별한 증상도 아니며, 평균적인 의미에서 사춘기에 전형적으로 나타나는 섭식장애의 하나로 진단될 수도 있다.[14]

이에 반해 빈스방거는 그녀의 생애사로부터 그녀가 시를 통해 묘사하고 있는 그녀만의 고유한 세계를 지니고 있었다는 사실에 주목했고, 그녀가 이미 17세의 나이에 죽음을 열렬히 열망하고 있었다는 것도 새롭게 발견했다(Binswanger, 1943, p. 256). 1904년 8월에 '내게 죽음의 키스를 해 주세요'라는 제목으로 지은 그녀의 시구는 다음과 같다.

오, 깜깜하고, 차가운 당신이여 오소서
바다의 왕이여 나에게로 오소서(West, 2007, p. 17).

1911년 4월 '봄의 분위기들'이라는 제목의 시 일부분에서도 빈스방거는 그녀가 죽고 싶어 했다는 것을 읽어 낼 수 있었다.

새가 죽는 것처럼 나는 죽고 싶다

---

14) 예를 들어서 엘렌 베스트의 사례는 단순히 사춘기체중감소증(Pubertätsmagersucht)의 한 사례로 다루어지기도 했다(이진오, 2010, pp. 230-231).

최고의 환호 속에서 울다가 목청이 찢어지는 새처럼

땅 위의 벌레처럼 살고 싶지 않다

늙게 되고, 추해지고, 둔하고 어리석게 된다니!(West, 2007, p. 29).

또한 1913년 성탄절에 지은 시 중의 일부분에서 그녀는 죽음의
세계로 달려가고 싶어 하는 원의를 다음과 같이 표현했다.

땅은 곡식을 낳는다

그러나 나는

아무것도 낳지 못하는

내던져진 껍질일 뿐

찢어지고, 아무런 쓸모도 없으며

아무런 가치도 없는 껍데기

창조주여, 창조주여

나를 데려가 주오!

나를 두 번 창조하소서

그리고 나를 더 좋게 창조하소서(West, 2007, p. 31).

이와 같이 빈스방거는 그녀의 생애사를 면밀히 들여다보면서 그
녀만의 고유한 세계에 내재된 세계구조를 현존재분석의 관점에서
명료히 하고자 시도했다. 그에 따르면, 인간은 개별적으로 세계를
의미 있게 기투하면서 살아가는데, 이러한 개별적 '세계기투'는 특
정한 어린 시절의 경험에 근거해 있거나 사회적인 수준에서 나오는
것이 아니다. 이는 칸트식으로 표현하자면, '초월적이고-선천적인

성격(transzendental-apriorischen Charakter)'을 지닌다. 빈스방거는 세계기투의 선천성을 통해서 개인에게 놓여 있는 최종적이면서도 동시에 가장 포괄적인 의미 연관성을 제시하고자 했다(Hirschmüller, 2003, p. 99). 그리고 그는 엘렌 베스트가 바로 이러한 세계기투의 선천성을 현존재분석의 입장에서 해석할 수 있도록 제시하고 있는 전형적인 사례라고 주장했다.

빈스방거의 현존재분석에 따르면, 그녀의 세계기투는 결함을 지니고 있어서 매우 제한적이었다. 또한 그 세계의 구조는 축소된 채, 비본래적인 양태에서 "자신만의 세계에 빠져있음"(Hirschmüller, 2003, p. 99)으로 드러나 있었다. 그녀는 양분된 세계, 즉 육체적인 '무덤세계(die Welt der Gruft)'와 순수하고 깨끗한 '에테르의 세계(die Welt des Äthers)' 사이에서 갈등하면서, 전자를 넘어서서 후자의 세계로 가기를 원했다. 그럼에도 불구하고 그녀는 살아 있는 동안 결코 이 원의에 도달할 수 없었기 때문에 매우 고통스러워했다.

예를 들어서 폭식하고자 하는 욕구(die Fressgier)는 두 세계 사이의 삶에서 드러나는 증상인데, 기존의 치료에서 이는 단지 피상적으로만 다루어지곤 했다. 이와 달리 빈스방거는 그녀의 현존재가 '그 근원으로부터(von seinem Grund her)' 이미 무덤세계에 제한되어 있었으며, '구멍 난 세계(Lochwelt)'의 탐닉적인 욕구에 빠져 있었다고 분석했다. 또한 그는 이와 같은 '빠져 있음(Verfallensein)'으로부터 반동의 방식으로 에테르 세계에 대한 그녀의 강렬한 열망이 생겨났고, 그에 따라 음식을 거부함으로써 그녀는 구원에 대한 절망적 시도를 감행하기에 이르렀다고 보았다. 이처럼 엘렌 베스트의 사례는 빈스방거가 현존재분석을 통해서 인간의 개별성을 어떻게 학문적인 구조로 파악하려고 했었는지를 잘 보여 준다. 즉, 그는 엘렌 베스트처럼 개별자에게 놓여 있는 '세계기투'라는 선천적 구조를 인간에게 놓인 본질적 구조 전체와 비교함으로써 이해하고자 노력했다.

나아가 빈스방거는 그녀의 고군분투하는 실존적 태도에 대해 키르케고르의 '절망' 개념을 빌려와서 다음과 같이 두 가지로 해석했다. 우선 첫째로, 그녀의 과도한 고군분투는 축소된 구조의 '표명(Manifestation)'이라고 할 수 있다. 둘째로, 그녀의 고군분투는 하나의 '반동(Reaktion)'이자 독자적인 행위인데, 이는 그녀로 하여금 이미 주어진 제한된 구조에 대항하도록 하지만 매우 절망적인 반항에 불과하다고 할 수 있다. 또한 이 반항은 지하세계이자 '구멍 난 세계'에 '투옥 혹은 감금'되어 있는 것으로부터 절망적인 '도주(Flucht)'라고 할 수 있다. 더욱이 이와 같은 '반동' 내지 '도주'는 그녀의 현존재가 종속되어 있는 '하나의 포위 과정(Einkreisungsprozess)', 즉 그녀 자신이 잘 알고 인식함을 통해 스스로를 제한하는 과정 속에서 내려진 답변이기도 했다(Hirschmüller, 2003, p. 100).

이와 같이 볼 때, 빈스방거의 현존재분석은 엘렌 베스트의 세계기투가 결국 축소된 구조를 표명하고 있을 뿐이며, 그것으로부터의 절망적 도주를 시도함으로써 필연적으로 자살에 이를 수밖에 없었다는 점을 명시하고 있다고 할 수 있다. 따라서 빈스방거의 결론은 다음과 같이 제시되었다. "엘렌 베스트의 경우에 현존재는 죽음을 위해서 충분히 성숙했다. 다른 말로 하자면, 그 죽음, 여기서 그녀의 죽음은 그녀의 현존재가 지닌 삶의 의미를 필연적으로 충족시킨 것이다."(Binswanger, 1944b, p. 97)

흥미로운 점은 그녀가 '밖으로부터' 자신이 원하지 않음에도 주어진, 혹은 '외적인 운명으로' 그녀에게 들이닥치는 죽음이 아니라, 오히려 그와 정반대로 그녀의 시에도 드러나 있듯이 이미 어린 시절부터 '그녀 자신으로부터 사라지는 것 혹은 죽음'을 맞이하고자 했다는 것이다. 빈스방거는 "이와 같을 경우, 어디에서 죄가 시작되고 '운명'이 끝난다고 누가 말할 것인가?"라고 반문하면서, "엘렌 베스트가 죽음으로 죽고자(des Todes sterben) 했으며, 여기서의 죽음은 스스로 선택한 것일 뿐 아니라(selbstgewählt) 삶에서의 독자적인 행위(einen selbständigen Akt des Lebens)를 의미한다." (Binswanger, 1944b, p. 97)고 주장했다.

그런데 바로 이 지점에서 우리는 엘렌 베스트라는 '현존재의 죽음'이 그 현존재가 지닌 삶의 의미를 필연적으로 충족시켰고, 그에 따라 그녀의 자살이 '자의적인 행위'이자 '실존의 완성'이었다는 빈스방거의 주장에 대해 다음과 같은 질문들을 제기해 볼 수 있다. 엘렌 베스트가 '삶을 지속해 가는 가운데' 두 세계 사이에서 내면적인 투쟁을 하는 것이 아니라, 그 투쟁 속에서 '죽음'이라는 실존적 결단을 내렸을 경우, 우리는 과연 이를 그녀의 실존이 완성된 것이라고 단언할 수 있을까? 달리 말해서, 엘렌 베스트에게서 비극적 '죽음'이 아닌 비극적 '삶' 속에서 실존을 완성시킬 수 있는 가능성은 아예 없었다고 어떻게 단정 지을 수 있을까? 이러한 질문과 함께 우리는 엘렌 베스트의 자살로 이어진 비극적 '죽음'에 초점을 맞추고 있는 빈스방거와 또 다른 시각에서, 즉 그녀의 비극적 '삶' 속에서의 실존을 새롭게 조명하고 해석해 보아야 할 것이다.

4. 엘렌 베스트의 비극적 삶에 대한 철학상담

빈스방거의 현존재분석에서 엘렌 베스트의 죽음은 '비극적 실존'으로 새롭게 파악되었다. 그 과정에서 엘렌 베스트의 고통은 기존의 정신의학 및 정신분석과는 전혀 다른 차원, 즉 인간학적이고 실존적인 차원에서 이해되었다. 이러한 빈스방거의 접근은 정신의학이나 심리치료 분야에 매우 의미심장한 방향전환을 가져왔으며, 이러한 전환을 시도했던 그의 치료적 의도는 높게 평가되어야 할 것이다. 그런데 바로 그 방향전환의 지점으로부터 좀 더 심층적인 인간이해에 대한 요구와 더불어 철학적 차원의 질문들이 생겨난다. 한편으로 엘렌 베스트의 고통에 총체적으로 접근하고자 하는 빈스방거의 심리치료적 문제의식을 충분히 인정하고 받아들이면서도, 한 걸음 더 나아가 그 현존재분석의 근간을 이루었던 '비극적 실존'에 대해 또 다른 철학적 인간이해가 가능할 수 있지 않을까? 그녀의 고통을 다양한 철학적 관점으로부터 심도 있게 이해해 보면서, 이를 통해 새롭게 부상하고 있는 철학상담의 입장에서 접근해 볼 수는 없을까? 그럼으로써 빈스방거와 함께 그리고 빈스방거를 넘어서서 엘렌 베스트의 고통과 그녀의 비극적 '삶'에 좀 더 가까이 다가설 수는 없을까? 이러한 질문들에 답하기 위해서 이번 절에서는 엘렌 베스트의 비극적 '삶'을 '비극성' '기투'의 주제를 중심으로 철학적 관점으로부터 조명해 보면서 철학상담의 가능성을 가늠해 보고자 한다.

1) 삶의 비극성

빈스방거는 기존의 정신의학 혹은 정신분석의 접근과는 달리 새로운 치료의 패러다임으로서 '현존재분석'을 세상에 내놓았으며, 자신이 치료에 실패했던 엘렌 베스트의 사례를 '비극적 실존'이라는 용어를 통해 새롭게 이해하고자 시도했다. 그런데 그는 엘렌 베스트의 '비극성'을 그가 고안한 개념인 '세계기투'의 선천성을 통해서 해명하는 과정에서, 그녀가 좌초당하고 좌절된 고통으로부터 종국적인 파괴, 즉 자살에 이를 수밖에 없었다는 점을 부각시킴으로써 그녀의 비극성에서 불가피했던 결정론적 '운명성'을 강조했다.

여기서 우리는 빈스방거의 '비극성'에 천착하여, 또 다른 이해와 그에 따른 치유적 가능성은 없는지 다각도로 접근해 보아야 할 것이다. 예를 들어서 '비극성'은 한편으로 피할 수 없이 들이닥친 외적인 운명 앞에 파멸하며 개인이 겪는 고통의 극한을 표현하기도 하지만, 다른 한편으로 그 운명적 고통에 직면해서 스스로를 성찰하는 인간의 의식 속에서 인간만의 용기와 위대함(Jaspers, 1947, p. 109)을 의미하기도 한다. 더욱이 로저스의 인간중심치료에서도 잘 드러나 있는 것처럼, 내담자가 극도의 비극적 고통에 직면할 때, 상담자는 내담자의 입장에서 그 비극성을 좀 더 적극적으로 공감하고 수용하면서 이해할 수 있지 않을까? 더 나아가 인간은 비극성에 직면해서도, 즉 끊임없는 좌절의 위험에 처하면서도 용기를 낼 수 있는 존재이며, 그 고통 속에서 오히려 정신의 크기를 보여 줄 수 있는 존재임을 철학상담의 입장에서 확인시켜 줄 수 있지 않을까? 그렇다면 또 다른 심리치료와 철학상담을 위해서는 '비극적 실존'에 대한 어떤 철학적 이해가 필요할까?

‘비극성’은 삶 속에서 인간이 처한 고통의 극한적 상태를 말하는데, 이는 비단 현대 사회에서 새롭게 부각된 주제는 아니다. 인간의 삶은 이미 태곳적부터 고통과 함께 시작되었으며, 그 고통을 성찰하는 과정에서 인간은 ‘비극’을 향유해 왔다. 예를 들어 소포클레스의 『오이디푸스왕』이나 셰익스피어의 『햄릿』, 성서의 『욥기』 등에서 표현되는 인간 삶의 비극성은 이미 고대 신화로부터 현대 비극에 이르기까지, 또한 각종 문화 안에서 다양한 방식으로 표현되고 해석되었다. 즉, 인간은 ‘비극’이라는 예술양식을 통해서 고통에 처한 자신의 삶을 끊임없이 성찰해 왔다. 특히 그리스 비극은 처음부터 고통 그 자체를 재현하는 데에 그치는 것이 아니라 그 고통을 겪어 내는 인간 정신의 위대함과 숭고를 표현하고 그에 참여하는 것을 목표로 삼았던 대표적인 예술이라고 할 수 있다.[15]

이와 같이 비극의 문화적 향유를 통해서 전해져 온 ‘비극성’ 속에서 우리는 단순히 물리적 통증을 호소하는 인간의 모습을 만나는 것이 아니다. 인간 정신은 육체적, 정신적, 사회적, 도덕적 고통을 겪으면서 자기 스스로의 한계, 인간의 유한성을 끊임없이 성찰한다. 따라서 비극적 고통은 단순히 대책 없는 슬픔이나 비참함의 극한을 제시하는 데에 그치는 것이 아니라 그 고통으로부터 인간 정신만의 고귀함과 위대함을 총체적으로 건져 올릴 수 있는 계기를 제공한다고 할 수 있다. 그렇다면 심리치료나 치유의 관점에서의 문제는 엘렌 베스트처럼 고통의 극한으로서 비극성을 만나게 될 때, 그 고통 속에서 자신에게 고유한 비극성을 어떻게 이해하고 수

---

15) 김상봉은 영웅숭배와 비극의 연관성에 대해 다음과 같이 주장했다. “영웅적 정신의 위대함이 오직 비극적 고통과 수난 속에서만 자기를 드러낼 수 있다는 것을 그리스인들이 깨달았을 때 영웅숭배의 예술은 비극으로 탈바꿈했습니다.”(김상봉, 2003, p. 61)

니체

용할 것인가에 있다. 이 지점에서 우리는 프리드리히 니체(Friedrich Nietzsche)의 '비극성'에 대한 이해로부터 좀 더 심도 있는 철학적 이해와 답변을 시도해 볼 수 있을 것이다.

니체는 『비극의 탄생』에서 예술의 원리를 '아폴로적인 것(das Apollinische)'과 '디오니소스적인 것(das Dionysische)'으로 나누었다(Nietzsche, 1980b, pp. 27-32). 여기서 전자는 아폴로의 개별화의 원리를 대변하며, 빛, 척도, 제약을 상징함으로써 올림피아데에서처럼 신성으로 빛나는 세계를 드러낸다. 그리하여 마치 '꿈(Traum)'에서처럼 현실 위에 심미적인 베일을 씌우며, 형상과 미의 이상적인 세계를 창조한다. 이와 대조적인 원리의 핵심인 디오니소스적인 것은 모든 장벽을 무너뜨리고, 모든 한계와 제약을 벗어나는 생 그 자체의 흐름을 상징한다. 니체는 디오니소스적인 것이 '도취(Rausch)'의 상태와 같으며, "봄의 충동, 격정, 마취적 음료의 영향"(Nietzsche, 1980a, p. 554)이나 그리스인들의 디오니소스적 축제에서의 합창단의 면모 속에 잘 드러나 있다고 보았다. 디오니소스적 충동

1872년 출간된 『비극의 탄생』

은 자연의 본질을 상징적으로 표현하는 노래와 춤이라는 형식을 통하여, 즉 도취자의 노랫소리와 몸짓언어를 통해서 충족된다.

한편으로, 니체는 도취의 체험이 아폴로적인 꿈의 체험보다 훨씬 더 심오하고 근원적이라고 주장했다. 왜냐하면 도취에서는 꿈에 내포되어 있는 논리적인 사유양식이 완전히 지양되어 있기 때문이다. 그러나 다른 한편으로 니체는 아폴로적인 것과 디오니소스적인 것 사이의 긴장과 상호연관성에도 주목했다. 아폴로적인 것과 디오니소스적인 것은 "디오니소스가 아폴로의 언어로 말하고, 결국은 아폴로가 디오니소스의 언어로 말하는"(Nietzsche, 1980b, p. 140) 그리스 비극의 두 강력한 예술충동일 뿐만 아니라, 이들은 양극에서 서로 연관된 충동의 힘들로서 삶의 곡선, 즉 목적 없이 스스로 회전하는 세계유희의 역동성을 형성한다. 따라서 아폴로적인 것과 디오니소스적인 것의 긴장관계와 상호성을 인식하는 것이 중요하다고 할 수 있다.

이제 니체의 비극성에 대한 이해를 기반으로 하여 엘렌 베스트의 비극성으로 되돌아가 보자. 그녀로 하여금 죽음에 이르게 했던 고통을 우리는 '디오니소스적인' 열정과 연관해서 이해할 수는 없을까? 앞서 고찰한 대로 디오니소스적으로 모든 한계를 벗어나려는 파괴적인 흐름의 열정으로부터 그녀는 이미 어린 시절부터 많은 시와 일기를 썼는데, 이는 그녀의 예술적 창조의 작업, 즉 아폴로적인 작업의 일환이라고 할 수 있다. 그녀가 실존적 고통을 겪으면서 창조적으로 작성한 시와 일기는 니체가 주목한 예술의 두 원리의 긴장과 상호성, 즉 개별화를 벗어나려는 디오니소스적 몸부림의 열정과 그것을 다시금 아폴로적인 언어로 승화시켰던 '파괴와 창조의 변증법'을 고스란히 담고 있다고 이해할 수 있다.

빈스방거는 엘렌 베스트에게서 자기됨이라는 본래적 의미의 시간화가 아니라, 순전히 강압적인 파괴의 과정만이 발견된다(Binswanger, 1944b, p. 102)고 주장했다. 그런데 그녀의 시와 일기는 그녀가 무덤세계와 에테르 세계의 양분된 세계로 분열되고 파괴되는 것만이 아니라 디오니소스적 열정과 아폴로적 질서를 오가며 자신의 비극성을 얼마나 치열하게 직면하고 있었는지를 매우 잘 보여 준다. 따라서 그 안에서 두 세계의 역동이 자아내는 생성적 의미의 자기됨의 가능성도 놓여 있었다고 할 수 있다. 특히 니체의 비극성에 대한 이해와 연관시켜 볼 때, 엘렌 베스트의 비극성, 비극적 열정의 깊이에 좀 더 가까이 다가갈 수 있을 것이다.

또한 빈스방거는 그녀가 죽음을 통해서만, 즉 비본래적인 방식으로 실존을 완성할 수밖에 없었으며, 바로 그 안에 그녀의 운명적 비극성이 담겨 있다고 보았다. 즉, 그녀의 비극성은 단지 죽음에 이르도록 놔둘 수밖에 없는, 부정적이고 염세적인 비극성에 불과하다는 것이다. 이와 달리 우리는 그녀에게 니체가 말하는 '비극성', 즉 삶을 긍정하는 열정(jasagendes Pathos)의 가능성을 열어둘 수 있지 않을까? 그녀의 삶이 비록 비극적 고통으로 점철되었다고 하더라도 그녀의 실존이 죽음의 공포로 뛰어듦으로써만 완성되는 것이 아닐 수도 있었다. 오히려 삶의 어두움과 공포를 인정하고 포용하는 방식으로 삶 자체에 대하여 긍정하는 태도를 취함으로써 본래적 실존에 다가갈 수 있는 가능성도 열려 있었다고 할 수 있기 때문이다. 그렇다면 이제 우리는 빈스방거와 달리 삶의 비극성을 긍정하는 실존의 가능성이 무엇인지에 대해 좀 더 상세히 알아보아야 할 것이다.

2) 피투된 기투로서의 실존

　빈스방거의 현존재분석에서처럼 엘렌 베스트의 삶과 죽음을 '결함을 가진 세계기투' 혹은 '비극적 실존'으로만 해석하지 않고, 그 안에 담긴 그녀의 고통과 실존적 면모에 좀 더 가까이 다가가서 적극적으로 이해하기 위해 우리는 빈스방거를 벗어나 하이데거 사상에 천착해 보고자 한다.

　하이데거의 전기사상이 잘 드러난 『존재와 시간』에 따르면, 현존재의 실존은 이미 떼어 낼 수 없는 두 계기, 즉 '피투성(被投性, Geworfenheit)'과 '기투(企投, Entwurf)'로 이루어져 있다. 전자는 모든 규정성들 이전에, 그 어떤 규정으로도 환원될 수 없는, 무조건적으로 자신이 존재하고 있다는 현존재의 사실성, 즉 현사실성(Faktizität)을 의미한다. 그런데 이와 같이 자신의 존재를 현사실로 인정함으로써 실존을 깨닫는 지점은 잘 돌아가고 있던 익숙한 일상의 세계가 갑자기 멈춰 섰을 때이며, 그때에 이미 세상에 '내던져 있는 자신의 존재'를, 부인할 수 없는 있는 그대로의 현사실로서 인식하게 된다. 엘렌 베스트에게 실연의 상처나 그로 인한 고독감, 일상적인 세상으로부터 떨어져 나옴과 절망 등은 자신이 원치 않았던 세상에 내던져져 있다는 사실에 대한 '피투성'의 실존체험을 하도록 했을 것이다. 그러나 다른 한편에서 현존재의 실존은 그 내던져 있음 안에서 자신의 모든 것을 이미 다 규정해 놓은 채 단순히 살아가도록 방치하지 않았을 것이다. 절망 속에서조차 인간은 다른 존재가 되고 싶어 하며, 자신이 원하는 바로 인해 고통스러워하기 때문이다. 즉, 자신이 처한 현실적이고 피할 수 없는 상황을 인식함과 동시에 그 상황 속에서의 자신의 모습과는 달리 되기를 원하는 소망에 관여함으로써 자신의 삶의 과제를 떠안고, 그것을 실현하기 위해 기획 투사한다. 이와 같이 볼 때, 실존은 그 어느 하나로만 환원될 수 없는, 하이데거의 표현에서처럼 '피투된 기투(geworfener Entwurf)' (Heidegger, 1972, p. 148)의 이중적 측면을 지니고 있다.

또한 하이데거는 『존재와 시간』에서 이와 같은 '피투된 기투'를 죽음과 연관시켜서 설명했다. 그는 현존재를 '죽음에 이르는 존재 (Sein zum Tode)'로 규정했다. 그런데 여기서의 죽음은 자연적 대상으로서 인간이 이르게 되는, 인과적이고 실제적인 생물학적 끝을 의미하는 것이 아니다. 죽음은 실존적 존재로서 인간의 극단적인 한계상황이다. 따라서 죽어가는 자, 죽음을 앞에 두고 있는 존재로서 인간은 자신의 유한성을 가장 잘 직면할 수 있다. 나아가 죽음에 대한 직면은 '죽을 자로서 유한하게 실존함'을 가능케 함으로써 오히려 자신의 가장 고유한 가능성을 성찰하도록 이끌어 간다. 이와 같이 볼 때, 죽음은 한편으로 피투성으로서 이미 현존재 안에 항상 파고들어와 있으며, 현존재는 그러한 죽음의 가능성 안에 내던져진 채 빠져나갈 수 없도록 붙들려 있고, 이미 비본래적으로, 즉 도망치는 양상으로 자신의 죽음에 관계한다. 그런데 또 다른 한편으로 현존재는 기투를 통해 자신의 죽음이라는 가능성을 본래적으로 신중하게 받아들이는 양상으로 관여할 수도 있다. 이러한 맥락에서 하이데거는 인간은 '죽음을 향한 존재'이며, 여기서 죽음은 "가장 고유하고, 아무런 연관성이 없고, 확실하며, 그 자체로 무규정적이고, 다른 가능성들에 의해서 능가될 수 없는 가능성(die eigenste, unbezügliche, gewisse und als solche unbestimmte, unüberholbare Möglichkeit)"(Heidegger, 1972, p. 258)이라고 말했다.

이제 하이데거에게서 '피투된 기투'로서의 실존이해와 '죽음'에 대한 통찰과 함께 엘렌 베스트의 실존을 재고해 보자. 빈스방거에 따르면, 엘렌 베스트는 하이데거의 '일상인(das Man)', 즉 '그들'처럼 '비본래적인 방식으로 자신만의 세계에 빠져 있음'으로써 필연적인 죽음에 이를 수밖에 없었다. 특히 빈스방거는 엘렌 베스트가 시칠리아 여행에서 뚱뚱해지지 않기 위해 노력한 사실을 '세계에 빠져 있음의 시간성(Zeitlichkeit des Verfallenseins an die Welt)'이라고 해석했다. 그리하여 그 사건은 그녀에게 실존적인 성숙을 위한 본래적인 시간성이 아예 떨어져 나간 것을 단적으로 보여 주는 매우 분명한 예로 제시되었다(Binswanger, 1944b, p. 111). 그 사건에서 그녀는 실존적인 공허를 채우려는 노력을 했지만, 그럴수록 그녀 자신의 실존은 더욱 텅 비어 있게 되고, 그 안에서 그녀의 현존재는 이미 구조 전체가 닫혀 있음으로 인해 세계와 더 이상 개방된 관계를 맺을 수 없게 되었다. 그에 따라 그녀의 '세계기투'는 축소되었고 변형되어서 더 이상 실존적 시간성에 이를 수 없게 된 것이다.

그런데 여기서 우리는 빈스방거가 파악한 엘렌 베스트의 '비본래적 실존'과 '세계기투'를 하이데거의 실존이해로부터 유래하는 '비본래적 실존'과 '기투'에 대비시켜 이해해 볼 필요가 있다. 하이데거에 따르면, 우리 모두는 그들로서 '우선 그리고 대부분의 경우(zunächst und zumeist)' 일상적 삶에 빠져서 비본래적으로 살아간다(Heidegger, 1972, p. 175). 즉, 사회적 관습이나 틀에 얽매여 있으며, 여타의 여론이나 잡담에 좌우되는 호기심에 따라 행동하고 살아간다. 이러한 삶의 방식인 비본래적 실존 속에는 나의 고유함이란 없으며, 내 삶의 주체는 내가 아닌 '익명의 그들'일 뿐이다. 그런데 하이데거는 이러한 비본래적 방식 역시 불가피한 삶의 방식이며, 그러한 방식에서 오히려 떨어져 나오는 '불안'의 체험에서 비로소 인간은 각자 개별자로서 그 자신의 '무(Nichts)'에 직면하게 된다고 말했다. 불안이라는 기분을 통해서 그동안 안주해 온 일상적인 세계는 의미를 상실하게 되지만, 이와 같이 일상적인 세계가 무화됨(nichtig werden)을 통해서 현존재는 개별자로서 자신의 존재자체를 자각하게 된다. 즉, 불안을 통해 한편으로 현존재는 그들의 세계, 친숙한 일상의 세계를 잃지만, 다른 한편으로 근원적인 세계가 무로부터 개시되는 경험을 할 수 있다. 이와 같이하여 인간은 그 자신을 열어 보이는 '열린 터(das Offene)', 거기(Da)에서 보다 근원적인 세계로 다가설 수 있는 현존재가 될 수 있다. 또한 불안이라는 기분 속에서 현존재는 각 개별자에게 개시되는 '세계-내-존재'로서 자신의 존재를 떠맡아 책임지게 된다. 즉, 현존재의 존재는 내던져짐(피투) 속에 단순히 주어지는 것만이 아니라, 자신만의 과제를 충족시켜야 하며, 자신만의 고유한 가능성 속에서 그 과제를 이행해 나가고자 자신을 내던짐(기투)의 시도를 감행해 가지 않으면 안 된다.

빈스방거는 엘렌 베스트의 '세계기투'가 이미 축소되고 제한되어 있었기 때문에, '필연적으로' 비본래적 의미의 빠져 있음에 머물 뿐 진정한 실존의 본래적 기투에는 도달할 수 없다고 주장했다. 따라서 그녀의 현존재는 "세계를-넘어서는-세계-내-존재(In-der-Welt-über-die Welt-hinaus-sein)"(Binswanger, 1964, p. 499)의 가능성을 실현시킬 수 없었던 것이다. 이와 달리 하이데거의 견해에 비추어 볼 때, 엘렌 베스트는 오히려 그러한 비본래적 일상적 삶으로부터 떨어져 나와서, 자신의 내던져진 현존재로서의 사실성에 직면하고, 그로부터 다른 삶을 기획 투사하고자 고군분투하고 있었다고 해석할 수는 없을까? 그녀가 비록 비본래적 실존에 빠져 있었다고 하더라도, 그녀가 "'세계-내-존재'에 대한 불안에 떨고, ……
그녀의 세계가 온통 두려움으로 덮쳤을지라도"(Binswanger, 1944b,
p. 83) 그녀에게 그 불안의 무에 직면할 수 있는 또 다른 가능성, 비
로소 자신의 무에 직면하는 실존적 시간성이 아예 불가능하다고
단정지를 수는 없기 때문이다.

　이러한 맥락에서 홀츠헤이-쿤츠(Holzhey-Kunz)는 빈스방거가
'세계기투'의 개념을 엘렌 베스트에게 적용하면서, 하이데거의 '실
존론적(existenzial)' 차원이 아닌 칸트 내지는 후설의 입장에서 '범
주적인(kategorial)' 차원, 전자의 '존재론적(ontologisch)' 차원이 아
닌 후자의 '존재적(ontisch)' 차원에 머물고 있는 한계를 보여 주었다
고 비판했다(Holzhey-Kunz, 2003, p. 103).[16] 빈스방거는 엘렌 베스
트가 이미 비본래적인 '세계기투'의 구조전체가 지닌 폐쇄성에 갇
혀서 필연적으로 비극적 실존에 이를 수밖에 없었다고 보았던 반면
에, 우리는 하이데거의 입장에서 그녀가 존재적 차원으로부터 오히려
존재론적인 차원으로의 이행을 시도했다고 볼 수 있다. 예를 들어 배
고픔은 단순히 내 몸이 음식물을 필요로 한다는 존재적 차원의 사
실만이 아니라 몸을 지닌 존재로서 내가 근본적으로 먹을 것에 의
존해 있다는 존재론적 차원의 사실까지도 상기시킨다. 따라서 홀츠
헤이-쿤츠에 따르면, 빈스방거의 '세계기투'는 초월적이고-현상
학적인(transzendental-phänomenologisch) 구조를 전제로 하고 있으
며, 여전히 병리적으로 유래하는 존재적 구조전체성의 측면에서 엘
렌 베스트의 사례를 파악하도록 한다. 따라서 엘렌 베스트의 '세계

---

16) 아카비아도 빈스방거의 '세계기투' 개념이 하이데거로부터 이어받고 있지만 칸트로의 후
　　퇴를 보임으로써 인간존재 각자의 경험을 대표하는 보편적인 것, 즉 선천적인 세계구조
　　로 간주되었다고 비판했다(Akavia, 2003, p. 121).

기투'의 제한성이 이미 전제된 선천적 구조에서 유래하며, 그녀의 현존재는 그 구조전체성에 의해서 고립된 세계이해를 지닌 채 계속 병리적으로만 드러날 뿐이라고 규정한다.

더욱이 이러한 인식의 문제점은 빈스방거의 '세계기투'라는 개념이 한편으로는 하이데거식으로 통합적인 구조(holistic structure)의 구성과 연관되면서도, 다른 한편으로 그의 현존재분석에서 시간의 차원을 제거한 채 사용된 데에서 더욱 극단적으로 나타난다. 그에 따라 빈스방거의 '세계기투'는 하나의 통일적이고 전체적인 구조로 성립됨으로써 엘렌 베스트와 같은 환자의 실존구성을 결정론적으로 (deterministic) 보도록 만든 것이다.[17] 이와 같이 시간이 제거된 '세계기투'의 개념은 역설적으로 그의 치료적 프로젝트의 기반을 약화시킬 수밖에 없다. 왜냐하면 어떠한 심리치료에서도 기초가 되어야 하는 필수적인 변화와 발전의 가능성을 설명해 낼 수 없도록 하기 때문이다(Akavia, 2008, p. 122).

이와 달리 하이데거의 '세계-내-존재'에서 현존재는 이미 자신에 대한 해석학적인 이해를 바탕으로 성립된다. 또한 인간적인 현존재의 구조전체성은 "무화에 의해, 오로지 무화를 통해서 관철되며(durch und durch von Nichtigkeit durchsetzt)", 그에 따라 실존한다는 것은 곧 그 실존에 내재적인 이행의 과정(ein der Existenz immanenter Vollzug)(Holzhey-Kunz, 2003, p. 103)에 포함되어 있다. 하이데거에 있어서 현존재는 불안의 체험이나 무에 직면하는 섬뜩함으로부터 오히려 그 존재적인 제한성을 넘어 존재론적인 차원으

---

17) 이와 유사한 맥락에서 호프만(Hoffmann)은 빈스방거가 프로이트를 비판하기는 했지만, 프로이트와 마찬가지로 자신도 규범적인 자연과학적 인간상에 강하게 고착되어 있었다고 비판했다(Hoffmann, 2003, p. 87).

로 다가가며, 자기 스스로의 존재 그 자체의 제한성과 가능성을 이해하기에 이른다. 이로써 현존재는 삶의 아주 구체적인 과제만이 아니라 그 자신의 존재 자체에 대한 '염려(Sorge)'에 다가가게 된다. 또한 현존재는 근본적으로 자신의 존재에 관계하여 자기를 이해하는 과제, 즉 "존재의 짐(Last des Seins)"(Heidegger, 1972, p. 134)을 떠맡으면서 자신을 기투하는 데에 관여한다.

여기서 우리는 하이데거의 실존에 내재된 '기투의 이행과정'과 연관해서 현존재에게 이미 주어져 있는 해석학적인 이해를 바탕으로 엘렌 베스트를 재해석해 볼 수 있다. 왜냐하면 피투된 기투, 즉 제한적인 현존재의 사실성과 함께 아직 실현되지 않은 자신의 존재과제를 이행하고자 하는 노력을 실존 그 자체의 내재적인 차원에서 이해할 수 있기 때문이다. 엘렌 베스트의 경우, 음식물의 거부와 수용이라는 존재적 차원만이 아니라 자신의 존재 전체가 지닌 유한성의 자각에서 나오는 존재론적인 차원, 즉 그녀 자신의 존재의 짐에 대한 고통 때문에 그녀는 더욱 괴로웠을 것이다. 이렇게 본다면, 엘렌 베스트의 고통은 그녀의 '세계기투'가 단순히 '비본래적인 실존에 빠져 있음'으로 인해 고립되고 폐쇄되어 머물도록 했기 때문이라기보다는, 바로 비본래적 일상의 삶으로부터의 자기기만에서 벗어나 자신만의 고유한 존재를 문제 삼는 기투로의 이행, 즉 그녀의 표현에 따르자면, 무덤의 세계로부터 그와 다른 에테르의 세계로 나아가고자 하는 열망에서의 실존투쟁, 실존에로의 이행 속에서 발생한 것이라고 해석할 수 있다.

그녀의 고통과 절망은 일상적으로 주어져 있는 것들의 존재적 차원의 제한성을 더욱 폐쇄적으로 가두고 가속화시키는 데에 머무는 것이 아니라, 오히려 그 존재적 차원을 넘어서서 그녀 자신의 존재가 무화되는 데에 끊임없이 직면함으로써 존재론적인 의미를 깨닫는 첫걸음일 수도 있었다. 물론 빈스방거가 지적한 대로, 그녀는 시칠리아 여행 경험에서처럼 자신의 '세계-내-존재'에 대한 불안으로부터 그녀 자신의 무에 직면하는 데에 비본래적인 빠져듦의 방식으로 실존함으로써, 그녀의 세계기투가 더 이상 미래에로 향하지 못하고, 좌절된 채 폐쇄적인 시간성에 갇혀 버릴 수도 있었을 것이다. 그러나 그 사건 이후 그녀의 실존적 투쟁은 빈스방거의 해석에서처럼 그저 아무런 탈출구가 없는 쳇바퀴 속에 갇혀서 단지 필연적으로 비극에 이를 수밖에 없었을까? 그리하여 그녀가 자살을 선택하는 삶의 마지막 지점에 이르러서야 비로소 본래적 자기가 될 수 있었으며, 그녀가 결단을 내린 유일한 실존적 사건이 자살일까?

우리는 하이데거의 실존이해에 기반을 둔 통찰력에 힘입어 엘렌 베스트의 '실존'을 빈스방거와 달리 이해하고 해석해 볼 수 있다. 비록 그녀가 피투된 존재의 제한성으로부터 자신의 존재를 수용하고 긍정할 수 있는 용기가 꺾이고 부러져서, 그녀의 표현처럼 "땅 위를 기어 다니는 벌레"처럼 여겼을지라도, 그녀의 비본래적 실존이 이미 죽음에로의 길을 필연적으로 함축하고 있는 것이라고 결정론적으로 단정 지을 필요는 없다. 그녀가 다른 평균적인 사람들보다 더 심각하게, "더 많이 삶에 대면하여 고통스러워했다(mehr am Leben zu leiden)."(Holzhey-Kunz, 2003, p. 107)는 사실을 빈스방거처럼 병리적인 이론의 틀로 기술할 것이 아니라, 하이데거와 함께 그 안에 들어 있는 존재론적 가능성, 즉 평균적 실존적 삶을 넘어서고자 하는 실존론적 이행의 가능성으로 해석할 수도 있기 때문이다. 음식에 대한 아무런 의식 없이 먹고 사는 소위 '건강한' 일상인인 우리 자신들과 비교해 볼 때, 그러한 일상적이고 평균적인 삶을 힘들어했던 엘렌 베스트는 그 음식을 통해서 자신의 삶의 제한성까지 의식하고 그 안에서 자신의 무화에 대한 실존적 투쟁을 계속한 것일 수도 있다.

또한 "뚱뚱해지는 것과 늙어가는 것에 대항한 그녀의 투쟁이 인간 실존의 근본조건들에 대항하는 시시포스적 질주"(Holzhey-Kunz, 2003, p.105)이기는 했지만, 그녀의 운명은 그녀의 '세계기투'의 비정상적 구조에 병리적으로 묶여 있었다기보다는 페터 슬로터다이크(Peter Sloterdijk)의 표현처럼 "형이상학적인 면역결핍(metaphysische Immunschwäche)"(Sloterdijk, 1999, p. 588), 즉 일상인의 삶에 대한 면역이 결핍된 채 실존하고자 했던 몸부림 속에 놓여 있었다고 볼 수도 있다. 따라서 그녀가 건넨 세상과의 마지막 이별은 이미 그녀에게 전제된 선천적인 '세계기투'의 구조가 결정론적으로 실현되는 과정을 의미한다기보다는, 그녀가 삶 속에서 누구보다도 더 고통스럽게 실존적으로 투쟁을 하다가 함께 바라볼 수 있는 아무런 희망을 발견할 수 없게 되었기 때문에 스스로 자기 자신과 가까운 이웃의 손을 놓아 버린 것일 수 있다. 더 이상 견딜 수 없다고 여겨지는 자신의 존재조건에 대해 마지막으로 그 존재의 짐을 짊어질 수밖에 없었던 실존, 무력한 실존의 마지막 기투를 엘렌 베스트는 보여 주고 떠났다. 그러나 그녀의 마지막 인사와 함께 그녀의 생명의 불꽃이 꺼지자마자, 그녀의 비극적 죽음을 회상하며 오히려 그녀의 비극적 삶을 이해하고 나누고자 하는 새로운 불이 지펴지고 있다.

5. 엘렌 베스트의 비극적 실존에 대한 현존재분석을 넘어서서

　이번 장에서는 엘렌 베스트의 사례를 중심으로 빈스방거의 현존재분석이 지니고 있는 핵심내용들을 살펴본 뒤, 철학상담의 입장에서 그녀의 비극적 삶과 죽음을 새롭게 조망해 보았다. 빈스방거는 그의 현존재분석을 통해서 엘렌 베스트의 자살을 '비극적 실존'으로 규정한 바 있다. 현존재분석에 따르면, 그녀의 삶과 죽음에서 드러나는 '비극성'은 단순한 통증으로 환원될 수 없는 고통, 즉 삶의 총체적 국면으로서의 고통을 보여 준다. 따라서 빈스방거는 그녀의 고통과 비극성을 이해하기 위해서 그녀의 생애사와 병력의 긴밀한 연관성을 검토하고 난 뒤, '세계기투'라는 인간학적 개념을 통해서 그녀만의 개별적인 세계의 구조전체가 이미 손상되어 있었다고 해석했다. 즉, 엘렌 베스트는 무덤세계와 에테르의 세계로 양분된 균열 속에서 절망하고 고통스러워했으며, 결국 절망적 도주로서 자살을 감행함으로써 비본래적인 방식으로 자신의 '비극적 실존'을 완성했다는 것이다.

　이와 같이 빈스방거는 그의 현존재분석에서 엘렌 베스트의 현존재를 '비극적 실존'으로 규정함으로써 인간의 고통에 대한 총체적인 의미를 부여했다. 이처럼 그는 새로운 인간학적 이해를 제공함으로써 심리치료와 상담 전반에 새로운 방향전환을 마련했다. 따라서 우리는 그의 성과를 높이 평가하고 그의 문제의식과 방향전환에 충분히 동의하며 따라갈 수 있다.

　그러나 이번 장에서는 엘렌 베스트의 고통과 그녀의 '비극적 삶'

에 초점을 맞추고 이에 좀 더 가까이 다가서서 이해하기 위해 빈스방거의 '비극적 실존'이라는 규정을 그와는 다른 관점, 즉 철학상담의 관점에서 비판적으로 검토해 보았다. 그리하여 그의 '비극적 실존'이 전제로 하고 있는 '비극성'과 '실존'에 대한 새로운 철학적 통찰들을 토대로, 엘렌 베스트의 비극적 실존을 빈스방거와 달리 해석해 보았다. 먼저 니체 사상에 나타난 아폴로적인 것과 디오니소스적인 것의 구분과 양자의 긴밀한 상호성에 대한 이해를 바탕으로, '삶을 긍정하는 디오니소스적인 열정'을 통해서 엘렌 베스트의 '비극성'을 긍정적으로 이해했다. 나아가 '피투된 기투로서의 실존'에 대한 하이데거의 사상적 맥락으로부터 엘렌 베스트의 비극적 자살에 가려진 그녀의 '비극적 삶'에 대한 의미와 그 삶 안에서 그녀가 보여 준 '실존적 투쟁'의 면모를 새롭게 해석했다.

끝으로 엘렌 베스트의 비극적 삶을 돌아보며 다음과 같은 질문을 제기해고자 한다. 오늘날 그녀와 유사한 '비극적 실존'이 되풀이되지 않기 위해서 우리는 과연 무엇을 해야 할까? 무엇보다도 엘렌 베스트처럼 자살이라는 비극적 죽음으로 실존의 완성을 이룰 것이 아니라, 삶 안에서 스스로의 비극성을 이해하고 수용할 수 있도록 도와야 하지 않을까? 이번 장에서는 엘렌 베스트라는 구체적인 한 인간의 '비극적 실존'을 좀 더 심층적으로 이해하기 위한 첫걸음을 내딛는 데에 그쳤지만, 이러한 '비극적 실존'의 절망을 이전과 다르게 이끌어 줄 수 있는 지향점과 구체적인 치유방안에 대해서는 철학만의 빗장을 풀고 다시금 정신의학적 치료 및 심리상담과 적극적인 대화를 해나가야 할 것이다. 예를 들어서, 빈스방거가 말하는 '나-너'의 만남을 통한 관계성의 태도, '우리됨(Wirheit)'과 '사랑', 그리고 로저스가 말하는 '무조건적인 수용'과 '공감적 이해'에 대해서도 귀 기울여야 할 뿐 아니라, 이러한 상담 및 치료적 입장과 진지한 대화를 나누면서 그러한 상담 및 치료에 대한 또 다른 대안으로서의 철학상담은 무엇을 제시할 수 있는지에 대해 좀 더 진지하게 고민해 가야 할 것이다. 그리하여 철학상담은 기존의 정신의학이나 정신분석만으로는 도달할 수 없었던 인간이해, 혹은 각 심리치료나 상담에 바탕이 되는 철학적 통찰을 제공하도록 노력해야할 것이며, 이를 통해 기존의 치료 및 상담과 차별화를 시도해야 할 것이다. 그리하여 정신의학이나 심리치료에서의 난점과 끊임없이 대화함으로써 '인간다운 삶' '잘 삶'을 위한 상담의 철학적 차원을 새롭게 열어 나가야 할 것이다.

그러나 철학상담을 시작하는 가장 중요한 시발점은 구체적인 한 인간의 비극적 삶에서 나오는 소리를 귀 기울여 듣고, 그것으로부터 철학적 사유를 시작하는 데에 있다. 엘렌 베스트는 다음과 같이 말했다.

> 나는 유리공 안에 앉아 있다. 나는 유리벽을 통해서 사람들을 바라보는데, 그들의 목소리가 내게 희미하게 들린다. 나는 말없이 그들에게 도달하고 싶은 갈망에 휩싸인다. 나는 울부짖었지만, 그들은 그것을 듣지 않는다(West, 2007, p. 69).

철학상담자는 과연 그 유리공 안에 있는 엘렌 베스트의 울부짖음을 듣고 있는가?

제5장

인간중심치료와
철학상담[1]

1. 고통받는 '한' 여성을 위한 내담자중심치료적
   접근

'엘렌 베스트(Ellen West)'라는 가명의 실제 여성은 1887년 8월 독일 위버호수(Übersee) 지역의 유대인 가정에서 오빠와 남동생 사이에 태어났고, 1921년 스위스의 벨뷔 요양소에서 '단순 조현병(schizophrenia simplex)'이라는 진단을 받고 퇴원한 뒤 자택에서 자살했다. 이 사례는 기존의 정신의학적 치료와 초기 정신분석을 통해 치료하는 데에 실패한 사례이자, '현존재분석(Daseinanalyse)'이

---

1) 이 장의 초고는 2012년 정부(교육과학기술부)의 재원으로 한국연구재단의 지원을 받아 수행된 연구 [NRF-2012-S1A5A8-024476]이며, 이 장은 "노성숙(2013). 여성내담자중심치료를 위한 철학상담적 인간이해: 정신분열증 여성환자 엘렌 베스트 사례를 중심으로. 한국여성철학, 20, 143-180"을 토대로 수정, 보완을 거쳐 수록한 것이다.

라는 새로운 치료의 패러다임을 잉태하도록 한 것으로 유명하다. 빈스방거는 그녀가 죽고 나서 20년이 지난 후, 그녀의 사례를 다시 분석하면서 기존의 정신의학 치료에서 자신이 사용했던 임상적 접근에 전제되어 있는 인간이해에 대한 패러다임이 바뀌어야 함을 역설하고, 하이데거의 현존재분석론에 입각하여 새로운 치료적 접근을 세상에 내놓았다.[2] 이와 같이 볼 때, 엘렌 베스트 환자의 사례는 실제 정신의학과적 치료에서는 실패했지만, 브로이어에게 안나 O 사례, 프로이트의 정신분석에서 도라의 사례만큼이나 현존재 분석에서 매우 각별한 의미를 지녔다고 할 수 있다. 미국에서 정신분석가로 활동하다가 실존주의 심리학을 창시한 메이도 엘렌 베스트의 사례에 큰 관심을 가졌으며(May, 1983, pp. 41-42), 1958년 가을에 심포지엄을 열어 인간중심치료이자 내담자중심치료의 대표자로 불리는 로저스와 함께 이 사례를 집중적으로 탐구한 바 있다.

이러한 논의의 맥락과 연관해서 이번 장에서 필자는 엘렌 베스트처럼 고통받는 여성을 위한 현존재분석이나 인간중심치료를 위해서는 더욱 근원적인 차원을 파고들어 가서 그 구체적인 한 내담자 여성에 대한 철학적 인간이해가 전제되어야 한다는 비판적 문제의식에서 출발한다. 그리하여 한편으로 남성중심적 치료체제와 임상적 접근에서 엘렌 베스트라는 여성 환자가 어떤 진단들을 받았으며, 어떻게 치료 불가능한 환자의 한 사례로 다루어졌는지

---

2) 빈스방거가 '현존재분석'을 이론적으로 정립한 반면, 그를 이어받아 보스는 현존재분석이야말로 정신분석을 완성시킬 수 있는 치료적 접근이라는 점을 자신의 임상을 통해 실천적으로 제시했다. 보스에 따르면, "정신분석 치료와 현존재분석의 본질적인 조화는 특히 인간의 자유에 대한 공통적인 기초 개념에서 분명하게 나타난다"(Boss, 2003, p. 132). 하이데거의 현존재분석론과 이들의 현존재분석의 연관성에 대해서는 손영삼(2006), 현존재분석과 실존치료의 연관성에 대해서는 손영삼(2010) 참조.

를 비판적으로 고찰하고자 한다. 또 다른 한편으로 고통받는 '한 여성'인 엘렌 베스트의 내러티브를 어떻게 해체적으로 읽고 새롭게 해석할 것인지를 철학상담의 입장에서 대안적 치유가능성을 모색하는 가운데 고민하고자 한다. 여성주의 상담이 여성의 문제를 주로 사회구조적인 측면에서 접근하는 반면에, 이번 장에서 논의되는 여성주의 철학상담은 여성주의 문제의식을 견지하면서도 이와 동시에 여성 개인의 독특함에 대한 존중을 실천하려는 한 시도, 즉 '철학실천으로서의 철학상담'[3]의 한 시도라고 할 수 있다.

우선 2절에서는 엘렌 베스트를 치료했던 남성 의사 및 치료자들의 임상에서 드러난 병리학적 진단을 중심으로 엘렌 베스트라는 한 여성 환자의 사례를 소개해 볼 것이다. 특히 그녀가 겪었던 병력에서 드러나는 진단들, 즉 거식증, 우울증, 강박적 신경증, 조현병을 통해서 환자로서 그녀의 사례가 어떻게 기술되고 의학적 차원에서 재구성되었는지를 밝혀 보고자 한다. 나아가 3절에서는 인간중심치료의 창시자이자 내담자중심치료의 선구자로 꼽히는 로저스의 입장에서 엘렌 베스트의 사례에 대해 비판적으로 독해해 보고자 한다. 끝으로 4절에서는 엘렌 베스트 자신의 시와 일기 등의 텍스트에 의거하여, 구체적인 한 여성이 실존적 존재로서 경험했던 바와 더불어 그녀의 글쓰기 작업이 지닌 철학상담적 의미를 살펴볼 것이다. 그리하여 개별여성중심의 상담 및 심리치료가 되기 위해 전제되어야 하는 철학상담적 인간이해란 과연 무엇인지를 밝혀보고자 한다.

---

3) 오늘날 새롭게 대두된 철학상담에 대한 폭넓은 배경에 대해서는 노성숙(2010), 철학상담과 여성주의 상담의 긴밀한 연관성에 대해서는 이 책의 제3장 참조.

2. 여성 환자 엘렌 베스트에 대한 남성 치료자들의 병리학적 진단들

이번 절에서는 엘렌 베스트라는 여성 환자의 사례를 임상적 차원에서 재구성하여 소개하고자 한다. 진단명에 따라서 환자를 기술하는 것은 비단 의사만이 아니라 많은 사람들이 객관적으로 환자를 설명하는 보편적인 방식이며, 오늘날까지도 의사가 환자를 다루거나 상담자가 내담자를 대하는 주요 관점과 태도를 정하는 주도적인 방식이라고 할 수 있다. 따라서 엘렌 베스트라는 한 여성 환자가 오랜 지병으로 앓았던 거식증의 진행 과정과 그녀가 집중적으로 치료와 분석을 받았던 1920년부터 1921년에 이르는 생애의 마지막 경험들을 그녀에게 내려진 진단명에 따라 기술해 보고자 한다.[4]

1) 젊은 여성 엘렌 베스트의 거식증 앓이

엘렌 베스트는 오늘날에는 거식증으로 널리 알려진, 즉 '신경성 식욕부진(anorexia nervosa)'이라고 불리는 섭식장애에 오랫동안 시달렸다. 빈스방거의 표현에 따르면, 그녀는 어릴 적에 까다로운 아이였다. 즉, "고집이 세고, 완고하며, 욕심도 많고, 격정적이었으며" (Binswanger, 1944b, p. 71), 사내아이 같았고 실제로 남자가 되고 싶어 했다. 이처럼 매우 활기차고 열정적인 성격의 그녀에게 거식증

---

4) 빈스방거의 병력사를 중심으로 한 엘렌 베스트 사례의 요약은 이 책 제4장 2절 참조.

의 시발점이 된 시기는 18세가 되었던 1905년 파리여행을 다녀온 직후부터였다. 엘렌 베스트는 친구들로부터 자신이 뚱뚱하다고 지적받고 나서, 그녀가 보았던 다른 여자 친구들처럼, "부드럽고, 에테르적인(zart und ätherisch)"(Binswanger, 1944b, p. 71) 여성이 되고 싶다는 원의를 지니게 되었고, 먹지 않음으로써 자신의 육체를 조절하려는 시도를 시작하게 되었다.

1907년 20세가 된 엘렌 베스트는 그 당시 아팠던 오빠를 돕기 위해 자신의 고향인 위버호수를 방문했다. 그런데 그녀는 그 당시 그곳 출신의 남성과 급속도로 가까워졌으며 사랑에 빠졌고 약혼까지 했지만, 아버지의 반대로 인해 파혼했다. 그러고 나서 그 이듬해인 1908년 초 그녀는 시칠리아섬으로 여행을 가게 되는데, 통통하게 살이 찐 그녀를 여자 친구들이 놀린 것이 계기가 되어 그녀는 철저하게 살을 빼려는 시도(radikale Abmagerung)를 감행했다. 모든 단 음식과 살찌는 음식들을 거부하고, 저녁을 먹지 않았으며, 긴 산책이나 육체의 움직임을 통해서 지방이 자신의 육체에 남아 있지 않도록 애쓰면서 공복감을 이겨내고자 온갖 노력을 기울였다. 1910년 21세의 엘렌 베스트는 말타기를 배웠는데, 그 과정에서 말타기 선생과 잠시 연애를 했다가 또다시 곧바로 심한 거식증에 시달렸다. 뚱뚱해지는 것에 대한 불안감이 점점 더 커졌고, 몸무게를 조절하려는 강박과 함께 단 음식을 먹고 싶어 하는 욕구 사이에서의 갈등이 더욱 깊어졌다.

1911년 22세의 나이로 엘렌 베스트는 자신의 생애에서 가장 행복했던 경험이라고 회상하는 '구스타프 비(Gustav B)'라는 가명의 뮌헨대 남학생과 깊은 사랑에 빠졌다. 그녀는 두 번째로 약혼을 감행했지만, 그녀의 부모는 또다시 파혼하기를 요구했다. 그 이후 감당할 수 없을 정도의 식욕으로 살이 찌자, 비만증 치료를 위한 요양 (Entfettungskur)을 떠나게 되었고, 남프랑스에서 집중적으로 체중 감량을 시도했다. 1912년 가을에 자신의 고향인 위버호수를 여행하면서 갑상선항진증을 앓았으며, 1913년 다시 집에 돌아왔을 때는 자신이 상상할 수 없을 정도로 살이 쪘고, 이에 대해 스스로 매우 불행하게 생각하다가, 결국 24세의 나이에 부모의 요구대로 자신이 사랑했던 대학생 구스타프와 파혼을 했다.

그런데 그와의 약혼기간 동안, 엘렌 베스트는 어린 시절부터 가깝게 지내왔고 부모님이 호감을 지니고 있던 사촌 칼(Karl)과 가까워졌으며, 급기야 칼의 청혼까지 받게 되었다. 1914년 봄에 그녀는 칼과 결혼하려는 계획을 세웠지만 결혼식을 연기했다. 세계대전이 발발하자 엘렌 베스트는 자원해서 전쟁의무병으로 참여했으며 이전의 애인이었던 구스타프와 칼 사이에서 다시 방황을 하기도 했다. 마침내 1916년 1월, 28세의 엘렌 베스트는 구스타프와 최종적으로 헤어지고 난 뒤 그해 5월 칼과 결혼했다. 결혼식 당시에는 약 64kg으로 살이 쪘다가 신혼여행에서 급격히 체중이 감소했다. 결혼한 지 석 달 후 심각한 하혈과 함께 유산했고, 그 이후부터는 60~70알 정도의 설사약을 때때로 복용하면서 38kg으로 감량했다. 그 이후 엘렌 베스트의 거식증은 점차 더욱 심해졌는데, 모든 음식을 칼로리로 계산하고 식단에도 민감해졌으며, 자신의 육체가 마르기만을 고집하면서도 먹고 싶은 욕구 때문에 매우 고통스러워했다.

2) 엘렌 베스트에 대한 정신분석과 정신의학적 치료: 우울증, 강박적 신경증, 조현병

엘렌 베스트는 거식증이 재차 심각해지자, 뮌 헨에서 두 차례의 정신분석과 벨뷔 요양소에서 마지막 정신의학적 치료를 받았다. 1920년 2월 부터 8월까지는 빅토르 에밀 폰 겝자텔(Viktor Emil von Gebsattel), 그해 10월 초부터 12월까지는 한 스 폰 하팅베르크(Hans von Hattingberg), 1921년 1월부터 3월 말까지는 빈스방거가 그녀의 치료를 맡았다. 첫 번째 정신의학적 치료를 시도했던 겝

겝자텔

자텔[5]은 빈스방거의 표현에 따르면, "섬세하고, 프로이트를 완전 히 추종하지는 않는, 젊은 정신분석가"(Binswanger, 1943, p. 264)였 다. 훗날 엘렌 베스트는 이 분석가가 "자신에 대해 인식(Erkenntnis) 을 제공하긴 했지만, 치유(Heilung)를 한 것은 아니다."(Binswanger, 1943, p. 264)고 회상했다. 첫 번째 정신분석을 받는 과정에서 그녀 의 상태는 오히려 더욱 나빠졌으며, 거식증과 불안은 좀 더 심각한 상태로 치달았다. 그로 인해 그녀의 첫 번째 정신분석가였던 겝자 텔도 역시 개인적으로 커다란 혼란에 빠졌다. 빈스방거에 따르면, 그 당시 그녀의 문제는 "그녀가 생각하고 인식할 수는 있지만, 전이 감정을 느끼지 못하고, 그녀는 자신의 갈망들과 감정의 동요들을 품고 있을 수 없는"(Hirschmüller, 2003, p. 16) 데에 있었다. 겝자텔

---

5) 겝자텔은 베르그송, 딜타이, 쉘러 등의 철학을 먼저 공부한 뒤에 의학공부를 시작했다. 철 학, 미학 등에 관심이 많았고, 훗날 정신분석적 심리치료를 그리스도교와 통합하고자 노력 했다(Scheible, 2003, pp. 171-178).

과의 정신분석이 6개월을 경과하는 시점에서, 엘렌 베스트는 외적인 다른 이유를 핑계로 그 분석을 그만두었다.

그리고 나서 엘렌 베스트는 부모님의 집으로 돌아와서 3주 정도를 보냈는데, 조금 나아지는가 싶다가 온종일 불안에서 헤어나지 못했고, 안정을 찾지 못했다. 그리하여 하팅베르크라는 뮌헨의 신경과 의사로부터 다시 정신분석을 받았다. 그런데 이 "두 번째 분석은 첫 분석보다 더 정통적인 분석에 가까웠다"(Binswanger, 1943, p. 266). 이 분석가는 프로이트의 모범에 따라 엘렌 베스트의 상태를 분석하고자 시도했으며, 그녀의 거식증이 '항문에로틱(Analerotik)'에 사로잡혀 있는 것이라고 설명했다. 그러나 엘렌 베스트는 그 설명을 정서적으로 통합하여 받아들일 수 없었다(Hirschmüller, 2003, p. 61). 한편 이 분석가는 그녀의 남편이 그녀 곁에 있지 못하도록 강제로 떠나보냈다. 그 이틀 후인 10월 8일 엘렌 베스트는 56알의 솜나세틴(Somnacetin)을 먹고 자살을 시도했다. 그런데도 하팅베르크는 이 사건을 별반 심각하게 받아들이지 않은 채 분석을 계속했다. 그러자 그녀의 상태는 넋을 놓고 마구 울면서 거리를 이리저리 뛰어다닐 정도로 눈에 띄게 나빠졌다.

그녀 자신의 표현에 따르면, 11월 중순까지의 바로 이 몇 주간이 그녀의 "삶에서 가장 끔찍한" 시간이었고, 꿈에서조차 먹는 것에만 몰두했다. 한편 그녀의 남편은 10월 16일에서 24일까지, 그리고 11월 6일에 그녀 곁에 머물렀는데, 그다음 날인 11월 7일에 그녀는 다시 20알의 솜나세틴을 복용함으로써 두 번째 자살시도를 감행했다. 11월 8일 분석가는 그녀의 상태를 "히스테리적인 혼수상태(hysterischer Dämmerzustand)"라고 명명했다(Binswanger, 1943, p. 266). 그녀는 하루 종일 울고 흐느꼈으며 먹는 것을 거부했다. 급기야 길거리로 뛰쳐나가 자동차에 뛰어들려고 하거나, 분석가와 함께 있으면서도 창문에서 뛰어내리려는 시도를 했다. 결국 11월 12일 그녀는 뮌헨의 내과병원에 입원했고, 거기서도 하팅베르크의 분석을 계속 받았다.

엘렌 베스트는 두 번째 정신분석 또한 첫 번째 분석과 다를 바가 없다고 여겼다. 왜냐하면 그녀에게 분석은 생각과 이론적인 차원에만 머물렀을 뿐, 그 과정에서 그녀는 아무런 느낌을 받을 수 없었기 때문이다. 입원 기간에도 이 여성 환자의 체중감량은 계속되었고 12월 초 당시 고문의사(Konsiliarius)였던 에밀 크레펠린(Emil Kraepelin)은 그녀에게 '우울증(Melancholie)'이라는 진단을 내렸다. 내과 의사와 정신과 의사들은 그녀가 더 입원해서 치료받기를 권했고, 하팅베르크는 퇴원해서 자신에게 정신분석을 계속 받을 것을 권고했다. 나중에 밝혀진 바에 따르면, 하팅베르크는 이 여성 환자가 '조울증적인 동요를 수반한 심한 강박적 신경증(eine schwere Zwangsneurose, kombiniert mit manischdepressiven Schwankungen)'을 앓고 있다고 기술했는데, 그는 자신과의 정신분석을 통해서 그녀가 치유될 수 있다고 확신했었다.

뮌헨 병원 의사들의 의견 차이로 인해 여성 환자 엘렌 베스트는 매우 불편해지고 말았으며, 결국 크리스마스 휴일을 계기로 두 번째 정신분석도 중단했다. 그러던 중, 그녀는 1921년 1월 초 뮌헨 병원의 한 내과의사의 충고에 따라 빈스방거를 소개받았고, 1월 중순에 남편과 함께 벨뷔 요양소에 당도했다. 그곳에서 그녀는 남편 칼과 함께 약 2달 반가량을 머물렀다. 처음 벨뷔 요양소에 왔을 때, 이 여성 환자는 53kg이었으며, 3주 동안은 같은 체중을 유지했다. 그러나 이후에 그녀는 정기적으로 체중을 측정하지는 않았지만,

벨뷔 요양소

마지막으로 잰 3월 24일자 기록에는 6kg을 감량한 것으로 씌어 있었다(Hirschmüller, 2003, p. 18).

벨뷔 요양소에서 엘렌 베스트는 두 번째로 받았던 정신분석의 후유증이 커서 다시 정신분석을 시도하는 것에 대해 강력하게 반대했다. 주치의인 빈스방거는 이 여성 환자에게 되도록 많은 휴식과 안정을 취하도록 했으며, 그녀만이 아니라 특히 그녀의 남편 칼과도 친밀한 인간관계를 유지하면서 많은 대화를 나누었다. 빈스방거는 그녀와 그녀 남편의 기억을 되도록 많이 되살려서 함께 작업했으며, 이와 동시에 벨뷔 요양소에 오기까지 환자가 진단받은 병력들을 철저히 검토함으로써 그녀에게 명확한 진단을 내려 주고자 시도했다. 빈스방거의 요구에 따라서, 환자의 남편인 칼은 이 여성 환자에게서 '자살'의 테마가 일생 동안 어떻게 진전되어 왔는지를 검토했는데, 이 환자가 어린 시절부터 계속해서 죽고 싶어 하는 원의를 꾸준히 가져왔으며 일기와 시 등을 통해서 표현해 왔다는 사실을 총괄적으로 이끌어 냈다(Binswanger, 1943, p. 275). 그런데 이와 같이 빈스방거와 남편이 함께 열심히 노력을 기울이고 있는 동안에도 이미 이 여성 환자의 상태는 점점 악화되었으며, 그녀의 자살위협은 더욱 심각해지고 있었다.

마침내 빈스방거는 스위스의 오이겐 블로일러(Eugen Bleuler)와 독일 프라이부르크에서 온 알프레드 호헤(Alfred Hoche)에게 공동진찰(Konzilium)을 요청했다. 1921년 3월 24일에 개최된 공동진찰에 앞서서 빈스방거는 다른 의사들에게 이 환자의 전사(前史)에 대해 다음과 같이 상세히 설명했다.

> 증가하고 있는 자살위험에 직면해서 환자가 개방된 구역에서 계속 체류하는 것은 책임질 수 없었습니다. 그래서 저는 그녀의 남편에게 그녀를 폐쇄된 구역으로 보내는 것을 수락하든지 아니면 그녀와 함께 이곳을 떠나든지, 양자택일을 제시해야만 했습니다. 매우 이해심이 많은 그녀의 남편은 이 사실을 충분하게 인지했습니다. 그러나 그는 단지 자신의 부인이 치유된다거나 적어도 전폭적으로 호전된다는 것이 확약될 수 있다는 전제하에서만 전자를 수락할 수 있다는 의사를 표명했습니다. 저는 병력검토와 그간의 관찰을 통해서 점진적으로 드러나는 조현병적인 정신병(단순 조현병, schizophrenia simplex)라고 진단을 내려야 했기 때문에, 그 남편에게 전망을 거의 줄 수 없었습니다. …… 이곳을 떠난다는 것이 분명 자살을 의미했기 때문에, 저는 그 남편의 책임이라는 면을 고려해서, 물론 제가 그 사태에 대해 확신했음에도, 그것이 제 판단에만 의존하는 것이 아니라 세 명의 공동진찰, 즉 한편으로 블로일러 교수님, 다른 한편으로 크레펠린-블로일러의 조현병 이론으로부터 거리를 취하고 있는 또 한 명의 외국인 정신과 의사로 구성된 공동진찰을 권고해야만 했습니다(Binswanger, 1943, p. 276).

빈스방거가 공동진찰을 실시한 결과, 다른 두 저명한 의사들도 '조현병'이라는 빈스방거의 진단에 동의했다. 결국 입원치료가 그녀에게 별반 소용이 없다는 사실도 명백히 드러났다. 그런데 여기서 흥미로운 점은 '조현병' 전문가였던 블로일러가 빈스방거의 '조현병'이라는 진단에 의심의 여지도 없이 동의했던 반면, 또 한 명의 정신과 의사였던 호헤는 이 여성 환자의 경우 '점진적으로 발전되는 정신병리적인 체질'이라는 소견을 제시했다는 것이다. 호헤가 보기에, 지성의 손상이 있을 경우에만 '조현병'이라고 할 수 있는데, 이 여성 환자는 거기에 해당되지 않았기 때문이다. 이와 같이 약간의 의견 차이는 있었지만, 세 명의 의사들은 이 여성 환자의 병은 이전에 내려진 진단에서처럼 "강박적 신경증이나 조울증적인 정신병은 아니며(kein Zwangsneurose und kein manisch-depressives Irresein), 어떠한 확실한 치료도 불가능하다."(Binswanger, 1943, p. 277)는 데에 동의했으며, 그에 따라 퇴원을 원하는 환자의 청을 들어주기로 결론지었다.

그리하여 이 여성 환자는 결국 3월 30일 벨뷔 병원에서 퇴원했다. 그 이후, 빈스방거는 이 환자의 남편이 보내온 편지에 의거해서, 그녀가 집에 도착한 지 3일 후 치명적인 약물을 복용하고 자살했다고 적었다. '죽어 있는 그녀는 결코 삶 속에서는 볼 수 없었던, 고요하고, 행복하며, 평화로운 모습이었다.'는 그녀 남편의 말을 인용하면서, 빈스방거는 자신이 치료하지 못했던 엘렌 베스트라는 여성 환자의 사례보고서를 마감했다.

3. 엘렌 베스트 사례에 대한 로저스의 인간중심치료

매우 전문적이고 정상적으로 끝이 난 듯이 보이는 빈스방거의 보고서를 읽고 로저스는 크게 분노했으며, 이 사례에 드러난 빈스방거와 이전 치료자들의 치료방식과 태도를 비판하면서 그와 전혀 다른 입장을 내놓았다. 이번 절에서는 로저스가 '소외'라는 주제를 중심으로 엘렌 베스트의 사례를 어떻게 다르게 이해했는지를 알아본 뒤, 그가 엘렌 베스트에 대한 이전의 치료적 접근들에서 무엇을 비판하고 있으며, 인간중심치료의 입장에서 엘렌 베스트라는 내담자에게 가상의 상담을 통해 어떻게 접근하는지를 고찰하고자 한다.

1) 엘렌 베스트 생애의 주요 사건들에 드러난 소외경험

로저스는 현대인들이 근본적인 소외감, 즉 자기소외와 다른 사람들로부터의 소외를 경험하고 있다고 주장했다. 여기서 전자는 자신의 깊은 내면으로부터의 소외를 말하는데, 로저스는 이를 '자기 자신으로부터의 소외, 유기체로서 자신의 경험으로부터의 소외'라고 명명한다. 이와 같이 소외된 유기체는 이러한 분리를 통해서 의식적으로 지각된 자기로 하여금 다른 의미, 즉 신체를 거부하는 의미를 받아들이도록 한다. 그런데 이는 다른 사람들의 사랑과 수용을 얻기 위한 방법이기도 하고, 자기 자신과 자유로운 의사소통을 할 수 있는 능력이 없기 때문이기도 하다(Rogers, 2007, pp. 180-181). 두 번째로 로저스가 말하는 소외감은 우리 자신이 진정으로 경험하는 것을 '의사소통을 통해서 다른 사람에게 전달할 수 있는 관계의 결여', 어느 누구와의 진정한 접촉의 결여에 있다(Rogers, 2007, p. 181). 자신이 어떠한 분리, 즉 자신이 인식하고 있는 것과 뭔가 깊숙한 분리를 경험하더라도 그 경험을 누군가와 진정으로 접촉해서 나눌 수 있다면 소외감은 감소될 수 있다.

로저스는 이러한 현대인의 소외를 극단적으로 경험한 대표적인 사례로 엘렌 베스트를 들었다. 그는 마지막 주치의였던 빈스방거의 보고서를 검토한 후, 엘렌 베스트 생애의 주요 사건들을 중심으로, 그녀가 경험한 소외를 밝혀내었다. 첫 번째로 그가 주목한 것은 20세의 파혼 사건인데, 로저스는 이 사건에서 엘렌 베스트가 "자기 자신으로부터 중대한 분리"(Rogers, 2007, p. 183)를 경험했다고 여겼다. 그 당시 그녀는 오빠의 병간호차 들른 자신의 고향 위버호수에서 한 남성과 사랑에 빠져 약혼했다가, 아버지의 반대로 파혼을 했다. 그런데 로저스는 이 사건에서 그녀의 상태를 좀 더 찬찬히 들여다보고 이해해야 한다고 주장했다. 아마도 그 당시 엘렌 베스트는 자신이 경험한 사랑의 감정을 신뢰해 보지도 못한 채, 아버지의 감정을 별다른 저항도 없이 내사함으로써 아버지의 사랑을 잃지 않고자 노력했을 것이기 때문이다. 그 당시 그녀의 주요 증상을 살펴보자면, 너무 많이 먹고 살이 찌는 것이었는데, 이 역시도 친구들의 지적을 받고 나서야 곧바로 살을 빼고자 시도했다. 이와 같이 엘렌 베스트는 자신의 충동을 불신하고, 결국엔 자신의 삶을 다른 사람들의 기대에 부응해야 하는 것으로 만들고 말았다. 그때 그녀는 살찌는 것에 대한 공포까지 지니고 있었는데, 그 원인이 자기 안에 있는 '악한 영'으로 인한 것이라고 여겼기 때문이었다. 그러나 로저스가 볼 때, 그녀를 괴롭힌 것은 제대로 수용되지도 못한 채 부인된 자신의 감정이었다. 이 사건으로 인해 그녀는 "자율성이 있는 존재로서 자기 자신에 대해서 가지고 있어야 할 자신감을 심하게 파괴"(Rogers, 2007, p. 184)당하고 말았으며, 그 이후 점차 불안정한 생활을 하게 됨과 동시에 체중에 대한 과한 염려를 지니게 되었다.

두 번째로 로저스는 24세에 경험한 파혼으로 인해 엘렌 베스트가 자기 자신에 대해 자신감을 완전히 잃게 되었다고 보았다. 그녀는 뮌헨의 한 대학생과 약혼했다가 부모의 요구로 파혼하게 되는데, 이 사건은 그녀로 하여금 다시금 "자기 자신의 경험을 불신하고 경멸하며 자신의 부모의 감정을 내사"하고, 그녀의 삶의 근간이 되는 "자신에 대한 신뢰를 완전히 포기"(Rogers, 2007, p. 184)하도록 했다. 그녀는 자기 스스로의 세계에서 경험한 것, 자신만의 깊은 감정을 지켜내기 위해 반항할 힘을 지니지 못했고, 대신에 "끔찍한 우울과 자기 몸에 대한 증오"(Rogers, 2007, p. 185)를 키우게 되었으며, 그녀의 몸은 가장 믿을 수 없는 기관으로 전락하고 말았다. 그녀가 자신에 대해 얼마나 많이 포기했는지는 그녀가 살을 빼기 위해 얼마나 철저하게 매달렸는지의 과정을 통해서도 드러난다.

로저스는 세 번째 주요 사건으로 엘렌 베스트가 28세가 되어 부모가 승낙한 사촌오빠와 결혼한 것에도 주의를 기울였다. 결혼 전 2년여 동안 그녀는 부모가 반대했음에도 불구하고 자신이 사랑했던 대학생과 사촌오빠인 칼 사이에서 갈등을 겪었다. 로저스는 그녀가 애인과 이별하고 사촌오빠와 결혼한 것이 결국은 그녀의 심리적인 삶을 매우 위태롭게 만들었다고 보았다. 왜냐하면 사촌에 대해 차가운 감정을 느꼈음에도 불구하고, 그와 달리 엘렌 베스트는 자기가 느껴야 한다고 여겼던, 즉 그 주변 환경으로부터 공인된 감정들을 느껴야만 했기 때문이다. 로저스에 따르면, 이 결혼으로 인해 엘렌 베스트는 자신이 사랑한 대학생을 선택했을 경우 성장시킬 수 있었던 자율적 자아의 가능성을 상실하고 말았으며, 그녀가 사촌을 선택함으로써 "안전하고 공인된 가식적 삶"(Rogers, 2007, p. 186)을 살게 되면서, 최소한의 자기 자신에 대한 신뢰까지도 포기하고 말았다.

2) 엘렌 베스트를 치료했던 접근들에 대한 로저스의 분노와 비판

로저스는 엘렌 베스트의 삶에서 주목할 만한 사건들을 중심으로 그녀의 소외경험을 조목조목 설명한 뒤, 그녀가 생애의 마지막 1년 여 동안 경험한 여러 치료들을 비판적으로 분석했다. 엘렌 베스트가 첫 번째의 정신분석을 받을 당시, 32세의 그녀는 자신이 마른 몸이 되어야 한다는 생각에 온통 사로잡혀서 지속적으로 굶거나 다량의 설사약을 복용하곤 했다. 이는 그녀가 정신분석으로부터 별다른 도움을 받지 못했다는 것을 분명하게 드러낸다. 즉, 그녀의 말대로 분석은 이론적인 차원에만 머물 뿐, 결국 그녀에게 아무런 치료도 해 주지 못할 거라는 더욱 깊은 좌절감만을 안겨 주었다. 그 당시 엘렌 베스트는 남편에게 보낸 편지에서 자신이 결혼을 결정하게 되었던 상황을 회고하면서, 그 결정은 자신의 이상형이었던 대학생을 포기하고 억지로 받아들여야 했던 삶의 결정이었다고 솔직하게 기술했다. 그런데 이에 대해 로저스는 그녀가 다른 사람들이 자기에게 원하는 감정을 가지려 온갖 노력을 기울인 것처럼 보이지만, 사실상 이는 그녀가 스스로를 더욱 몰아세운 것에 불과했다고 보았다. 더욱이 이 시점부터 계속해서 "그녀 자신 안의 불화는 더 많은 불화와 더 많은 다른 사람으로부터의 소외감"(Rogers, 2007, p.

186)을 낮게 만들었다.

또한 로저스는 엘렌 베스트가 두 번째 정신분석가의 분석을 받으면서 자살시도를 했던 것은 전혀 놀랄 일이 아니라고 주장했다. 왜냐하면 아버지와 같은 이 분석가는 그녀와 그녀의 남편이 같이 있고 싶어 했음에도 남편을 돌려보냄으로써 그녀에게 조금이나마 남아 있던 자신감을 완전히 파괴하고 말았기 때문이다. 그러고 나서 엘렌 베스트에게서 소외는 더욱 심각해졌고, 상황은 더욱 비극적으로 전개되었으며, 결국 그녀는 남편과 함께 빈스방거의 요양소를 방문하기에 이르렀다.

빈스방거의 보고서를 토대로, 로저스는 그녀 삶의 마지막 기간 동안 그녀에게 내려진 진단들도 재검토했다. 크레펠린은 그녀를 '우울증', 두 번째 분석가는 '조울증을 수반한 심각한 강박적 신경증', 블로일러와 빈스방거는 '단순 조현병', 공동진찰에 임한 고문의사는 '점진적으로 발전되는 정신병리적인 체질'이라고 진단을 내린 바 있다. 이러한 진단들 모두에 대해 로저스는 크게 분노했다. 왜냐하면, "이 모든 '진단들'을 통해 볼 때, 의사들이 그녀를 사람으로 다루고 있다고 생각할 만한 흔적을 전혀 찾아볼 수가 없다!"(Rogers, 2007, p. 187)고 여겼기 때문이다. 로저스에 따르면, 그 당시 엘렌 베스트는 자신의 본성과 싸우며 완전히 파멸해 가고 있었으며, "유기체로서의 그녀는 건강하고 힘이 세기를 원했지만 내사된 '나'—다른 사람을 기쁘게 하기 위해 취한 거짓 자기—는 그녀가 말한 것처럼 마르고 '지적인 모습'이었다"(Rogers, 2007, p. 188).

이와 같이 그녀의 생애의 주요 사건들과 그녀를 둘러싼 진단들을 검토한 후에, 로저스는 다음과 같이 매우 핵심적인 질문을 던졌다. 엘렌 베스트의 삶에서 도대체 무엇이 그렇게 잘못되었을까? 로저스에 따르면, 엘렌 베스트는 자기 생애의 몇몇 중요한 국면에서 자신의 경험을 점차 신뢰하지 않게 되었다. 즉, 그녀가 실제 자신이 느끼는 것을 느끼지 않고 느껴야만 하는 것을 느끼도록 자기를 파괴적으로 형성해 가면서, 부모의 것을 내사하고 자기 자신이기를 점점 더 포기하게 되었다. 따라서 자율적인 유기체로서의 자신에 대한 신뢰를 잃어버리고 자신으로부터 완전히 분리되어서 극도의 외로움을 느끼게 된 것이다.

로저스는 거듭해서 그녀가 받은 치료 전반에 대해서도 매우 도전적인 질문을 제기했다. 그녀에 대한 치료들에서 잘못된 점은 무엇이며, 왜 그 치료들이 그렇게 완벽하게 실패했을까? 로저스에 따르면, 그녀에 대한 치료에서 가장 큰 약점은 "아무도 그녀를 존중받을 만하고 자율적으로 선택할 수 있으며 내면의 경험이라는 의지할 만하고 믿을 만한 진귀한 자원을 가지고 있는 한 사람으로 여기며 관계하지 않았다는 것이다"(Rogers, 2007, p. 189). 치료과정에서 그녀는 하나의 대상으로만 다루어졌다. 로저스는 정신분석가들이 오히려 그녀로 하여금 자신의 감정을 진정으로 경험하지 못하도록 했으며, 전문가들이 제시한 것을 그녀가 믿고 따르도록 만들었다고 비판했다. 결국 이러한 분석과정에서조차도 그 이전에 그녀를 이미 소외시켜 왔던 패턴이 반복되고 말았던 것이다.

나아가 로저스에 따르면, 그녀에 대한 의사들의 여러 진단, 즉 우울증, 강박적 신경증 그리고 최종 진단―그녀가 자살 충동을 강하게 느끼고 있으며, 조현병에 걸려 있고, 치료될 가망이 없기 때문에 그녀의 원의대로 그녀를 퇴원시키자는 것―에 이르기까지, 이러한 치료적 접근들은 모두 그녀에게 아무 도움이 되지 않았다. 또한 그녀의 옆에 있었던 부모, 분석가, 의사, 그 모두가 그녀를 한 인간으

로 존중해 주지 않았다. "그들은 그녀를 인생에 직면하는 능력이 있
는 사람으로, 신뢰할 만한 경험을 하고 있는 사람으로, 수용할 만한
가치가 있는 내면의 감정을 가지고 있는 사람으로 다루지 않았다."
(Rogers, 2007, p. 190)

이로써 로저스가 엘렌 베스트의 사례로부터 자신이 얻은 교훈
은, "진단하거나 분석하거나 사례 기록을 통해 비인간적으로 지각
하는 식으로 사람을 대상으로 만드는 것은 모든 점에서 치료의 목
표를 가로막는다."(Rogers, 2007, p. 194)는 것이었다. 신체적인 질
병을 효과적으로 치료하기 위해서는 사람을 대상으로 만드는 것이
필요할지 모르지만, 심리적인 병은 결코 대상화해서 치료할 수 없기 때
문이다.

3) 엘렌 베스트의 소외극복을 위한 인간중심치료

로저스는 한편으로 엘렌 베스트에 대한 이전의 치료적 접근을
매우 비판적으로 성찰하면서, 다른 한편으로 그녀가 소외를 극복
할 수 있는 가상의 상담과정도 적극적으로 제시했다. 그는 그녀가
비극적으로 죽어간 것에 대해서 분노를 느낀 것이 사실이지만 이
사례에 개입함으로써 충분히 배울 수 있었기 때문에, '만일 엘렌 베
스트가 오늘 자신의 상담실로 온다면' 도움을 받을 수 있으리라고
확신했다.

흥미롭게도, 로저스가 가정한 상담의 시작점은 그녀가 24세에 자
신이 사랑했던 대학생과 부모의 요구에 따라 헤어지고 나서 도움이 필요
했을 때이다. 그는 이 사례를 읽는 것만으로도 충분히 그녀를 수용
하는 마음을 자신이 가질 수 있으며, 그에 따라 그녀가 어떤 잠재

력이 있는 사람인지를 전적으로 감지할 수 있고, 상담을 시작하면서 다룰 주제까지도 확실하게 느낄 수 있다고 전제했다. 그리하여 그녀가 약혼자와 이별하며 느낀 실망감과 여전히 그를 향한 강렬한 감정, 아버지를 향한 사랑과 분노, 독립적 삶에 대한 두려움과 갈망, 남자가 되고 싶은 마음과 여자로 남고 싶은 마음, 건강하고 만족스러운 아내와 지성적이고 경쟁적인 사회개혁가가 되고 싶은 원의, 무엇보다 먹고 싶은 욕구와 뚱뚱해지고 추해져서 배척되리라는 두려움 등의 모순적 감정들을 동시에 자기 스스로 경험해도 된다는 것을 천천히 발견하도록 할 것이며, 이로써 그녀 자신의 모든 요소들을 자유롭게 경험할 수 있도록 돌볼 것이라고 주장했다.

나아가 로저스는 그녀가 이와 같이 다양한 감정들 중에서도 특히 두려운 것들을 발견할 경우, 상담자인 자신과의 안전한 관계를 형성한 가운데 엘렌 베스트의 내면에 있는 감정을 온전히 그리고 수용적으로 경험한다는 것이 무엇인지를 깨닫게 함으로써, 자기와 친구가 되어 스스로 변화의 순간을 느낄 수 있도록 도울 수 있다고 말했다. 여기서 무엇보다 중요한 것은 "변화된 자신이 나타날 때는 다른 사람들의 가치와 기대에 의해서가 아니라, 그녀 자신의 유기체적인 반응과 그녀의 내면의 경험에 기초한 자기 자신이 될"(Rogers, 2007, p. 192) 것이라는 점이다.

이러한 로저스의 주장은 인간이 자기의 내면에서 경험하는 것과 동시에 다른 사람들의 요구와 태도를 열린 마음으로 경험할 수 있을 때에야 비로소 누구나 그것을 이겨낼 수 있는 기반이 형성된다는 데에 바탕을 둔다. 또한 로저스는 상담이 도움을 줄 수 있는 것은 "우리가 사람으로서 관계를 맺을 때, 우리 자신이 사람으로서 관계하는 위험을 무릅쓸 때, 우리가 상대방을 권리를 가지고 있는 사람으로 경험할 때"이며, 그럴 때만 "내담자와 치료자 모두 안에 있는 외로움의 고통을 녹여 주는 깊은 만남이 있게 된다."(Rogers, 2007, p. 194)고 역설했다.

4. 엘렌 베스트의 유리벽과 주체적 글쓰기

엘렌 베스트의 사례에 대한 로저스의 비판적 성찰을 통해서, 우리는 환자를 기록하고 분석하며 진단을 내리고 치료하는 전 과정에서, 혹은 내담자를 만나는 상담관계에서 환자 및 내담자를 대상으로 취급해서는 결코 치유가 불가능하다는 점에 충분히 동의할 수 있다. 또한 인간중심치료에서처럼 상담자와의 신뢰에 토대를 둔 안전한 관계 속에서 내담자가 자기 안에서 일어나는 모순된 감정들을 동시에 그리고 온전히 수용적으로, 자유롭게 경험할 수 있도록 격려해야 한다는 것도 깊이 공감할 수 있다. 그러나 이로부터 다음과 같은 질문이 생겨난다. 엘렌과 같은 한 여성 내담자가 온전히 수용적으로 자신의 모순된 감정들을 경험한다는 것은 과연 무엇을 의미하는가? 그와 같이 구체적인 한 '인간(person)'이 개별자로서의 한 '여성'인 경우, 그 여성의 독특한 경험을 자유롭게 그리고 충분히 경험할 수 있게 하는 치유적인 상담관계는 어떻게 가능한 것일까?[6]

이번 절에서는 엘렌 베스트라는 '한 여성'을 중심에 두고, 그녀

---

6) 빈스방거도 그녀가 겪은 고통의 독특함에 주목했으며, 이를 그 자신이 발전시킨 '현존재분석'이나 '인간학적인 해석학'을 통해서 새롭게 조명하고자 시도한 바 있다. 또한 메이는 엘렌 베스트가 겪었던 고통은 약물치료가 가능한 육체적인 통증을 가지고 있었던 것이 아니라 그것을 넘어서서 엄청난 고통을 당하는 존재의 상태에 있었다고 보았다(May, 1983, p. 38).

자신의 텍스트들에 의거하여 그녀의 목소리를 통해서 그녀가 자신과 세계 사이에서 느낀 고통이 어떤 것이었는지를 가늠해 본 뒤, 그 좌절의 끝에서도 소통을 원했던 그녀의 주체적 글쓰기가 지니는 의미가 무엇인지에 대해 여성주의 문제의식을 지닌 철학상담의 입장에서 접근해 보고자 한다.

1) 엘렌 베스트의 실존과 외부세계 사이에 가로놓인 유리벽

1920년 11월 30일 엘렌 베스트는 자신의 일기에 다음과 같이 서술했다.

> 나는 이 끔찍한 병에 의해서 점차 더 사람들로부터 멀어진다. 나는 실제 모든 삶으로부터 제외되어 있다고 느낀다. 나는 유리공 안에 앉아 있다. 나는 유리벽을 통해서 사람들을 바라보는데, 그들의 목소리가 내게 희미하게 들린다. 나는 말없이 그들에게 도달하고 싶은 갈망에 휩싸인다. 나는 울부짖었지만, 그들은 그것을 듣지 않는다. 나는 그들에게 손을 뻗었지만, 내 손은 단지 나의 유리공 안에 있는 벽을 두드릴 뿐이다(West, 2007, p. 69).

엘렌 베스트는 이 시기에 두 번째 정신분석을 받고 있었으며, 당시 그녀의 분석가였던 하팅베르크는 그녀가 불안정한 '히스테리적 혼수상태'에 있다고 보았다. 분석에 이어서 그녀의 상태는 더욱 심각해졌으며, 결국 그녀는 뮌헨 병원에 입원했고, '우울증'이라는 진단을 받았다. 그녀는 이 시기가 "삶에서 가장 끔찍한 시간"이었다고 회고한 바 있으며, 짧은 기간 동안 두 번의 자살시도까지 감행했다.

그러고 나서 그녀가 쓴 이 글에서 표현되고 있는 '유리벽'은 과연 어떤 의미를 지니고 있을까? 그토록 사람들에게 도달하고 싶은 갈망이 있었음에도 불구하고, 그녀는 왜 유리공 안에 앉아 있으며 실제의 삶에서 고립되었을까? 그녀의 외침은 보이는 저 밖의 사람들에게 왜 여전히 도달될 수 없었을까? 그녀가 손을 뻗고 두드리고 있다는 것은 과연 무엇을 의미했을까?

여기서 그녀가 말한 '유리벽'은 그녀 자신의 삶과 외부세계 사이에 놓인 괴리감을 잘 표현하고 있다. 그런데 이 표현에 따르면, 그녀는 "이 끔찍한 병에 의해서 점차 더" 사람들로부터 멀어지고 있었다. 이는 그녀가 마주한 '유리벽', 즉 자신과 외부세계와의 사이에 의사소통의 단절이 이 병으로 인해 마련된 치료자와의 관계에서 비로소 생긴 것이 아니라 그 이전부터 있었던 오래된 것임을 의미한다. 그렇다면 과연 언제부터 이 단절은 시작된 것일까?

로저스는 그녀가 자기 자신에 대한 신뢰를 잃고 자기 파괴적으로 된 첫 시점을 20세 즈음으로 간주하고, 그 이후 그녀에게 일어난 삶의 주요 사건으로 20세와 24세의 두 파혼 경험과 28세의 결혼을 꼽았다. 즉, 그는 그녀의 약혼, 파혼, 결혼의 과정에서 빚어진 사랑과 이별의 체험이 그녀가 세상과 단절하게 된 토대를 이루는 가장 중요한 것이라고 보았다. 왜냐하면 그 사건들을 둘러싸고 엘렌 베스트가 자기 스스로를 신뢰하고 자율적 자아로서 성장하는 계기를 마련하기보다는 거꾸로 부모의 감정들을 자신의 것으로 내사함으로써 자기 스스로와 외부 세계로부터 소외되고 말았기 때문이다.[7]

---

7) 여기서 한 가지 흥미로운 로저스의 시각을 발견할 수 있다. 다른 치료자들은 엘렌 베스트가 칼과 결혼한 사실에 대해 전혀 문제 삼고 있지 않은 데에 반해, 로저스는 엘렌 베스트가 남편으로 칼을 선택한 것을 매우 비판적으로 분석하고 있기 때문이다. 로저스는 이 결혼이

2007년 출간된 『엘렌 베스트』

따라서 로저스는 엘렌 베스트가 자신과 가상의 상담을 시작하는 시점을 24세에 파혼 직후로 잡는데, 이 시점을 그녀가 경험한 자기 자신과의 소외, 그리고 세상으로부터의 소외를 경험한 가장 큰 분기점이라고 여겼기 때문이다.

그런데 그 '유리벽'의 정체가 과연 사랑하는 사람과의 만남이 성취되는지에 좌우되며, 그 이별이 가져다 준 좌절로 인해 형성된 소외라고 어떻게 단정 지을 수 있을까? 오히려 그녀의 절망과 좌절의 기원은 더 오래된 것일 수도 있다. 일찍이 그녀가 '여성'이라는 성별의 한 사람으로 자라면서 자신의 외부세계와의 관계를 형성해 나가던 와중에 자신에게 고유한 가능성을 구체적으로 실현시킬 수 있는 기회를 박탈당한 데에서 온 것이라고 볼 수도 있기 때문이다. 그렇다면 그녀의 유리벽은 과연 언제부터 시작되었으며, 어떻게 형성되었을까?

다행히도 2007년에 출간된 서적을 통해서 우리는 그녀 자신의 시와 산문, 그리고 일기를 직접 읽을 수 있게 되었다. 이 책이 여전히 제한적인 편집에 의거해 출간되었다는 사실이 아쉽기는 하지만, 그럼에도 빈스방거의 보고서에만 의존하지 않고, 그녀 자신의 목소리를 더욱 가까이 접할 수 있게 되었다는 사실은 매우 고무적이라 할 수 있다. 이 책의 맨 첫 페이지를 장식한 것은 '군인(A

그녀로 하여금 부모와 주변 환경에 대한 안정적 선택이기는 했지만, 이로 인해 그녀가 '가식적인 삶'에 본격적으로 접어들었으며, 이와 함께 그나마 그녀를 지탱하고 있었던 자신에 대한 신뢰까지도 모두 포기한 사건이라고 보았다. 즉, 그녀의 결혼생활은 이미 자기에 대한 신뢰를 온전히 저버린 채, 자기소외의 삶을 영위하기 시작한 것을 의미한다는 것이다 (Rogers, 2007, pp. 185-186).

soldier)'이라는 영문 제목의 시이다. 그녀는 이 시를 15세 때에 작성했는데, 그 1절을 옮겨 보면 다음과 같다.

> 아, 내가 소년, 소년이었기를
> 난 군인이 되려고 했을 텐데!
> 전력을 다해서, 사랑과 기쁨으로 싸웠을 텐데
> 그리고 적군에 대한 아무런 두려움도 없이(West, 2007, p. 15).

빈스방거의 보고서에 따르면, 그녀는 이미 어릴 적부터 죽음에 대한 열망과 원의를 지니고 있었고, 이러한 것들이 그녀의 시에 잘 드러나 있었다. 그러나 엘렌 베스트의 여러 시들에서 등장하는 '죽음'이라는 단어가 과연 빈스방거의 지적처럼 어린 시절부터의 자살에 대한 동경과 함께 실제 자살로 이어지는 필연성의 의미를 담고 있는 것일까?[8] 그녀가 죽음에 대한 시를 썼던 비슷한 사춘기 시절에 지은 '바람(Der Wind)'이라는 제목의 시에는 그녀의 자유에 대한 열망과 한계인식이 다음과 같이 담겨 있다(West, 2007, p. 16).

> 바람이 내 귓가에서 쏴악쏴악 부네!
> 천상의 바람!
> 천상의 아이!

---

8) 빈스방거의 현존재분석에서 그녀의 죽음은 '비극적 실존'이라고 규정되며, 그에 따라 그녀의 자살은 결국 '자의적 행위'이자 '실존의 완성'이라고 해석된다. 그러나 이러한 현존재분석이 전제하고 있는 '비극성'과 '실존'이해의 제한성을 철학상담의 입장에서 비판적으로 검토함으로써, 그녀의 '비극적 삶'에서 드러난 '실존적 투쟁'의 면모를 새롭게 조망할 필요가 있다. 이와 같이 그녀의 '비극적 죽음'에 초점을 두고 있는 현존재분석과 '비극적 삶'에 강조점을 둔 철학상담의 입장 차이에 대한 좀 더 상세한 논의는 이 책 제4장 참조.

타오르는 이마를 내게서 식혀주라,

내 품속에 파고들어 사라져라

하늘의 바람!

        ......

끝내주는 자유 속에서 가슴이 숨쉬고

나를 덮쳐오는 자유의 욕망!‒

아 거기서 세상으로 되돌아 떨어지는

나의 시선‒

나에게 다시금 명백해지는데:

"인간아, 자그마하게 네게서 세계를 만들어라",

그 어렵고 오래된 단어.‒

영혼들아, 계속 싸워라

　빈스방거의 주장과 달리 그녀는 비단 죽음에 대한 생각에만 몰두한 것은 아니었다. 우리는 사춘기 시절에 느꼈던 그녀의 감정이 매우 다채로웠으며, 그러한 격정의 폭도 매우 깊었음을 확인할 수 있다. 따라서 그녀의 시에 드러나는 '죽음'이라는 단어는 단순히 실제적인 육체의 죽음에 대한 열망이라기보다는 삶과 죽음을 오가는 폭넓은 격정들의 한 측면으로도 해석할 수 있다. 그녀의 시에는 삶의 환희와 죽음의 두려움, 무한한 자유와 속박 사이에서 자신이 무언가를 실현하고 싶은 내적인 투쟁과 열정이 잘 드러나 있다.

　또한 엘렌 베스트는 17세에 이미 '일(Arbeit)'에 대해 큰 의미를 부여했고, 일기장에 다음과 같이 적었다. "일이 없다면 우리는 무엇이며, 우리에게서 무엇이 생겨날 것인가? …… 일은 고통과 번민에 대한 아편이다. …… 오, 일이여, 너는 아마도 우리 삶의 축복일지어다!"(West, 2007, pp. 20-21) 그리고 열흘 정도 후인 1905년 1월 11일자 일기에서 그녀는 자신의 삶에서 커다란 명성을 얻고 싶은 열망을 표현했다. "아, 나는 명성을 얻고 싶다. 위대하고, 불멸하는 명성을. 그리고 몇 세기가 지나서도 나의 이름이 여전히 사람들의 입에 오르내려려야 한다. 나는 헛되이 살고 싶지 않은데!"(West, 2007, p. 21)[9]

학창 시절의 엘렌 베스트는 학교에 가는 것을 매우 좋아했고, 열심히 공부하는 열정적인 학생이었다. 또한 주변의 여자 친구들과 달리 남자, 그것도 군인이 되고 싶어 했고, '일'에 적극적인 의미를 부여하면서 성취욕에 불탔으며, 장래에 불멸의 명성을 얻고자 했음을 알 수 있다. 그렇다면 그녀는 '어떤 일'에서 '어떤 명성'을 얻고 싶어 했을까? 이미 15세경에 그녀는 사회적인 이슈를 접하고 나서, 정의롭지 않은 현실에 큰 관심을 기울이기 시작했고, 그녀가 차지하고 있는 사회적인 위치와 가난한 민중들 사이에서 불편함과 갈등을 느꼈다. 그녀는 사회적인 약자의 상황이 나아지기 위해서는 근본적인 변화가 필요하며, 그 변화를 위해 자신이 뭔가를 할 수 있다고 굳게 믿었었다(Studer, 2003, p. 152).[10]

그런데 이러한 사회적 관심과 이상이 매우 컸던 반면에, 그녀가 그 이후의 삶에서 실제로 실현한 것들이 무엇이었는지에 대해서는 거의 찾아보기가 힘들다. 그녀의 글도 남아 있지 않고, 빈스방거의 보고서는 이 시기 그녀의 관심이 온통 거식증에 몰려 있었다고 적

---

9) 이 날짜의 일기 중간에 그녀는 마치 자신의 운명을 미리 본 것처럼 다음과 같이 적었다. "나의 마지막 주소가 정신병원이어서는 안 된다!"(West, 2007, p. 21)
10) 이러한 원의에 대해 빈스방거도 "그녀는 뭔가 특별한 것을 수행하기 위해 소명을 받았다고 여겼다."(Binswanger, 1944b, p. 75)고 적고 있다.

고 있기 때문이다. 즉, 그녀가 18세에 파리여행을 다녀온 이후, 친구들의 지적에 의해서 날씬해지고 싶다는 강렬한 원의를 가지게 되었다는 사실, 그리고 20세의 약혼과 파혼, 그리고 그 이후 시칠리아 여행에서 철저한 살빼기 작업을 시도했다는 것에 대한 묘사들만이 가득 차 있다. 한 가지 흥미로운 점은 그녀가 이 여행 도중에 '여성의 직업'에 대한 글을 썼다고 하는데, 안타깝게도 이 글은 전해지지 않았다.[11]

한 가지 주목할 점은 1908년 21세의 나이에 엘렌 베스트가 미국적인 시범에 따라서 '아이들을 위한 독서실(Kinderlesezimmer)'을 건립하는 일을 추진했다는 사실이다. 이 당시에 그녀는 새롭게 뭔가를 시도해 보려는 용기와 희망, 이와 동시에 불안과 절망을 함께 경험하고 있었다. 그러면서도 그녀는 자신이 사회적으로 뭔가를 성취하고자 하지만 이를 이룰 수 없는 자신의 가정환경 및 사회적인 제한성을 매우 잘 의식하고 있었다. 그녀는 일기에 다음과 같이 말했다.

> 내가 힘과 창조의 기쁨을 모두 강력하게 실행하는 대신에 들리지 않는 말로 옮겨야 한다는 것은 정말로 슬프다. …… 일상이라는 쇠사슬: 즉 관습의 사슬, 재산과 편안함의 사슬, 감사함과 배려의 사슬, 그 모든 것보다 가장 강력한 사슬은 사랑의 사슬. 그렇다 그것들은 나를 억누르고, 나의 야성적인 소생을 만류하고, 내 영혼이 갈망하는 투쟁과 희생의 세계에 전적으로 몰입하는 것을 만류한다 (Binswanger, 1943, p. 259).

---

11) 스튜더는 엘렌 베스트가 만일 작가로서 인정받고 그 직업을 가질 수 있었다면, "자기치유, 즉 분열적 자기를 복구하는 꾸준한 시도"가 될 수 있었을 거라고 확신했다(Studer, 2003, p. 155).

한편으로 엘렌 베스트는 자신의 제한성을 충분히 의식했음에도 불구하고 이에 머물지 않고 사회적으로 실현하고 싶은 이상을 자신의 내면세계에서 더욱 높이 세우고자 했으며, 그에 대해 일기장에 다음과 같이 썼다.

> 삶? 쓰잘데없이 연명하지 않기! …… 나는 21살이고, 마치 인형처럼 침묵하고 실실 웃어야 한다. 난 인형이 아니다. 나는 붉은 피를 가진 한 인간이고, 뛰는 심장을 가진 한 여성이다. 그리고 이런 겉치레와 비겁함의 분위기에선 숨을 쉴 수 없다. 위대한 것을 창조할 것이고, 나의 이상, 나의 자랑스러운 이상에, 좀 더 가까이 가야만 한다! 눈물을 흘려야 하는가? 오, 내가 무엇을 해야 하며, 나는 무엇을 시작할 수 있을까? 그것은 들끓고 있으며 내 안에서 고동친다. 그것은 껍질을 벗으려 한다! 자유! 혁명!
>
> 아니, 아니, 나는 미사여구를 늘어놓는 것이 아니다. 나는 영혼의 자유를 생각하는 것이 아니다. 내가 의미하는 것은 민중이 그의 압제자의 사슬로부터 벗어나 실제 도달할 수 있는 자유이다. 내가 그것을 더 분명하게 표현해야 할까? 혁명을 나는 원한다. 전 세계로 확산되고 모든 사회적인 질서를 넘어뜨리는 커다란 반란을 (Binswanger, 1943, pp. 259-260).

이 글을 썼던 당시에 엘렌 베스트는 온 힘을 다해서 아이들을 위한 독서실을 성공적으로 건립했다. 그런데 과연 이 일은 그녀가 내면에서 품고 있던 이상을 현실화시키는 데에 충분했을까? 그녀는 그 일을 성취한 데에만 만족할 수 없었으며 자신이 마치 "겁먹은 땅위의 벌레(ein banger Erdenwurm)"에 불과하다고 느꼈다. 1909년 2

월에 그녀가 쓴 시의 한 부분을 옮겨보면 다음과 같다(West, 2007, pp. 27-28).

예전에 우리는 너의 생각
너의 희망에 당당하고 순수했지!
지금 너의 계획들은 어디에 있고
그리고 너의 몽상들은?

그 모든 것이 엎질러지고,
바람과 폭풍 속에 흩날려,
너 자신은 무(無)가 되었네,
겁먹은 땅 위의 벌레!

엘렌 베스트는 경제학 공부를 하고 싶어 했으나, 건강상 대학입학자격시험을 치를 수 없는 상황을 맞이했었다. 그 이후 대안으로 선생님이 되는 임용고시에 합격하여 뮌헨 대학에서 강의를 들을 수 있게 되었다. 그런데 이 당시에 먹지 않고 마른 몸이 되어야 한다는 '고정된 이념(die fixe Idee)'과 먹고 싶은 욕망 사이의 모순 속에서 내적으로 갈등하는 빈도가 점차로 잦아지고 강도도 높아져 갔다.

그 이후 두 번의 약혼과 파혼, 그리고 결혼의 사건들 속에서, 과연 엘렌 베스트는 사춘기 시절 이래로 품고 있었던 사회적 변화와 개혁에 대한 자신의 이상을 어떻게 실현시킬 수 있었을까? 이에 대해 안타깝게도 그녀 자신의 시나 일기의 자료가 제한된 탓에 더 이상은 알 수가 없으며, 단지 빈스방거의 보고서에 간간이 나온 것들만 찾아볼 수 있다. 그 보고서에 따르면, 결혼 전인 1914년 전쟁이 발발하자 그녀는 의무병으로 참여한 적이 있으며, 1916년 28세의 나이로 결혼한 이후에는 30세, 31세에 몇몇 자원봉사 활동을 한 적이 있을 뿐이다. 그 이외에 다른 사회적인 활동, 즉 그녀가 그토록 열망했던 사회개혁의 이상을 실제로 실행에 옮길 수 있었던 일들은 거의 찾아보기가 힘들다.

그녀는 직업을 갖지 않았으며, 결혼한 이후 평범한 일상 속에서 그녀의 사회적 관계란 그저 당시 그녀가 속한 계층의 결혼한 부인들에게 허용되는 범위 내에 제한되어 있었다. 예를 들어서 낮에는 분석을 받는 과정 중에 간혹 대학에서 강의를 듣거나 오후에는 산책을 하고 저녁에는 음악회나 극장을 가곤 했다. 이러한 결혼 생활의 일상 속에서 엘렌 베스트는 '말라야 한다.'는 자신의 확고한 이념에 더욱 강력하게 시달렸으며, 온갖 치료들을 받으면서 자살에 이를 때까지도 그 이념으로부터 벗어나지 못했다. 그 이념은 결혼 생활을 하는 엘렌 베스트로 하여금 더욱 심각한 딜레마에 빠지도록 했다. 왜냐하면 "결혼한 여성으로 그녀의 나이에는 임신을 해야 했는데, 임신은 곧 체중 증가와 육체에 대한 조절 상실을 의미"(Studer, 2003, p. 160)했기 때문이다. 엘렌 베스트는 한 번의 유산을 경험한 이후로, 더 이상 임신이 불가능해지자 계속 자신의 체중과의 투쟁을 맹렬하게 이어갔으며, 그러던 와중에 그녀는 이미 유리공 안에 깊숙이 갇힌 채 앉아 있는 자신을 발견하게 된 것이다.

이와 같이 그녀의 삶의 여정을 총체적으로 되돌아볼 때, 우리는 그녀의 유리벽이 이미 오래전부터 서서히 생겨나고 있었음을 알 수 있다. 그녀는 일찍이 유년기에 평범한 여학생은 아니었다. 군인이나 시저 장군과 같은 사람이 되고 싶었을 만큼 매우 씩씩했고 포부가 컸으며, 지적인 호기심과 섬세한 감수성으로 가득 찬 학생이었다. 또한 사회적인 관심이 많았고, 자기가 처해 있던 가정환경을 넘어서서 사회적 약자를 위해 뭔가 적극적인 일을 성취하고 싶은 순수한 열정을 지녔으며, 외부세계를 향한 투쟁적 갈망을 강렬하게 품고 있었다. 특히 21세 때에 붉은 피와 뛰는 심장의 벅차오름을 느꼈던 엘렌 베스트는 자신을 둘러싸고 있던 안일하고 위선적인 가정환경에 놓인 자신의 현실을 매우 역겹게 느꼈으며, 어떻게든 사회 현실을 바꾸려는 자신의 이상을 실현하고 싶은 열망으로 가득 차 있었다. 그러나 그 이후 엘렌 베스트는 자신이 고취한 이상을 현실 속에서 구체적으로 실현시킬 수 있는 아무런 방편을 찾지 못했다. 이와 함께 그녀는 주위 여자 친구들의 놀림으로부터도 자유롭지 못했고, 그저 날씬해야 한다는 확고한 이념에만 사로잡혀서 오히려 자신 스스로의 육체와의 투쟁을 시작하고 말았다. 그리하여 약자의 편에 서서 세상의 혁명적인 변화를 요구하고, 민중의 자유를 갈망했던 엘렌 베스트의 투쟁은 더 이상 외부세계로 향하지 못한 채, 가정이라는 울타리 안에서 자신이 원했던 사람들과의 약혼을 아버지로 인해 두 번씩이나 파혼당하고, 결국에는 부모가 원하는 결혼을 수락함으로써 그녀가 그토록 혐오했던 '일상의 사슬'과 '사랑의 사슬' 안에 갇히고 만 것이다.

2) 좌절에 직면한 여성주체의 글쓰기

빈스방거는 엘렌 베스트의 어린 시절과 그녀가 환자로 치료를 받으면서 보낸 시절 사이에 필연적인 연관성을 찾아내고, '현존재분석'을 통해서 그녀가 개별적인 현존재로서 죽음에 대해 지녔던 고유한 의미세계의 구조를 해석하고자 시도했다. 빈스방거의 현존재분석에 따르면, 그녀의 '세계기투(Weltentwurf)'는 선천적으로 결함을 지니고 있어서 매우 제한적일 수밖에 없으며, 그에 따라 그녀의 세계는 축소된 구조를 지니고, "자신만의 세계에 빠져 있음"(Holzhey-Kunz, 2003, p. 99)이라는 비본래적인 양태를 지녔었다.

그런데 과연 1900년대 초반을 살았던 한 여성이 직면해야 했던 사회적 제약과 엘렌 베스트의 가정환경 속에서 실존적 자유와 본래적 선택의 가능성은 얼마나 되었을까? 엘렌 베스트가 비록 자신의 계층이 속하는 가족이라는 테두리 안에서의 사회적인 제약성을 인지했다고 하더라도, 자신이 세운 이상을 위해 그 제약들을 뛰어넘는 투쟁을 시도하지 못한 채 오히려 그 투쟁의 적을 자신에게 돌려 가학적인 거식증의 양태를 보이고 만 것을, 빈스방거의 주장처럼 '자신만의 세계에 빠져 있는 비본래적인 양태'라고 규정할 수 있을까?

외부세계와의 단절로부터 좌절을 경험하게 된 엘렌 베스트에게 무엇보다 필요한 것은 아마도 로저스의 접근에서처럼 상담자와의 안전한 관계를 통해서 자기 안에 있는 모순된 감정과 두려움을 온전히 수용적으로 자유롭게 경험하도록 하는 것이다. 그와 같이 살아 있는 존재로서의 인격적 만남을 경험할 때에, 더 이상 다른 사람의 가치와 기대에 의존하지 않고, 한 유기체이자 자율적 자아로서 자신과 세상 사이에 가로놓인 유리벽을 깨는 변화를 시작할 수 있었을 것이다. 그런데 이러한 신뢰의 관계가 필요한 '한 사람'이 바로 '한 여성'일 경우, 그 여성으로서의 독특한 실존을 이해한다는 것은 과연 무엇을 의미하는 것일까?

로저스의 인간중심치료가 보여 준 바와 같이 소외를 극복하는 변화의 주체는 결국 상담자가 아니라 '내담자' 자신이어야 한다는 사실, 그리고 빈스방거가 현존재분석에서 강조한 것처럼 환자에게 고유한 실존적 의미세계, 즉 '세계기투'에 대한 이해가 전제되어야 한다는 사실은 기존 치료 및 상담과는 달리 여성내담자중심치료를 위해 매우 고무적인 출발점을 제공한다. 물론 이러한 분석과 상담적 접근은 개인이 다양한 선택가능성을 지니고 있고 그 가능성들 사이에서 본인의 주체적인 선택만이 필요할 경우에 매우 유용하다고 할 수 있다. 그런데 문제는 인간중심치료나 현존재분석이 아무리 훌륭하다고 할지라도 여성이나 사회 안에서 소수자에 속하는 사람들, 즉 실존할 수 있는 다양한 가능성들을 강력한 사회적 권력하에서 이미 제약받고 있는 사람들에게도 과연 적합할지에 있다. 왜냐하면 그러한 상담과 치료적 접근은 자칫 "개인과 사회적인 권력 사이에 발생하는 외적인 갈등에 대해 내적인 실존적 갈등에 우선권을 주는 것"(Akavia, 2003, p. 124)이 될 수 있기 때문이다.

엘렌 베스트의 경우도 그녀를 '한 사람'으로서 존중하는 관계의 진정한 만남을 갖고, 또한 그녀에게 고유한 '의미세계'에 대한 이해를 갖는 것도 중요하겠지만, 그러한 이해와 만남이 그녀의 "정신적 삶과 그 삶을 형성하는 사회 가치, 제도들과 맺고 있는 연관을 파악"하는 가운데 이루어지지 않는다면, 그녀가 경험한 소통단절의 원인을 단지 '한 여성 내면의 의미세계 안'에서만 찾게 되는 결과를 가져올 수 있다. 여기서 우리는 그녀의 유리벽이 그녀와 외부세계 사이에 가로놓여 있었다는 사실에 주목할 필요가 있다. 따라서 한 여성을 둘러싸고 있는 유리공의 정체를 파악해야 하는데, 이를 위해 "사적 영역과 공적 영역, 그리고 여성의 삶에서의 감정적인 측면과 사회적인 측면 간의 관계를 명확하게 아는 것"(Greenspan, 1995, p. 165)이 무엇보다 긴요하다.

엘렌 베스트는 일찍이 사회적 약자를 위해 정의를 실현하고 싶은 이상을 품고 있었으나, 이 이상을 사회적 현실 속에서 구체적으로 실현시키는 투쟁이 불가능해지자, 자기 자신의 몸을 상대로 투쟁을 시작했다. 그런데 그녀는 왜 하필 음식에 대한 거부를 자신의 투쟁으로 삼았을까? 엘렌 베스트의 목소리를 직접 들어보자면, "아마도 내 관점에서 나를 겸손하게 만드는 바로 그 영역을 찾았기 때문일 것인데, 그 영역은 나에게서 가장 낮고, 가장 물질적이며, 나의 더 높은 갈망의 반대편에 놓여 있다"(UAT 702/9-3, p. 5: Studer, 2003, p. 164에서 재인용).[12]

여기서 엘렌 베스트는 자신의 투쟁이 더 이상 외부세계를 향할 수 없게 되자, 왜 자신이 육체를 상대로 투쟁을 계속했는지에 대해 스스로 그 의미를 밝혀내고 있다. 이에 대해 우리는 그녀가 벌이고 있는 육체와의 가시적인 투쟁에만 주목할 것이 아니라 그녀가 **끊임없이 자기문제를 의식하고 있을 뿐 아니라, 그 문제에 대해 자기분석 및 자기성찰을 해나가고 있음**에 주의를 기울일 필요가 있다. 그녀는 자신도 모르게 내몰린 자기와의 투쟁에서 벗어나고 싶어 했지만, 그녀 자신의 내면 세계와 손을 맞잡을 그 어떤 치료적 접근도 만날 수 없었다. 물론 그녀가 원했던 대로 "힘과 창조의 기쁨을 모두 강력하게 실행"할 수 없었고, 단지 "들리지 않는 말로 옮겨야 한다는 것은 정말로 슬프다."고 느꼈지만, 그럼에도 그녀는 건강해지고 싶었고, 유리벽을 통해서 보이는 외부세계로 나가 다른 사람들과 소통하고 싶은 갈망을 저버리지 않았다. "나는 울부짖었지만, 그들은 그것을 듣지 않는다. 나는 그들에게 손을 뻗었지만, 내 손은 단지 나의 유리공 안에 있는 벽을 두드릴 뿐이다."(West, 2007, p. 69)

---

12) 여기서 스튜더가 인용한 자료 UAT 702는 튀빙겐대학 문서보관소(Universitätsarchiv Tübing)가 보관하고 있는 미출간 자료 "Nachlaß Ellen und Karl West"임을 밝혀둔다.

엘렌 베스트는 유리공 안에 갇혀 있으면서도, 끊임없이 손을 뻗었으며, 자기 내면세계와 외부세계의 경계인 유리벽을 두드리고 있었다. 그렇다면 그녀는 과연 어떤 방법으로 손을 뻗고, 유리벽을 두드렸을까? 여기서 우리는 그녀의 '꾸준한 글쓰기 작업'에 주목할 필요가 있다. 그녀는 글쓰기 작업을 이어감으로써 자신의 거식증에 대한 명료한 자기 인식에 도달하고자 노력했을 뿐 아니라 그 당시 자신이 받고 있었던 정신분석의 문제점을 비판적으로 성찰하기도 했다. 첫 번째 정신분석을 받을 당시, 1920년 7월 19일자의 일기에서 그녀는 자신이 마른 몸이 되어야 한다는 '고정된 이념'에서 헤어나지 못하고 있다는 것을 충분히 의식하고 있었으며, 자신의 상태에 대해 다음과 같이 기술했다. "나는 뚱뚱해지는 의지(Willen)를 가지고 있었지만, 원의(Wunsch)를 가지지는 않았다. 그것은 칸트적인 의미에서 의무와 경향 사이의 투쟁이다."(West, 2007, p. 44) 엘렌 베스트는 이처럼 밖에서 주어진 '정언명령'과 자기를 지배하는 충동 사이에 놓인 커다란 갈등에 시달렸다. 또한 그녀는 정신분석을 받는 과정에서 자신의 문제가 단지 부정적인 방식으로만 취급되는 것에 대해서도 매우 비판적인 시각을 견지했다.

> 분석은 분해하고 하나씩 검토하고, 무의식의 충동적인 자극들 속에서 극복되어야 했던 어떤 부정적인 것(etwas Negatives), 예를 들면 권력에 대한 요구 안에 있는 하나의 실수(Fehler)를 본다. …… 나의 구역질나는 병이 부정적인 방식에서보다 긍정적으로 좀 더 쉽게 극복된다는 것이 아마도 가능했어야 하지 않을까?(West, 2007, p. 47)

첫 정신분석에 이어서 엘렌 베스트는 소위 당대 정신분석에 정통했다고 평가받았던 하팅베르크에게서 두 번째 정신분석을 받았고, 그 과정 중에 매우 힘들어했으며, 그 힘듦에 대해 계속 일기를 썼다. 그녀의 일기에 따르면, 엘렌 베스트는 분석가 하팅베르크의 전제, 즉 '오이디푸스 콤플렉스'와 '항문에로틱'을 의심했으며, 그것을 통해 자신의 상태를 설명하는 것을 받아들일 수 없었다.[13] 그녀는 자신의 비판적 견해를 1920년 10월 21일자 일기를 통해서 다음과 같이 드러냈다.

> 그것은 지식이지, 느낌은 아니다. 항문에로틱(Analerotik)은 내게 단지 하나의 단어일 뿐이다. …… 내가 반복해서 단지 간접증거들만을 가지고 있다는 것을 나는 이해할 수가 없다. 예를 들면, 내가 나의 성욕(Sexualität)을 억압할수록, 나의 먹어 치우려는 욕구(Fresslust)와—그리고 그와 동시에 억제로서—살쪄서는 안 된다는 고정된 이념도 더욱 강해진다는 것이다(West, 2007, p. 55).

> 만일 내가 그 모든 것을 분석하려고 시도한다면, 거기서 하나의 이론 밖에는 그 어떠한 것도 나올 것이 없다. 즉, 어떤 꾸며낸 것(etwas Erdachtes)이다. 내가 느낄 수 있는 것은 오로지 초조와 불안뿐이다(West, 2007, p. 57).

나아가 엘렌 베스트는 자신에 대한 분석과정이 무엇인가 잘못된 것은 아닌지를 끊임없이 자문했다. "왜냐하면 나는 과도하게 비참

---

13) 히르쉬뮐러는 그녀의 문제가 하팅베르크가 살던 당시에는 연구되지 않았던, '전오이디푸스' 단계에 해당한다고 보았다(Hirschmüller, 2003, p. 62).

한데도, 나에게 '바로 그것을 내가 원한다, 즉 비참하기를 원한다.' 고 말하는 것은 허튼 말을 하는 것으로 들리기 때문이다. 그것들은 말들, 말들, 말들일 뿐이다."(West, 2007, p. 58) 이러한 이론적 시도 들과는 달리 그녀가 보기에 자신의 "갈등은 남성적-여성적 사이, 자유를 향한 갈망과 강압을 향한 갈망 사이의 양가성 속에 놓여 있 었다"(West, 2007, p. 62).

치료의 마지막 단계에서도 엘렌 베스트는 그저 먹고자 하는 욕 구와 먹는 것에 대한 불안 사이에서 양쪽으로 갈라지는 충동, 그 적 대적인 힘들이 충돌하는 무대로 자신 스스로가 전락하고 말았다는 사실에 크게 좌절했다. 그렇지만 좌절에 그치지 않고, 그러한 수동 적 순간을 의식하면서 자신의 말로 표현했을 뿐 아니라, 특히 분석 과정과 치료과정에서 자신이 뭔가 불만족스럽거나 이해할 수 없었던 점 에 대해서 계속 스스로 질문을 제기하고 그것들에 대해 비판적으로 성찰 하면서 일기를 썼다. 마치 아도르노가 구체적인 고통의 작은 흔적 이 거대해 보이는 동일성 철학의 사변적 거짓을 지적할 수 있다[14] 고 역설한 것처럼, 엘렌 베스트는 그 자신의 고통을 끝까지 추적하 면서 당시 권위적인 전문가와 거대한 치료체계가 지닌 이론적 사변성을 매우 명시적으로 통찰해 내어 그 비판적 흔적을 꾸준히 일기에 담 아냈다.

또한 그녀는 외부세계와 단절된 채 치료마저 불가능한 절망의 순간에 어느 누구와도 소통하지 못하는 가운데에 자신의 고통을 끊 임없이 시로 표현하고 싶어 했다. "내가 눈을 감자마자, 시(詩)들, 시

---

14) 아도르노에 따르면, "경험된 세계에서 의미 없는 고통의 가장 작은 흔적은, 그 경험에서 고통을 변명하고 싶어 하는, 관념론적 철학 전체의 거짓말을 책망한다"(Adorno, 1977, p. 203).

들, 시들이 다가온다. 내가 그것들을 모두 기록하려 했다면, 엄청난 페이지들을 채워야 했을 것이다. 병원에서의 시들 …… 가녀린 그리고 내적인 울분으로 가득 찬. 그것들은 나에게 살며시 날갯짓을 한다. 그런데 분명 뭔가가 싹트고 있다. 신이시여, 자라게 하소서!"(West, 2007, p. 64) 비록 엘렌이 엄청난 페이지를 빼곡히 채운 것은 아니지만, 또한 그녀가 글로 표현하고 싶었던 내적인 울분이 유리벽을 깨뜨리기에 충분하지도 않았지만, 그녀는 죽는 날까지 시를 짓고 일기를 쓰는 작업을 포기하지 않았다.[15] 바로 이 사실은 한 여성주체가 보여 준 마지막 저항의 몸짓이자, "고통에 대한 항의"[16] 라고 할 수 있다.

온갖 자신의 삶의 여정과 치료적 상황에서 엘렌 베스트는 단지 자기소외와 더불어 외부세계와의 단절을 겪는 '대상화된 자신(me)' 에 불과했을지라도, 자신의 시와 일기를 쓰는 동안, 그녀는 여전히 '나(I)'로 살아있는 주체였다. 또한 '대상화된 나'와 '주체적 나'에 대해, 나아가 나 자신과 세상의 관계에 대해 질문도 하고 비판하며 성찰하는 구체적인 한 여성주체가 될 수 있었다. 물론 그녀의 일기 혹

---

15) 엘렌 베스트는 죽기 직전에 남편 칼 베스트에게 세 통의 작별편지(West, 2007, pp. 154-155)를 남겼다. 그 편지에 따르면, 그녀는 1921년 4월 3일 일요일에 자살하려 했는데, 그날 밤에 칼 베스트가 선잠을 자고 뒤척이자 하루를 더 기다렸다가 4월 4일에 죽었다. 그녀는 미리 혼자서 약을 먹고 주사를 놓았다. 그녀의 죽음 이후, 칼 베스트는 빈스방거에게 편지를 쓰면서 그녀가 집에 도착해서 사흘이 지나 죽었으며, 자신이 그녀의 죽음을 지켜보았다고 적었다. 그녀에 대한 빈스방거의 보고서가 칼 베스트의 편지를 토대로 작성되었다는 사실을 회상해 볼 때, 그녀의 죽음을 둘러싼 내러티브의 섬세한 차이에도 주목할 필요가 있다.

16) 손봉호에 따르면, "고통을 당하는 사람은 언어를 필요로 한다. …… 언어를 통해서 자신을 표현하려는 절박하고 강렬한 욕구를 가지고 있다. 그 욕구는 자신을 과시하려는 사치가 아니라 고통에 대한 항의요, 고통의 감소나 제거를 바라는 호소다. 그러므로 그것은 다른 어떤 욕구나 충동보다 더 강하고 절박하다"(손봉호, 2008, p. 75).

은 시가 알려지기 전까지는 "들리지 않는 말"로 옮기는 힘겨운 홀로의 작업에 불과했다. 그러나 그것들은 "성찰하는 대상으로부터 초월해 있지도 않고, 대상 안에 갇혀 있지도 않은 …… 경계적 사고(thinking at the boundary)"(김혜숙, 2012, p. 77)의 성찰성을 보여 주는 생생한 자료로 남았다. 그리고 고통받은 그녀 자신의 주체적 경험을 오늘날 여성주의 철학상담의 입장에서 이해하고 함께 성찰할 수 있는 계기를 마련해 주었다.

5. 여성내담자중심치료를 위한 철학상담

이번 장에서는 자살한 엘렌 베스트라는 여성 환자의 사례를 우선적으로 기존의 정신의학적 치료나 정신분석에서 그 환자에게 내려졌던 진단들, 즉 신경성 식욕부진, 우울증, 강박적 신경증, 조현병에 의거하여 소개해 보았다. 또한 이 사례에 대한 로저스의 입장을 재구성해 봄으로써, 이전의 정신의학적 치료 및 정신분석에서 간과하고 있던 바가 무엇인지를 비판적으로 알아보았고, 나아가 엘렌 베스트 내담자에 대한 로저스의 가상적 상담을 통해서 인간중심치료가 그녀의 소외를 어떻게 극복하려 하는지를 고찰해 보았다.

한편으로 우리는 로저스가 제공한 가상의 상담과정을 추체험(Nacherleben)하면서, 이전의 치료적 접근과는 달리 엘렌 베스트를 더 이상 '대상'으로 다루지 않고 '한 인간'으로 만날 수 있어야 한다는 사실에 충분히 공감할 수 있었으며, 이러한 접근이 그녀의 소외 극복을 위해 매우 핵심적인 분기점을 마련한다는 점에 깊이 동의할 수 있었다. 그러나 다른 한편으로 엘렌 베스트가 구체적으로 '한 여성'이라는 점에 천착할 경우, 과연 그녀를 만난다는 것, 그리고 그녀의 모순적 감정과 경험들을 무조건적으로 신뢰하면서 깊이 공감한다는 것이 과연 무엇을 의미하는지에 대해 한 걸음 더 깊이 파고들어 가 묻지 않을 수 없었다. 왜냐하면 이러한 깊은 공감적 이해는 단순히 정서적 위안을 주는 데에 그치는 것이 아니라 그 내담자와 혼연일체가 되어 그녀의 눈으로 자신과 세상을 바라봄으로써 그녀 안팎의 의미 세계를 좀 더 근원적으로 깊이 있게, 철학적 차원에서 이해하는 것을 전제하기 때문이다.

여기서의 철학적 접근은 결코 사변적이고 보편적인 이론을 먼저 전제하고 이를 적용함으로써 개별자를 인식하려는 것이 아니라, 오히려 최근에 부상된 철학상담에서 강조하고 있는 바를 실천하는 것이다. 즉, 철학이 하나의 분과학문으로 귀속되지 않는 '무전제성과 개방성'을 활용하는 것이며, 그에 따라 '원칙적으로 폐쇄적이지 않을 뿐 아니라 어떠한 제한도 넘어서는 철학적 관심'(Achenbach, 2010e, p. 83)을 지닌다는 것을 말한다.[17] 또한 철학실천에서 필요로 하는 능력, 즉 "개별적인 것과 구체적인 것에서 이성적인 것을 인지하는 능력"(Achenbach, 2010e, p. 89)을 발휘함으로써 개별자에 대한 충분한 존중을 철학적으로 실천하는 것을 의미한다.

따라서 이번 장에서의 사례연구는 객관적이고 실증적인 사례연구와는 획을 달리 한다. 예를 들어서 엘렌 베스트와 같은 여성 환자의 사례를 철학상담의 한 사례로 기술하고, 이를 다른 상담과의 분

---

17) "철학은 …… 과학들(Wissenschaften)과는 구별되고 그 요구에 따라 한계가 없다. 그것은 대학에서 사용되는 단어의 의미에서 하나의 전문분야(Spezialität)도 아니고, 하나의 분과도 아니다. 또한 철학자는 전문가가 아니다. 따라서 실천적 철학은 어떠한 특수한 '담당영역(Zuständigkeit)'을 언급함으로써 규정될 수 없다."(Achenbach, 2010e, p. 77)

과적 경쟁의 관계에서 객관적으로 증명하려 하는 것이 아니다. 오히려 이번 장에서 시도되었던 철학상담의 작업은 철학이 지닌 고유한 학문적 무전제성에 근거하여, 구체적인 사례에 접근함에 있어서 실증적인 치료의 이면에 놓인 학문적인 전제와 인간이해를 해체적으로 고찰하는 것이며, 나아가 처방적인 개입에 앞서서 개별적인 '한 인간'을 온전히 개방된 상태에서 깊이 있게 이해하려는 해석학적 시도라고 할 수 있다.

이와 같은 철학상담적 인간이해의 차원에서 필자는 무엇보다 정신의학적 치료의 환자이자 심리치료의 내담자로 다루어졌던 개별자로서 한 여성, 엘렌 베스트를 만나고자 노력했다. 즉, 외부세계와 소통하지 못한 채 고립되었던 그녀를 중심에 두고, 유리공 안에 앉아 있는 그녀의 입장이 되어서 그녀의 삶의 여정에서 '한 여성'으로서 그녀가 겪어야 했던 고통이 구체적으로 어떤 것이었는지를 가늠해 보고자 시도했다. 그리하여 엘렌 베스트라는 구체적인 한 인간이 '여성'이라는 개별성의 고유한 의미에 착안하면서도, 그 성별에 국한될 수밖에 없었던 사회적 맥락, 그리고 인간으로서의 실존적 한계와 조건에 대해 철학상담적인 이해를 통해 총체적으로 재조명해 보았다. 이러한 작업은 엘렌 베스트처럼 정신의학적 치료나 심리치료에서 조차도 여전히 소외되고 고통받는 여성들을 이해하는 밑거름이 될 것이며, 개별여성이 중심이 되는 치료 및 상담을 위한 전제가 될 것이다.

나아가 온갖 소통의 단절에도 불구하고 깊은 좌절감 속에서 자살 직전까지 써 내려간 그녀의 일기, 시, 서간문들에서 보여 준 그녀의 주체적 글쓰기는 우리에게 계속되는 해석학적 과제를 던지고 있다. 비록 제한되기는 하지만 그녀가 남긴 자료들에 입각하여, 고통받는 여성의 주관적 체험을 좀 더 가까이서 공명하고 비판적으로 성찰함으로써 줄탁동시(啐啄同時)로 유리벽을 깨뜨리고, 그 여성의 주체적 내러티브를 새롭게 구성하는 작업은 앞으로도 계속되어야 할 것이다.

제6장

외상치료와
철학상담[1)]

1. 외상사건의 사회적 맥락과 인간조건에 대한 철학적 사유

최근 들어 한국사회에서 트라우마, 즉 외상[2)]에 대한 관심이 꽤 증가하고 있다. 외상사건은 폭풍, 홍수 등의 자연재해뿐만 아니라 추락사고, 총기사고 등의 인재에서도 생겨나며, 나아가 성폭력, 가정폭력, 정치적 테러 및 국가폭력 등에서도 빈번하게 발생한다. 따라서 외상사건을 개인적 차원의 치료로만 접근할 것이 아니라 이를 사회적 측면과 함께 성찰해야 할 필요성도 더욱 중대되고 있다.

---

1) 이 장은 "노성숙(2017). 외상에 대한 '기억'의 철학상담적 치유가능성 모색: 아도르노의 '회상개념과 변증법적 사유를 중심으로. 가톨릭철학, 29, 201-240"을 토대로 수정, 보완을 거쳐 수록한 것이다.
2) 이 장에서는 '트라우마(trauma)'라는 용어를 되도록 상담 및 심리치료에서 '외상'이라고 번역하는 것을 따르고자 한다.

실제로 각 사회마다 외상 연구를 촉발시킨 난제들은 매우 다양한 맥락에서 발생했다. 미국에서는 베트남 참전과 9.11테러, 독일에서는 아우슈비츠로 대표되는 강제수용소, 한국에서는 5.18과 세월호 참사 등 각 사회가 직면하고 있는 외상의 구체적인 양태는 조금씩 다르게 나타난다. 그러나 사회적 권력, 다시 말해 정치적, 문화적, 경제적, 종교적 권력 등이 무기력한 개인에게 의식적으로나 무의식적으로 압도적인 공포와 함께 외상을 야기할 수 있다는 점은 어느 사회에서나 공통적으로 드러난다고 할 수 있다. 따라서 이러한 외상사건을 온전히 치유하기 위해서는 사회적 권력과 개인의 연관성을 좀 더 철저하게 고민하지 않으면 안 된다. 그렇다면 이러한 외상사건에 전제되어 있는 사회적 권력과 개인의 연관성을 좀 더 근원적으로 성찰하기 위한 철학적 작업은 어디로부터 시작될 수 있을까?

　　한나 아렌트(Hannah Arendt)는 사회적 권력이 빚어 낸 근본악을 문제 삼았는데, 특히 사회적 권력이 기반하고 있는 전체주의적 경향성에 천착했다. 그녀가 주목했던 우리 시대 전체주의의 실상을 극단적으로 보여 준 예는 600만의 유대인들을 온갖 첨단 과학기술을 동원하여 말살시키고자 했던 독일의 나치즘이다. 그런데 그녀는 이러한 전체주의가 역사 속에 사라진 것이 아니라 오히려 세계 도처에서 여전히 발견되고 있다고 보았다. 따라서 자칫 근대 이후 급속한 발전을 가져온 과학과 기술에 내재된 전체주의적 경향이 인간의 본질을 다시금 파괴하지 않도록 '인간의 조건'에 대해 근원적으로 사유하지 않으면 안 된다고 주장했다.

아렌트

아렌트는『인간의 조건』의 서문에서 우리 시대의 문제점을 다음과 같이 말했다.

내가 아래에서 제안하고자 하는 것은 우리가 가장 최근에 가진 경험과 공포를 고려하여 인간 조건을 다시 사유해 보자는 것이다. 이것은 명백히 사유의 문제이다. 사유하지 않음, 즉 무분별하여 혼란에 빠져 하찮고 공허한 '진리들'을 반복하는 것은 우리 시대의 뚜렷한 특징이다(Arendt, 1996, p. 54).

레비

아렌트가 사회적 권력의 형태로 오늘날 잔존하고 있는 전체주의적 경향을 비판하기 위해 인간의 조건에 대한 근원적 사유이자 철학적 사유를 요청했다면, 강제수용소 생존자인 프리모 레비(Primo Levi)는 이 요청이 얼마나 절실한지를 자신의 경험을 통해서 생생하게 증언했다. 그의 경험은 전체주의 안에서 인간성의 파괴가 구체적으로 얼마나 잔인하게 전개될 수 있는지를 잘 보여 주었다.

그런데 레비는 자신과 같은 강제수용소의 생존자를 두 부류로 나누었다. 첫 번째는 잊고자 애쓰면서도 강제수용소의 '악몽에 시달리며 양심의 가책을 받고 있는 사람들' 혹은 '제대로 잊고 모든 것에서 벗어나 무(無)에서부터 다시 삶을 살아가는 사람들'이고, 두 번째는 '기억해 내는 것이 의무'라고 생각하면서 '잊으려고 하지 않은 채, 오히려 사회가 망각해 가는 것을 경계'하는 사람들이다. 레비는 자신이 후자에 해당된다고 했으며, "자신이 보고 견뎌 이겨낸 것을 증거로 가지고 돌아오는"(Suh, 2015, p. 242) 일이 자신의 '의무'였다고 기술했다.

레비의 분류에서도 드러나듯이 생존자들은 외상사건을 기억해 내고자 애쓰고 있거나 혹은 외상으로 인한 고통에 시달리면서 이를 망각하고자 몸부림치기도 한다. 그렇다면 이처럼 기억과 망각의 모순적 태도에 직면해서 외상 생존자들은 그 고통에서 벗어나기 위해 어떻게 해야 할까? 강제수용소를 경험한 이들에게 외상에 대한 기억을 없애고 망각하도록 도와야 할까? 아니면 레비처럼 '기억'을 통해 외상에 직면하여 그 사건을 말로 표현하고 증언하도록 도와야 할까? 외상을 기억하는 것, 그 자체가 이미 엄청난 고통인데, 생존자들로 하여금 그 고통을 기억해 냄으로써 외상사건을 이야기하도록 하는 것은 과연 그들에게 치유의 일환이 되는 것일까? 기억을 활용하여 외상을 치료하고자 할 경우, 그 기억은 과연 어떤 의미를 지니며, 그 치유의 목표는 무엇이어야 할까?[3]

오늘날 외상에 대한 가장 대표적인 치료적 접근은 '외상 후 스트레스 장애(Post Traumatic Stress Disorder, 이하 PTSD로 약칭)'에 대한 진단과 처방이다. 한편, 최근 들어 외상을 통해 드러나는 '장애'중심의 부정적 반응이나 현상만이 아니라 외상 생존자 개인에게 결과적으로 나타난 긍정적 변화와 '성장'에 초점을 맞춘 '외상 후 성장(Post-traumatic Growth, 이하 PTG로 약칭)'에 대해서도 많은 연구와 심리치료가 행해지고 있다.

그런데 외상 생존자들이 외상사건으로 인한 '장애'를 딛고 '성장'으로 발돋움하기 위해서는 양자 사이에 다양한 차원의 시도와 더

---

3) 윌리엄스와 포이줄라에 따르면, "기억해 내야 하는 중요한 이유 중 하나는 외상적 사건들에 관련된 두려움을 감소시키기 위한 것"이며, "안전한 환경에서 기억에 직면하는 것"은 외상을 깊이 이해하고 치료하는 데 도움이 된다(Williams & Poijula, 2016, p. 34).

불어 좀 더 근원적이고 포괄적인 철학상담적 접근도 필요한 것은 아닐까? 물론 위기상황이 발생할 때마다 외상에 대한 사회적 관심이 증가하기는 했지만, 오늘날 외상에 대한 실제 치료는 주로 단기 위기개입과 대처전략 등을 중심으로 이루어지고 있다. 또한 외상은 현재 의학적인 치료와 및 심리치료의 대상으로만 인식되고 있기 때문에 외상에 대해 철학적 사유를 하고 철학상담적 접근한다는 것은 매우 낯설고, 아직은 현실화되기에 요원한 것도 사실이다.

그럼에도 이번 장에서는 외상사건에서 개인의 고통이 처해 있는 사회적 맥락에 대한 비판적 문제의식에서 출발하여, 아렌트가 요청한대로 사회적 권력으로서 전체주의적 경향이 잔존하는 시대적 맥락에서 인간의 조건을 철학적으로 사유해 보고자 한다. 더욱이 외상 생존자들의 '기억'이 단지 개인적인 차원만이 아니라 사회적 맥락과의 연관성, 나아가 인간의 조건에 대한 성찰적 사유로 심화될 때에야 비로소 온전히 치유될 수 있다는 점에 천착하고자 한다. 레비가 수용소에서 숱하게 받았던 "극단의 경험들, 곧 희생자들이 받았던 상처의 기억들을 검토"(Levi, 2014, p. 24)한 것처럼, 구체적인 현실과 경험으로부터 발생된 외상에 대한 '기억'은 개인과 사회의 착종관계와 함께 인간의 조건을 철학적으로 사유하고 이로써 근원적인 치유에 다가서기 위한 소중한 단서가 될 수 있다.

기존에 이루어진 정신의학적 치료나 심리치료의 작업에서도 외상에 대한 '기억'은 매우 중요한 위치를 차지한다. 따라서 이번 장에서는 외상치유를 위해 '기억'이 왜 그리고 어떤 의미에서 중요한 치료적 요인이 될 수 있는지를 기존의 정신의학적 치료나 심리치료적 접근을 통해 알아본 뒤, 이를 철학상담과의 대비를 통해 고찰하고자 한다. 우선적으로 2절에서는 외상치료에서 양대 산맥을 차지하고 있는 PTSD에 대한 정신의학적인 치료와 PTG에 대한 심리치료 및 상담적 접근의 핵심을 정리해 보고, 그 안에서 '기억'이 지니는 치료적 의미와 중요성을 살펴볼 것이다. 3절에서는 아도르노 사상을 중심으로 '기억'과 '변증법적 사유'에 대한 철학적 이해를 시도할 것이다. 4절에서는 기존의 심리치료나 상담에서의 '기억'에 대한 작업이 지니는 의미와 철학적 작업의 개입지점을 되짚어 본 뒤, 외상치유를 위한 '기억'의 철학상담적 토대를 마련해 보고자 한다. 이로써 기존의 외상치료를 보완하거나 혹은 외상치유를 위한 하나의 대안으로서 아도르노의 '회상' 개념과 '변증법적 사유'에 기반을 둔 철학상담의 접근가능성을 모색하고자 한다.

2. 외상 후 스트레스 장애와 외상 후 성장에서 '기억'의 중요성

1) 외상 후 스트레스 장애 치료에서 기억의 해법

외상을 치료하기 위해 많은 정신의학자들이나 심리치료자들이 다양한 방식으로 노력하고 있다. 외상의 경중, 특히 개인에 따른 다양한 변인[4], 환경적 요인 등에 따라서 외상 치료는 그야말로 매우 까다롭고 복잡하며, 지난한 과정을 필요로 하는 것이 사실이다.

---

4) 박소윤과 정남운에 따르면, 선행 연구에서 밝혀진 외상 후 성장에 영향을 주는 중요한 변인들에는 '의도적 반추' '삶의 의미' '긍정적 재해석' '사회적지지' '자기개방' 등이 있으며, 이 외에도 PTSD와 관련된 외상기억의 조직화와 관련된 변인으로 '사건중심성'을 들 수 있다. 이에 대해서는 박소윤, 정남운(2015, pp. 142-143) 참조.

『정신장애의 진단 및 통계편람 제4판(DSM-IV)』에 의하면, "외상사건이란 자신이나 타인의 실제적이거나 위협적인 죽음이나 심각한 상해, 또는 신체적 안녕에 위협을 가져다주는 사건을 말하며, 이런 외상사건을 경험하거나 목격했을 때 개인의 반응에 극심한 공포, 무력감, 고통이 동반되는 것을 외상 후 스트레스 장애(Post Traumatic Stress Disorder: PTSD)"(이양자, 정남운, 2008, p. 2)라고 한다. PTSD 라는 진단명 자체가 1980년대 미국에서 베트남전쟁 등에 참전했던 군인들을 치료하는 과정에서 그 고통에 대한 이름 붙이기를 가능하게 했다는 것은 매우 고무적이다. 최근 들어 한국 사회에서도 세월호와 같은 외상사건들을 경험하면서 외상에 대한 사회적 관심이 증가되는 추세이며, 이와 더불어 PTSD에 대한 진단과 치료의 필요성도 높아지고 있다. 이는 외상을 겪고 있는 개인에 대한 의료적 접근 가능성을 확보했을 뿐 아니라, PTSD 증상에 대한 사회적 관심을 이끌어 냈다는 점에서 매우 반길 일이다.[5]

허먼

트라우마 전문가인 주디스 허먼(Judith Herman)은 PTSD의 주요 증상을 다음의 세 범주로 분류한 바 있다.[6] 첫째로, '과각성(hyperarousal)'은 외상을 경험한 이후에 광범위하게 지속적으로 나타나는 심리생리적 변화를 말한다. 두 번째로 '침투(intrusion)'는 외상의 위험이 지난 이후에, 위험이 없는데도 외상을 반복적으로 재경험하는 것이라 할 수 있다. 세 번째로 '억제(constriction)'는 외상

---

5) PTSD 치유를 위한 개인과 사회의 역학관계에 대한 비판적 성찰에 대해서는 노성숙 (2016b, pp. 207-254) 참조.
6) 허먼이 분류한 세 증상에 대한 상세한 설명은 Herman(2007, pp. 72-76) 참조.

과 연관되는 생각, 느낌, 상황 등을 광범위하게 지속적으로 회피하고 둔감화시키는 의식의 변형을 뜻한다.[7]

이와 같이 PTSD는 과각성, 침투, 억제 등의 증상을 통해서 진단이 내려지는데, 이 증상에 대한 치료는 어떻게 가능할까? 외상에 대한 다양한 치료기법들이 있지만, 허먼은 외상이 회복되고 치유되는 가장 핵심적인 단계를 다음과 같이 셋으로 나눈다. "첫 번째 단계에서 생존자는 안전을 확립한다. 두 번째 단계에서는 기억하고 애도한다. 세 번째 단계에서는 일상과 다시 연결되어 간다." (Herman, 2007, p. 260) 그녀가 제시한 세 단계는 단선적인 시간의 흐름으로 연속성을 지니거나 한 번의 치료과정을 통과했다고 해서 종결될 수는 없다. 외상증상이 완화되거나 단계적으로 회복되고 있는 것을 확인할 수는 있지만, 외상으로 인해 생겨난 고통은 외상을 겪고 있는 개인과 사회의 역학관계나 개인의 삶의 변화에 따라 꾸준히 생겨나고 재차 회복되는 나선형적 경로를 따를 수밖에 없기 때문이다.

허먼이 제시한 외상치유의 세 단계는 각각의 중요성을 지닌다. 우선적으로 모든 치유에 앞서서 생존자의 안전을 확립하는 것은 의료 및 심리치료나 상담의 가장 기본적인 전제이다. 이러한 안정성을 확보하지 못했을 경우, 다음 단계로 넘어갈 수 없다. 물론 안정성을 확보한 이후 치유의 가장 핵심적 위치를 차지하는 것은 '기억과 애도'의 단계라고 할 수 있다. 허먼에 따르면, 이 단계에서 "생존자는 깊이 있고 완전하게, 구체적인 외상 이야기를 전한다. 이러한

---

7) 허먼과 달리 안현의와 주혜선(2011, p. 880)은 PTSD 증상구조를 네 가지 요인, 즉 재경험, 회피, 정서적 마비, 과각성로 구분하고 회피와 정서적 마비를 분리하는 것이 경험적으로 타당하다고 주장했다.

재구성 작업은 외상 기억을 전환시켜 이를 삶의 이야기에 통합시킨다"(Herman, 2007, p. 292). 여기서 특히 외상에 대한 '기억'은 외상으로 인해 개인이 겪은 극도의 공포에 직면하도록 할 뿐 아니라 그 상처를 새롭게 삶의 이야기로 통합시키는 치유의 변곡점이 된다. 허먼도 이 점에 주목하여 "해리된 외상에서 승인된 기억으로"(Herman, 2007, p. 261)의 전환이 중요하다고 주장했다.

외상기억의 전환을 마련할 수 있도록 돕는 대표적인 치료기법으로는 미국 정부기관에서 개발하고 참전군인의 치료에 사용된 '직접노출(direct exposure)' 혹은 '홍수기법(flooding)'[8], 그리고 인권운동 단체에서 개발하고 고문 생존자의 치료에 사용된 바 있는 구조화된 '증언기법'을 들 수 있다.[9] 이 두 기법은 "외상 이야기를 구체적으로 기록하기 위해서는 환자와 치료자가 적극적으로 협력해야 한다는 전제"를 지니고 있으며, "엄격한 형식과 진중함으로 외상 이야기를 다루며, 안전한 관계라는 밑바탕 위에서 강렬한 재체험을 촉진시키기 위하여 이야기 구성을 활용한다는 점"(Herman, 2007, p. 304)에서 공통점을 지니고, 그 치료효과도 유사하다고 밝혀졌다.

그런데 허먼은 '기억'을 함께 마주하는 이러한 작업을 통해 생존자들이 깊은 비탄에 빠질 수 있으며, 관례적인 애도만으로는 위안을 찾지 못한다는 점에 착안하여, 외상으로 인한 상실을 '깊이 애도하는 경험'이 뒤따라야 한다고 역설했다. 이처럼 기억이 애도로 이어

---

8) '외상 후 스트레스 장애'를 치료하는 대표적인 기법 중에 하나는 '지속노출치료(Prolonged Exposure Therapy)'이다. 이에 대해서는 Foa, Rothbaum, & Hembree(2011, pp. 18-35) 참조.

9) 이외에도 의식적으로 고통을 재구성하고 이야기하기 힘든 외상 생존자를 위해서는 해리된 과거 기억에 접근할 수 있도록 돕는 '심상치료(hynotherapy)' '투사적 심상기법(hynotic projective technique)' 등을 활용할 수 있다.

지는 경험은 실상 매우 필요하면서도 어려운 과제가 아닐 수 없다. 외상생존자에게 애도는 큰 저항에 부딪히기 쉬운데, 복수환상, 용서환상, 보상환상과 같은 형태로 위장되어 지속적으로 괴로움을 야기할 수 있기 때문이다.

마지막으로 PTSD의 치유를 위해 허먼이 주목한 세 번째 단계는 일상과의 재연결이다. 그런데 외상 이전의 일상적 삶과 다시 연결되기 위해서는 과연 어떻게 해야 할까? 이를 위한 중요한 것이자 특히 상담을 통해서 할 수 있는 핵심적인 작업은 외상을 겪는 환자나 내담자 각자가 자신의 외상 관련 내러티브를 구성하고 난 뒤, 상담자와 더불어 이를 재구성하고 또 다시 그 작업을 반복하는 것이라고 할 수 있다. 이는 마치 스틸 사진처럼 외상사건에 고착되어 멈추어 버린 과거의 장면으로 되돌아가서 언표화 될 수 없던 것들을 내담자 자신의 언어로 표현해 내고, 하나의 흐름이 있는 이야기로 말하며 다시 구성해 내는 것이다. 이로써 내담자는 외상으로 인해 그저 압도당한 채 기억의 저편에 멈추어 서 있던 삶의 균열로부터 벗어나 새로운 내러티브를 구성함을 통해 과거와 지금 자신의 삶을 다시 통합할 수 있게 된다. 이러한 내러티브의 재구성작업에서 '기억'은 내담자로 하여금 더 이상 과거로부터 침투된 극도의 공포의 감옥에서 벗어나 새로운 의미세계를 구축할 수 있도록 하고, 현재의 일상을 수용하는 데에 중요한 매개체로서 작동한다.

더욱이 사회적 외상의 경우, '기억하는 작업'이야말로 국가나 사회공동체가 그러한 폭력행위를 역사적으로 다시 반복하지 않기 위해서 매우 중요한 준거점을 제시한다고 할 수 있다. 다시 말해 사회적 외상은 단순히 개인적인 차원에서의 성격적 특성에 의한 심리적 외상치료가 지닌 제한성을 넘어서서, 외상생존자들이 그 국가나 사회의 폭력성을 '기억'해 냄으로써 그 폭력이 결코 다시는 반복되지 않도록 사회구성원들이 함께 사회공동체 안에서 노력하지 않으면 안 된다는 점을 일깨우기 때문에, 그 외상을 기억하는 작업이 필수적이라고 할 수 있다. 이러한 맥락에서 오수성은 다음과 같이 지적했다. 5.18 트라우마에 대한 "올바른 해법은 망각의 해법이 아니라 기억의 해법이어야 한다. 인간이 역사를 발전시킬 수 있는 능력은 역사를 기억하고 성찰하여 교훈을 얻는 능력에 달려 있기"(오수성, 2013, p. 5) 때문이다.

2) 외상 후 성장에서 반추의 의미

PTSD에 대한 진단과 처방 및 치료는 주로 부정적인 '장애'에 초점을 맞추고 병리적인 시각에 머무는 경향이 있다. 이에 반해, 테데스키와 칼훈(Tedeschi & Calhoun)은 개인이 외상사건을 겪어 낸 결과로 가져온 긍정적인 변화에 관심을 가지고, 이를 "외상 후 성장(Post-traumatic Growth)"이라는 새로운 용어로 명명한 바 있다 (Tedeschi & Calhoun, 2004, pp. 1-18). 이들은 PTG를 "외상사건에 맞닥뜨려 분투한 결과로 개인이 경험하는 긍정적인 변화"(Tedeschi & Calhoun, 2015, p. 27)라고 정의했다. 이전까지의 PTSD에 대한 연구가 주로 외상사건으로 인한 극심한 스트레스 장애 그 자체에 주목하고 이를 정신의학적인 치료 등을 통해 객관적으로 접근한 반면에, 후자인 PTG는 개인이 외상사건을 겪으며 대처한 결과로 생겨난 주관적인 경험과 특히 그 경험에서의 긍정적인 변화과정에 초점을 맞추고 있다. 따라서 PTG가 말하는 '성장'이란 외상 이전에 개인의 삶의 수준을 넘어서서 생겨난 새로운 변화의 긍정적인 경험을 말한다.

나아가 테데스키와 칼훈은 통계분석을 통해 이러한 성장 경험에 들어 있는 다섯 가지 요소와 세 가지 영역을 밝혀낸 바 있다. 즉, "개인적인 힘(personal strength), 타인과의 관계(relating to others), 삶의 새로운 가능성(new possibilities in life), 삶에 대한 감사(appreciation of life) 그리고 영성(spirituality)이다. 이 다섯 가지 요소는 다음과 같이 포괄적인 세 가지 영역으로 묶을 수 있다. 즉, 자기 자신에 대해 변화된 느낌(a changed sense of oneself), 타인과의 관계에서 변화된 느낌(a changed sense of relationships with others), 인생철학의 변화(a changed philosophy of life) 등이다."(Tedeschi & Calhoun, 2015, p. 28)

그런데 테데스키와 칼훈은 외상을 다루는 데에 있어서 PTG라는 새로운 통찰을 제시했음에도 불구하고, 외상을 경험한 사람이 모두 PTG를 경험하는 것은 아니라는 점을 분명히 했다. 즉, "외상 후 성장은 흔하지만 반드시 보편적이지는 않다."(Tedeschi & Calhoun, 2015, pp. 39-40)는 것이다. 단지 테데스키와 칼훈이 상담자들에게 제안하고 싶은 점은 외상 생존자들과 함께 임상작업을 해 나갈 경우, 삶의 힘든 상황에 처했을 때 어떤 사람은 '그 상황을 경험한 후 더 좋게 변화했고 인간으로서 성장했다'라고 보고한다는 사실에 주목할 필요가 있다는 것이다.

한편, 최근까지 외상을 치료하기 위해 다양한 접근방식들이 시도되었다.[10] 이러한 접근들을 섭렵하면서 테데스키와 칼훈은 표준

---

10) 대표적인 외상치료로, 장기노출(Prolonged Exposure, PE로 약칭함: Foa, Rothbaum & Hembree, 2007), 인지과정치료(Cognitive Processing Therapy, CPT로 약칭함)와 인지행동치료(Cognitive Behavioral Therapy, CBT로 약칭함), 그리고 최근 우리나라에서도 많이 시행되고 있는 안구운동 민감소실 및 재처리(Eye Movement Desensitization and Reprocessing, EMDR로 약칭함: Shapiro, 2005), 스트레스 예방 훈련(Stress Inoculation

화된 외상치료들에 드러난 공통요소를 다음의 네 가지로 요약했다. 첫 번째로, 탈감작(desensitization)을 동반한 노출은 모든 외상치료에 공통으로 활용된다. 두 번째로, 외상사건과 관련된 상황을 이해하기 위한 질문들을 통해 외상사건 자체와 그 사건에 대한 충격을 자세하게 탐색한다. 세 번째로, 전문가와의 동반자적 관계를 통해서 안전에 대한 느낌이 다시 생기도록 한다. 마지막으로, 내담자의 외상 이후의 삶에서 잘 기능하도록 하고, 일어난 사건을 이해하는 데에 토대가 되는 세계관을 재정립한다. 특히 PTG가 주목하는 부분은 바로 이 마지막 요소이며, 그에 따라 외상 후 성장을 촉진할 때의 상담자의 역할은 다음과 같다고 할 수 있다.

> 인지적 처리 과정을 통해 의미를 구축하는 것을 강조하는 치료접근 방식과 개념들, 부정적인 정서 스트레스가 완화되어 정서적 안정을 되찾았을 때 나타난 요소들, 그리고 반영적·의도적 반추 등의 형태로 치료에 개입된 요소를 모두 통합하여 내러티브를 재구성하는 것이다(Tedeschi & Calhoun, 2015, p. 67).

테데스키와 칼훈은 새로운 형태의 치료기법을 제시하기 보다는 외상을 치료하기 위해 내러티브, 구성주의, 실존주의의 접근을 통합하여 단지 증상의 제거가 아니라 내담자로 하여금 외상으로 인한 자

Training, SIT로 약칭함), 가상현실을 이용한 인지노출치료(cognitive-exposure therapy with Virtual Reality, VR로 약칭함) 등이 있다(Tedeschi & Calhoun, 2015, pp. 64-65). 이러한 치료 이외에도 인지행동치료의 새로운 경향으로 최근 외상을 부드럽게 수용할 수 있도록 돕는 '마음챙김(mindfulness)'을 활용한 치료도 있다. 이에 대해서는 정신과 의사인 Stanley H. Block 박사와 아내 Carolyn Bryant Block이 공저로 저술한 『외상 후 스트레스 장애 심신워크북(Mind-Body Workbook for PTSD)』(2015) 참조.

신의 충격을 의미 있는 결과로 확장하여 수용할 수 있도록 돕고자 했다. 그리하여 미래에 외상사건이 다시 발생하더라도 심리적 탄력성을 지니고 이를 극복할 수 있도록 촉진하는 것이다. 그렇다면 과연 이러한 심리적 탄력성은 어떻게 생겨날까? 테데스키와 칼훈에 따르면, "외상 생존자가 핵심 신념을 수정할 수 있게 도와주는 상담과정 중에 성장 관점에 초점을 맞춤으로써 생성된다"(Tedeschi & Calhoun, 2015, p. 68). 외상 생존자는 이처럼 '성장'의 관점으로 수정된 핵심신념을 통해서 심리적 탄력성을 지니게 되고 외상사건을 새롭게 이해할 뿐 아니라 의미 있게 받아들이게 된다는 것이다. 테데스키와 칼훈은 이와 같이 수정된 핵심 신념을 바탕으로 외상사건을 '이해하는 것'과 '의미를 찾는 것'[11]이야말로 PTG를 촉진시키는 중심요소라고 보았다.

테데스키와 칼훈의 PTG는 결과적 변인으로 기술되었기 때문에 외상에 대한 '대처결과 모델'이라고도 불린다. 그런데 이들의 PTG 모델을 잘 들여다보면, 우리는 그 가운데 반추(rumination)의 변화과정에 주목할 수 있다(이양자, 정남운, 2008, p. 5). 초기의 대응방식으로서의 반추는 자동적이고 침투적(intrusive)인 데 반해, 사회적 지지나 내담자 스스로의 대처행동에 따라 반추는 좀 더 의도적이고, 반성적으로 변화된다.[12] 후자의 반추는 내담자로 하여금 외상으로 인해 도전받았던 핵심신념을 수정하면서 세계관을 재구성하고 자신

---

11) 파크는 외상극복과 의미부여의 긴밀한 연관성을 논의했다. 그는 '일반적 의미'와 '상황적 의미'를 구분한 뒤, '상황적 의미'로부터 '의미부여' 과정을 통해 외상 위기에서 손상된 '일반적 의미'를 통합하는 것을 통해 외상이 극복될 수 있다고 보았다(Park, 2010, pp. 257-301).

12) 신선영과 정남운은 의도적 반추를 '성장적 반추'라고 정의한 뒤, 이를 매개변인으로 하여 삶의 의미와 사회적 지지가 외상 후 성장에 끼친 영향에 대해 매개효과 검증을 했다. 이에 대해서는 신선영, 정남운(2012, pp. 217-235) 참조.

의 성장을 도모할 수 있도록 한다. 따라서 PTG 모델에서의 '성장'
이 성공적으로 이루어지기 위해서는 무엇보다 침투적인 반추를 의도
적인 반추로 전환시킬 수 있는 과정이 핵심적이라고 할 수 있다.

3. 기억과 변증법적 사유에 대한 철학적 이해

PTSD 치료에서 핵심적 역할을 하는 것은 '기억'이며, PTG에서
성장을 이끌어 내는 견인차 역할을 하는 것은 '반추'라고 할 수 있
다. 여기서 반추를 넓은 의미에서의 기억에 포함시킨다면, 우리는
외상을 치료하고, 외상 이후에 성장을 이끌어 내는 공통 요인으로
'기억'을 그 핵심에 둘 수 있다. 그렇다면 기억은 도대체 어떤 것이
어서 외상의 치료 혹은 외상 이후의 성장에 도움이 되는 것일까?

1) 상기, 기억, 회상의 구분

가장 오래된 철학적 전통에서 기억에 대한 사상은 고대 그리스
플라톤(Platon)의 영혼론에로 소급된다. 플라톤은 영혼과 육체의 이
원론에 근거하여 '육체는 영혼의 감옥(soma sema)'이라고 주장했
다. 그는 영혼만이 순수하고 참된 실재를 인식할 수 있다고 하면
서 영혼에 대해 신화적인 설명을 곁들였다. 그에 따르면, 인간 영혼
은 육체 안에 들어오기 전에 이데아의 세계에서 마음껏 살고 있었
으나 추락하여 육체의 감옥에 갇히게 되었다. 그 이후 인간의 영혼
은 더 이상 참된 실재인 이데아가 아니라 이데아를 모방하고 있는
가상만을 보게 되었다. 그 이유는 인간 영혼이 이데아 세계를 떠나

올 때 레테(lethe)라는 망각의 강물을 마셨기 때문이다. 그러나 인간의 영혼은 간혹 어떤 계기들에 의해 이전에 살았던 이데아의 세계를 다시 '상기(anamnesis)'함으로써 진리를 인식할 수 있다(박승찬, 노성숙, 2013, pp. 115-116). 플라톤이 말하는 '영혼의 상기'는 우리의 불완전한 경험세계와 구별되는 참된 실재인 이데아의 세계가 비록 이원론적으로 구분되지만 양자를 연결시킬 수 있는 인식론적 능력이자 참된 이데아에 따라 행위할 수 있는 윤리적 근거라고 할 수 있다. 여기서의 상기는 이미 완벽했던 과거 이데아의 세계로 되돌아가 지금 여기의 불완전한 세계의 인식론적, 윤리적 기준을 삼도록 돕는 것을 말한다.

한편 중세의 대표적 사상가인 아우구스티누스(Augustinus)는 플라톤으로부터 지대한 영향을 받았으며, 진리가 인간의 내면에서 인식된다면 어떻게 우리 자신에게 드러날 수 있을까에 대해 깊이 숙고했다. 그런데 그는 더 이상 영혼의 윤회를 믿지 않았으며, 그리스도교을 믿게 되었다. 이에 따라 그는 플라톤의 '상기'를 대신하여 그것과 비슷해 보이지만 다른 의미에서 '기억(memoria)'이라는

이탈리아의 화가 산드로 보티첼리가 그린 아우구스티누스(1480년 作)

개념을 『고백록』 10권에서 집중적으로 논의했다. 아우구스티누스가 말하는 '기억'은 플라톤처럼 과거에 관련되는 것이 아니고 바로 현재 내면에 있는 것에 정신을 집중하는 행위이다. 그에게서의 기억은 단지 일반적 현상에 대한 인식능력만이 아니라 신을 인식하는 능력이자 그 안에서 자기 자신의 정체성을 찾아가는 정신적인 능력이기도 하다. 따라서 여기서의 기억은 단순히 과거의 저장고로 돌아가서 그것을 끄집어 내오는 감각능력만이 아니라, "기억 속에 있는 내용이나 감추어져 있는 것을 드러내고 현재화하는 능동적인 능력"(김영철, 2011, p. 66)이며, 적극적인 사유능력이자 반성적 능력이다. 더 나아가 아우구스티누스에게 기억은 신에 대한 인식에 이르도록 이끌어 가는 능력이다. 그는 인간이 영혼의 힘으로 기억을 할 수 있으며, 이러한 기억 속에 신이 머무른다고 보았다. "제가 당신을 배워 알게 된 그것으로부터 제 기억 속에 거처하시기로 하셨습니다."(Augustinus, 2016, pp. 382-383)

플라톤의 '상기', 아우구스티누스의 '기억'과 달리, 현대의 사상사적인 맥락에서 발터 벤야민(Walter Benjamin)은 '기억'에 좀 더 독특한 의미를 부여했다.[13] 그는 독일어의 'eingedenk'라는 형용사를 이용하여 특별히 '잊지 않고, 기억하는' 의미를 살려내고자 시도하면서, '회상(Eingedenken)'이라는 신조어를 만들어 냈다. 벤야민의 회상은 유대 종교에서 행해지는 '거의 제의적으로 기억함(ein fast

---

13) 최성만에 따르면, 벤야민에게 '기억'이라고 지칭되는 독일어 Erinnerung, Eingedenken, Gedächtnis라는 단어들은 다음과 같이 구분된다. "Erinnerung(기억)은 가장 일반적인 의미의 기억을 가리킨다. Eingedenken(회상)은 특별한 사건과 인물과 시간에 대한 기억으로서 특히 종교적, 제의적 의미를 함축하며 eingedenk(잊지 않고 있는)라는 형용사에서 벤야민이 만들어 낸 조어이다. 그리고 Gedächtnis(기억)는 집합을 뜻하는 Ge-라는 접두어에서 짐작할 수 있듯이 여러 기억의 저장고라는 의미가 들어 있다."(최성만, 2012, pp. 93-94)

벤야민

ritualles Sich-Erinnern)'을 의미한다. 다시 말해, 여기서의 기억은 마치 제의적인 차원에서 이루어지듯이, 기억된 내용과 기억을 수행하는 활동을 통해서 자아정체성을 새롭게 재구성하고 통합하는 독특한 사유 과정을 말한다. 뇌르(Noerr)에 따르면, "그 기억함 속에서 기억된 것과 기억하는 노력은 자아의 새로운 부문이 되어야 한다. 유대적인 종교예식은 그와 같은 (종교적) 회상을 이스라엘 민족 역사의 현재화로 인식한다"(Noerr, 1990, p. 23). 이러한 맥락에서 보자면, 회상은 "도대체 과거에 어떠했다는 것을 인식하는 것이 아니다. 그것은 위험의 순간에 반짝 빛을 발하는 것과 같은 기억을 자기 것으로 만드는 것이다"(Benjamin, 1980, p. 695).

또한 벤야민에게서 '회상'의 독특성은 '정지상태의 변증법'을 통해서 '개인이나 집단의 역사적 이미지'를 읽어 내는 데에 있다. 즉, "죽음처럼 흐름을 중단하는 충격적인 순간에만 가능"(최성만, 2014, p. 34)하는 개인과 집단의 변증법적 이미지에 주목하는 것을 말한다. 벤야민은 유대교에서의 회상이 메시아적 '현재시간(Jetztzeit)'의 계기를 담고 있다는 것을 받아들이면서, 그와 같이 현재시간으로 '정지'된 순간에 마치 모나드와 같이 응축된 이미지 속에 담긴 역사적 경험의 표징을 읽어 내려는 사유를 시도했다.

이와 같이 볼 때, '기억'은 플라톤과 아우구스티누스로 이어지는 철학사적인 맥락에서 참된 진리와 신적 진리에 접근하는 능동적인 사유의 능력이며, 벤야민에게 있어서는 종교적이고 제의적인 차원의 의미까지를 포괄하면서 자신의 정체성을 새롭게 재구성하고 통합하는 역할을 하고 있음을 알 수 있다.

2) 회상과 변증법적 사유

벤야민이 만들어 낸 신조어이면서도, 기
억 중에서도 독특한 의미를 지니는 '회상
(Eingedenken)' 개념은 **아도르노와 호르크하
이머**의 공동저작인 『계몽의 변증법』에서도 매
우 핵심적인 위치를 차지한다. 이 책에서
아도르노와 호르크하이머는 파시즘의 현
실에 직면하여, 서구 문명의 근간이 되어온
계몽의 두 얼굴, 즉 계몽과 신화의 모순적
관계에 대해 역사철학적 성찰을 감행했다.
그들은 한편으로 파시즘의 근원으로서 계
몽 그 자체가 신화의 시원에서부터 지니게

1947년 출간된 『계몽의 변증법』
이 책은 저자가 1944년에 동료들 사
이에서 처음 배포한 내용을 수정하여
출간한 것이다.

된 폭력성과 지배적 사유의 맹아를 밝혀냈다. 이와 동시에 또 다른
한편으로 당대의 파시즘에서 표출되는 것처럼 계몽이 극단적으로
신화로 변질되어 버린 폭력과 지배의 현실에 대해 비판했다.[14] 이
러한 계몽의 야누스적 이면을 파헤쳐 가면서 아도르노와 호르크하
이머는 계몽이 지닌 그 자체의 모순성으로부터 과연 어떻게 벗어
날 수 있는지에 대해서 끊임없이 사유하기를 멈추지 않았다.[15]

이처럼 계몽의 야만성을 극복하기 위한 그들의 관심은 특히 다
음의 문장을 통해서도 매우 함축적으로 표현된다. "주체 속에 있는

---

14) 계몽과 신화의 모순적 관계에 대한 상세한 논의에 대해서는 노성숙(2000, pp. 217-241)
참조.
15) 하버마스는 『계몽의 변증법』이 계몽의 자기파괴적인 과정을 개념화하는 '가장 어두운 책'
이라고 단언한 바 있다(Habermas, 1988, p. 130).

자연의 회상(Eingedenken der Natur im Subjekt)에 의해 …… 계몽은 지배에 대립된다."(Adorno & Horkheimer, 1984, p. 58) 여기서의 '주체 속에 있는 자연의 회상'은 계몽의 변증법을 벗어날 수 있는 결정적 단서를 제공한다고 할 수 있다. 계몽의 역사적 전개과정 속에서 주체가 자연과 맺어왔던 지배적이고 폭력적인 관계를 새롭게 정립할 수 있는 사유의 전환을 촉구하기 때문이다. 이러한 맥락에서 뇌르에 따르면, 회상은 "폭력과 고통을 철회할 수는 없지만, 단지 기억하면서 머물 수 있고 그럼으로써 내적, 외적 자연, 그리고 다른 주체들과 관계에서 주체가 도구적으로 경직되는 것을 완화시킬 수 있다"(Noerr, 1990, pp. 61-62).

그렇다면 아도르노와 호르크하이머가 주목한 '회상'이 과연 구체적으로 어떻게 계몽의 변증법을 벗어날 수 있다는 것일까? 먼저 아도르노와 호르크하이머가 말하는 '주체 속에 있는 자연의 회상'에서의 자연은 단순히 대상화된 외적 자연만을 의미하는 것이 아니라 주체 자신의 내적 자연을 포함한다. 다시 말해 주체는 외적인 자연과 사회적 지배를 담당했던 지배의 주체이기도 하지만, 그 스스로의 내적 자연을 억압함으로써 역설적으로 고통을 당해 온 존재자이기도 하다.[16] 따라서 주체는 그 고통을 가하면서도 그 고통에 처해있는 모순 속에 있지만, 또 다른 한편으로 그 고통으로부터 벗어나기 위해 자연에 대한 역사적 지배과정 전반을 마주하면서 그 고통을 회상하는 주체가 될 수도 있다.[17]

---

16) 아도르노와 호르크하이머의 '주체 속에 있는 자연의 회상'에서 자연이 과연 회상하는 주체의 대상인지 회상의 주체일 수 있는지에 대한 상세한 논의는 노성숙(2001, pp. 313-329) 참조.
17) 헤겔에 따르면, "고통을 통하여 사람은 자신의 주체성을 느낀다"(Hegel, 1986a, p. 115).

이러한 맥락에서 아도르노와 호르크하이머는 벤야민의 '회상'에 천착하여 그 의미를 좀 더 철학적 사유의 측면에서 밝혀내고자 주력했다. 그들이 주목하고 있는 '회상'은 단지 과거에 있었던 것을 고스란히 실증적으로 드러내어 표현하고 이름 붙이는 데에 그치는 것이 아니다. 이는 회상하고 있는 지금, 즉 온전히 현재에 집중할 것을 요구하고, 그 가운데 "기억에 적대적인 대체가능성(Fungibilität)"(Adorno, 1974b, p. 37)을 벗어나는 것을 말한다. 다시 말해, 기억의 내용을 대체가능한 그 어떤 것으로 쉽게 바꾸거나 지워버리는 것에 대항하는 것이다. 따라서 아도르노와 호르크하이머에게서의 '회상'은 망각의 강요에서 벗어나서 주체가 외적인 자연에 가했던 지배나 사회적 지배, 그리고 주체 스스로의 억압을 통해서 전개해 왔던 물화(Verdinglichung)의 사회적이고 역사적인 과정을 철학적으로 직면하는 것을 의미한다.

그렇다면 당시 파시즘의 현실에까지 스며든 계몽을 극복하기 위한 '주체 속에 있는 자연의 회상'은 구체적으로 어떤 사유로 전개되어야 할까? 아도르노의 '변증법적 사유'는 물화에 직면하는 주체의 '회상'과정을 구체적으로 다음과 같이 밝혀준다.

변증법은 개념적 질서에 만족하지 않고 대상들의 존재를 통해 개념적 질서를 수정하는 기술을 수행하는 사유입니다. 바로 여기에 대립성의 계기라는 변증법적 사유의 생명 중추가 있습니다. 변증법은 사람들이 변증법이라는 말로 생각하는 것, 즉 단순한 조작의 기술과는 반대되는 것입니다. 그것은 단순한 개념적 조작을 극복하고 사유와 사유 아래 포괄되는 것 사이의 긴장을 매 단계에서 견뎌내려는 시도입니다. 변증법은 사유의 방법이지만 단순한 방법이 아니라 방법의 단순한 자의를 극복하고 개념 속에 개념 자체가 아닌 것을 받아들이려는 시도입니다(Adorno, 2015, p. 19).

아도르노

아도르노에게서 '회상'은 단순히 과거로 돌아가서 그 내용을 고스란히 되풀이하는 데에 그치는 것이 아니라 회상하는 사태가 지닌 대립성 내지 모순성을 의식하는 주체의 사유작용을 말한다. 그런데 이는 새롭게 맞이하는 모순적 사태를 기존의 개념적 질서 속에 단순히 편입시키는 것이 아니라 오히려 개념화될 수 없는 사태와 개념 사이의 간극을 인정하고, 그 긴장을 견뎌내는 과정을 포함한다. 따라서 아도르노에게서의 '회상'은 단순히 개념이나 이론에 의해 사태를 파악하며 장악하는 인식과정의 재빠른 전환을 의미하는 것이 아니다. 오히려 대상 그 자체, 사태 그 자체를 핵심에 두고 개념과 이론이 그 대상이나 사태에 뒤따라오는 과정을 말한다.

여기서의 '회상'은 고통 속에 경험된 과거에서 물화의 사태와 그것을 지금 여기서 이해하고자 하는 개념 및 이론 사이에 놓인 모순성을 견디어 내고, 때로는 경험에 맞도록 개념을 변경하거나 새롭게 생성해 내기도 하는 변증법적 사유의 과정인 것이다. 특히 이론적 개념의 변경이 필요할 경우, 이는 단지 자의적인 것이 아니라, 그야말로 "사태로부터 나오는 개념의 운동"(Adorno, 2015, p. 47)이라고 할 수 있다. 변증법적 사유는 개념의 운동을 통해서 규정되기 때문에 역동성을 지닌다. 아도르노는 이러한 개념을 통한 사유의 운동에 대해 다음과 같이 말한다.

사유의 운동은, 변증법이 급진적으로 역동적인 유형의 사유로 특징지어지는 까닭에 바로 이 운동이라는 점 때문이겠는데요, 결코 단지 앞으로만 나가는 운동이 아닙니다. 그런 한 가지 성질만 있는 것이 아니라, 언제나 동시에 후진도 하는 운동이어서, 이 운동은 무엇에서 벗어나겠다고 움직이고 나면, 그런 의도로 반드시 벗어나겠다고 했던 그것을 다시 안으로 끌어들이게 됩니다(Adorno, 2012, pp. 67-68).

'회상'은 단순히 저장된 과거의 내용을 건져 올리고, 그 실재를 마치 거울처럼 정확히 실증적으로 반영하는 감각적 능력이 아니다. 오히려 그 과거로 되돌아가 특히 벗어나고자 하는 그것에 파고드는 현재 사유의 능동적 능력을 말한다. 이러한 성찰적 사유로서의 회상은 기존의 개념적 틀을 답습하여 반복하는 데에 그치는 것이 아니라 되새김 속에 모순을 인식하는 개념의 운동을 통해 현재의 주제가 통합적 정체성과 새로운 앎에 도달하는 과정까지도 포함한다고 할 수 있다. 그런데 여기서 주목할 점은 이러한 앎에서의 개방성, 즉 이러한 앎은 모순 속에 직면한 사태에 스스로를 개방하지 않고는 불가능하다는 데에 있다. 이러한 맥락과 연관해서 아도르노는 "세계를 범주들의 미리 생산된 체계로 환원시키는 것이 아니라 바로 그 반대로 체험에서 정신에게 제공할 수 있는 무언가를 위해 어떤 특정한 의미에서 스스로를 개방하는 일이 중요"(Adorno, 2012, p. 163)하다고 주장했다.

4. 외상에 대한 '회상'의 철학상담적 치유가능성 모색

PTSD 치료에서 외상의 '기억'과 PTG에서 '반추'는 외상에 대한 침투적인 자동사고로부터 의도적이고 반성적인 사고로의 전환을 마련함으로써 외상을 치유하는 데에 핵심적 고리의 역할을 한다. 또한 '기억'의 독특한 국면을 보여 주는 '회상'에 대한 철학적 이해를 통해서, 우리는 기억이 단순히 저장된 과거 경험을 대상화하여 실증적으로 반영하는 것만이 아니라 '회상'으로서의 철학적 사유, 즉 변증법적 사유로 전개될 수 있다는 점을 고찰해 보았다. 외상의 기억에 대한 임상적 접근들과 기억에 대한 철학적 이해는 과연 앞으로 전개될 철학상담에 어떤 영감을 줄 수 있을까? 이 지점에서 우리는 한편으로 외상에 대한 기존 치료들의 이점을 수용하면서도, 그 치료의 핵심부분에서 철학적으로 접근할 수 있는 개입의 지점을 살펴봄으로써 이전의 치료들을 보완하거나 대안적 가능성으로서 철학상담을 제안해 보고자 한다. 이로써 기존의 PTSD나 PTG의 중간지점에서 '기억'을 '철학적'으로 다룰 수 있는 새로운 치유가능성을 모색할 것이다.

1) 외상에 대한 치료에서의 기억과 철학적 회상

허먼이 말하는 PTSD에 대한 치료의 주요 세 단계 중에서 두 번째 단계는 '기억하고 애도'하는 것이다. 그녀는 "외상을 재구성하는 것만으로는 외상경험이 가지고 있는 사회적이고 관계적인 차원을 다룰 수 없다."(Herman, 2007, p. 305)고 명시적으로 말했다. 또한 기억은 단순히 과거의 일을 떠올리는 데에 그치는 것이 아니라 애도와 밀접한 연관성을 지닌다. 더욱이 그 외상의 상흔이 큰 경우, 애도의 작업은 물론 정서에 대한 충분한 공감과 위로가 급선무이지만, 그 근간에 깔린 이유를 생각하며 이해하고 해석하는 철학적 작업이 뒤따르지 않으면 온전히 완결될 수 없다.

PTG를 주장하고 있는 테데스키와 칼훈도 외상 내담자의 '반추'가 초기에는 자동적이고 침투적이지만 외상이 회복됨에 따라 의도적이고 반영적으로 변화되고 이로써 성장이 촉진된다고 지적한 바 있다. 여기서의 의도적이고 반영적인 반추는 철학적 성찰과정이 개입될 수 있는 지점을 확인시켜 준다. 또한 테데스키와 칼훈은 표준화된 증거기반 외상치료들에 공통되는 요소들을 네 가지로 언급하면서, 마지막 요소로 "일어난 사건을 이해하는 데에 토대가 되는 세계관을 재정립하는 것"(Tedeschi & Calhoun, 2015, p. 67)을 말한 바 있다. 이처럼 세계관을 재정립하는 것은 안정적인 치료동맹을 통한 충분한 정서적 공감과 수용을 바탕으로 하되, 외상 이전과 이후의 세계관의 변화를 이끌어 내기 위한 철학적 사유를 좀 더 적극적으로 전개할 필요를 보여 준다.

프로이트의 정신분석에서도 기억으로 번역되는 '상기(anamnesis)'는 일반적으로 중요한 치료적 의미를 지닌다. 여기서 우리는 프로이트의 '상기'와 아도르노의 '회상'의 차이에 주목할 필요가 있다.[18] 양자의 대비는 기억에 대한 상담 및 심리치료적 작업과 철학적 작업의 공통점과 차이를 좀 더 구체적으로 밝혀 줄 수 있을 것이다. 기억에 대한 작업의 측면에 국한해서 프로이트와 아도르노의 공통

---

18) 프로이트의 '상기'와 아도르노의 '회상'의 차이에 대한 상세한 논의는 노성숙(2001, pp. 307-313) 참조.

점은 인간들이 겪는 고통 중에서 인간 자신이 스스로에게 가하는 억압에 관심을 지니고 그 억압으로부터의 해방을 목표로 한다는 데에 있다. 양자는 특히 인간의 내적 억압을 밝혀내기 위해서 '망각에 대항하는 기억'을 중시한다.

그러나 양자는 이러한 내적 억압이 과연 무엇에 근거하고 있는지를 규명하는 데에 있어서는 의견을 달리한다. 아도르노는 프로이트의 정신분석이 총체적이고 동일적인 사회가 개인에게 얼마나 억압적일 수 있는지에 대해서 다루지 않고 단지 개인의 충동과 쾌락에만 초점을 맞추고 있는 점을 수용할 수 없다고 비판했다. 프로이트는 "사회적인 것과 이기적인 것의 대립을 검증하지 않은 채"(Adorno, 1980, p. 66) 받아들이고 있다. 따라서 개인이 이기적인 차원에서 충동을 포기해야 하는 것인지 아니면 억제를 통해서 사회문화적 발전을 촉진시키도록 노력해야 하는 것인지 판단할 수 없도록 하고, "지배가 산출한 고통에 대한 인식을 금지"(Adorno, 1980, p. 68) 시키기까지 할 수 있다. 이에 반해 아도르노의 '회상'은 총체적 동일성을 강요하는 사회적 모순과 그 폭력성을 자각하고 지배 그 자체에 대항하려는 철학적 사유의 첫걸음이 될 수 있다.

이러한 아도르노의 프로이트 비판을 사회적 외상에 연관시켜 볼 경우, 양자의 차이는 더욱 명시적으로 드러난다. 허먼의 주장에 따르면, 사회적 외상을 치유하는 데에 있어서 "외상이 가지고 있는 사건 자체의 특성은 심리적 해악의 결과를 결정하는 가장 강력한 요인이다. 개인의 성격적 특성은 압도적인 사건 앞에서 그다지 중요한 것이 아니다"(Herman, 2007, p. 106).[19] 따라서 사회적 외상은 각

---

19) 정신분석전문가인 카디너도 개인에게 미친 사회적 현실의 영향력을 인식하고, 『개인과 그의 사회(The Individual and His Society)』라는 책까지 저술한 이후에 다시금 개인과 사

개인에 대한 성격적 특성보다 그러한 고통을 야기시킨 사회적인 외상사건 그 자체를 파고들지 않으면 안 된다. 이러한 맥락에서 오수성이 말한 바 있는 5.18 트라우마의 치유를 위한 '기억의 해법'은 아도르노가 말하는 '회상'과 긴밀하게 연결된다고 할 수 있다. 5.18 트라우마처럼 국가폭력으로 인한 사회적 외상에 대한 '회상'이야말로 그 고통을 낳은 사회적 요인의 정체를 밝혀내고, 사회적 현실의 모순과 폭력성에 직면하는 철학적 사유를 구체적으로 전개할 것을 필요로 하기 때문이다.

이와 같이 볼 때, 한편으로 심리적 외상을 치료하기 위해서 개인의 성격적 특성이나 개인적인 회복요인에 주목하는 PTSD나 PTG의 작업을 보완하는 데에 기억에 대한 철학적 사유의 작업이 필요하다는 점을 알 수 있다. 또한 다른 한편으로 5.18 트라우마와 같은 사회적 외상을 치유하기 위해서도, 아도르노의 '회상'에서와 같이 개인과 사회의 연관성을 성찰하고 비판하는 철학적 사유가 더욱 긴요하다고 할 수 있다. 그렇다면 심리적 외상과 사회적 외상에 대한 기존의 상담이나 치료적 접근을 보완하는 차원에서, 혹은 그러한 상담 및 치료에 대한 대안으로서 철학상담이 진행될 경우, 외상에 대한 '회상'은 어떤 철학적 사유로 전개될 것인가?

2) 외상을 치유하기 위한 '회상'에서의 변증법적 사유

외상으로 인한 개인의 고통은 구체적인 사회적, 문화적, 정치적 맥락을 벗어난 물리적 실재 혹은 심리적 실재로만 다루어질 수는

회, 문화 등의 폭넓은 맥락에서 '전쟁 외상 신경증(The Traumatic Neuroses of War)' 치료에 전념했다(Herman, 2007, p. 52).

없을 것이다. 왜냐하면 외상은 "집단 정체성 의식으로 파고드는 심한 고통의 결과"(Alexander, 2007, p. 212)이기 때문이다. 특히 5.18과 같은 사회적 외상으로 인한 고통은 단순히 '사건 그 자체'의 물리적 실재보다 그 사건이 국가권력에 의한 폭력이었기 때문에 국가권력이 그러한 폭력에 정당성을 부여하는 과정에서 피해자와 유족들에게 더 큰 2차 외상을 입히게 된다. [20] 이처럼 국가권력에 의한 물리적 폭력만이 아니라 사회적이고 문화적인 폭력으로 인해 외상이 2차, 3차로 재차 발생할 경우, 국가권력에 의해 제도권에서 제공되는 정신의학적 치료나 심리치료만으로는 그 외상의 치유가 이미 제한적일 수밖에 없다. [21]

이러한 맥락에서 아도르노가 말하는 '변증법적 사유'는 기존의 PTSD에 대한 치료와 PTG의 임상적 접근들 사이에서 특히 사회적 외상의 치유를 위한 '기억의 해법'이 작동할 수 있는 변곡점을 마련할 수 있다. 아도르노는 변증법이 사유의 방식이자 방법이라고 주장했다. 그런데 이러한 변증법적 사유가 여타의 심리치료나 상담의 방법과의 차이를 보여 주는 결정적인 점은 이전의 개념적 질서와 다른 것, '비-동일적인 것(das Nicht-identische)', 즉 외상을 겪는 개인의 모순적 현실에 역점을 두고 출발한다는 데에 있다. 변증법적 사유는 외상의 비동일적 사태를 단순히 이전의 개념이나 진단에 따

---

20) 예를 들어 5.18 피해자와 유족들은 자신의 신체적 고통이나 심리적 쇼크로 인한 1차 외상 이외에도 '폭도' '빨갱이' 등으로 내몰리면서 더욱 심각한 2차 외상을 경험했다고 한다(광주트라우마센터 편, 2014, p. 85; 광주트라우마센터 편, 2015, p. 44).

21) 최근 세월호로 인한 트라우마에서도 우리는 2차 외상의 폐해를 절감한 바 있다. 정부와 사회단체들은 생존자와 유가족들을 위한 의료와 심리치료를 제공하기에 급급했다. 그러나 정작 생존자와 유가족들은 세월호 사건을 둘러싼 '교통사고와 보상의 구도' '특례입학' '시체장사' 등으로 정치권과 여론에서 '낙인찍힘'으로써 2차 외상으로 인해 더 큰 고통을 받았다. 이에 대한 상세한 논의는 노성숙(2015, pp. 43-53) 참조.

라 환원시키거나 조작하려 하지 않으며, 오히려 비동일적인 대상과 이전의 개념적이고 도식적인 틀 사이에 놓인 대립성이나 모순을 존중하고 이에 집중하고자 한다.

언표화되지 않았거나 기존의 질서에 '억압된' 사태로 있던 외상을 기억한다는 것은 프로이트가 지적한대로 '현상계의 찌꺼기'를 이끌어 내는 것이다. 그러나 회상을 통해 변증법적 사유를 전개할 경우, 철학상담은 고통받는 개인의 외상 기억 속에 들어 있는 '사회적이고 역사적인 경험'에 주목하면서 그 안에서 작동되는 모순과 대립의 역동성을 함께 포착하고 사유할 수 있다.

그렇다면 PTSD나 PTG를 위한 외상치료에서도 활용될 수 있는 심리학적 접근이나 통상적 과학적 접근에서 '개인과 사회의 연관성'을 다루는 데에 구체적으로 어떤 제한점이 있으며, 철학상담에서는 이를 어떻게 달리 전개할 수 있을까? 이와 연관해서 아도르노는 이러한 접근들에서 '개인과 사회의 연관성'을 논하기에 앞서서, 이 연관성의 근저에 깔린 철학적 전제, 즉 '부분과 전체의 연관성'에 주목한다. 이러한 철학적 논의로부터 우리는 외상의 경험이 각 치료적 접근에서 어떻게 달리 인식되는지를 밝혀내고 이로써 철학상담에서 전개될 변증법적 사유와의 차이점을 명료히 할 수 있다.

아도르노에 따르면, 지각심리학이나 게슈탈트적 접근에서는 우리에게 "우선 어떤 복합체 내지 어떤 형태가 주어지고, 그로부터 비로소 반성을 통해 개별 계기들이 드러난다"(Adorno, 2015, p. 168). 이러한 접근에서는 부분에 대한 전체의 우위 내지 양자 간의 조화가 바탕이 된다. 이에 반해 통상적 과학논리학에서는 우리가 부분들을 지각하고 나서, 이 부분들을 유사성과 상이성에 따라 배열하고 분류한 뒤, 보편적인 개념과 이론으로 환원시킨다. 양자 모두와 연관하여 아도르노는 모든 치료의 근저에 놓인 전체와 부분의 연관성이 난관을 지니고 있음을 포착해 냈다.

> 내가 여기서 다루면서 여러분이 의식했으면 하는 난관은, 전체와 부분이 단지 상호관계를 통해서만 파악될 수 있지만, 그때그때 여러분이 부분을 택하면 전체는 결코 실증적으로 주어지지 않으며 역으로 여러분이 전체를 생각하면 이로써 그 부분들은 결코 실증적으로 주어지지 않는다는 점, 그래서 여러분은 이 두 가지를 도대체 어떻게 결합할 것인지 부단히 자문할 수밖에 없다는 점입니다 (Adorno, 2015, pp. 157-158).

이와 같이 아도르노는 기존의 치료적 접근에서의 전제가 전체와 부분의 긴장관계를 다룰 수 없다는 점에서 지닌 근본적인 제한성을 밝혀냈다. 나아가 그는 과학적 논리가 지닌 문제점을 지적했다. 아도르노는 과학적 논리에 따를 경우, 우리의 살아 있는 경험이 타당하기 위해서는 과학적 명제들로 변형될 수 있어야 하는데, 여기서의 변형은 매우 '문제적'이라고 주장했다. 왜냐하면 우리 삶의 경험은 개별과학들에 의해 형식적인 부분들로 나뉘고 조직화된 경험이라기보다는 사회문화적이며 역사적으로 얽혀 있는 경험이라고 할 수 있기 때문이다.

바로 이 지점에서 철학상담은 이러한 사회적이고 역사적인 삶의 경험들 속에서 부분과 전체의 모순을 항상 긴장 관계 속에서 파악하고, 그 역동성을 담아내는 변증법적 사유를 전개하도록 도울 수 있다. 다시 말해 철학상담은 외상을 겪고 있는 개인의 비-동일성의 경험을 그 자체로 좀 더 가까이에서 존중하는 데에서 출발한다. 이는 그 개인의 삶 속에 얽혀 있는 복합적인 현실을 어떤 물리적 실재로 환원하거나 보편적인 진단과 처방으로 다루지 않는다는 것을 의미한다. 오히려 철학상담은 그 경험의 모순성을 사회적이고 역사적인 의미세계의 맥락에서 지속적으로 바라보고 성찰할 수 있는 다양한 해석의 계기를 마련할 수 있다. 그리하여 외상생존자가 겪은 '모순적 경험과 그 의미'를 상담자와의 안정적 관계에서 존중하고 그 자체로 파고들면서 함께 사유하는 데에로 나아갈 수 있다. 여기서 양자의 변증법적 사유는 "일종의 추상적 체계로서가 아니라 살아 있는 인식 내부에서 의미하게 되는 전환에 대하여 좀 더 나은 관념을 제공"(Adorno, 2015, p. 236)하고자 작동된다. 그리하여 철학상담은 외상생존자로 하여금 그 고통에 담긴 사회적이고 역사적인 경험의 고유한 의미를 상담자의 지지와 더불어서 찾아내고 무엇보다 주체적으로 사유할 수 있도록 촉진할 수 있다.

3) 진상규명과 변증법적 사유를 통한 철학상담

PTSD 치료는 '기억의 해법'을 도모하고, PTG에서의 치유는 의도적이고 반영적인 반추와 세계관의 변화를 추구한다. 반면에, 철학상담은 외상 생존자가 '회상'을 통해 개인과 사회에 놓인 모순을 자각하고, 변증법적 사유를 통해서 사회적이고 역사적인 경험의 의미를 주체적으로 발견할 수 있도록 동반한다. 그렇다면 외상을 겪는 개인에게 필요한 변증법적 사유는 무엇을 중심으로 이루어지며, 어떻게 전개되어야 할 것인가?

여기서 우리는 5.18 트라우마나 세월호 트라우마로 인해 고통받았던 당사자들의 요구를 귀담아들어야 한다. 이들의 호소나 요구

속에서 우리는 외상을 치유하기 위한 명백한 단서를 발견할 수 있다. 사회적 외상을 겪는 당사자들은 자신이 겪고 있던 신체적이나 심리적 증상에 대한 개인적 치료에 앞서 한결같이 외상사건의 '진상규명'을 요구하고 나섰다. 세월호 생존자나 유가족들도 국가가 제공했던 의료나 심리치료를 그대로 수용하기보다는 세월호 사건에 대한 '진상규명'을 더 절실하게 바랐다.[22] 이는 고통받는 개인의 신체나 심리상태를 병리학적으로 대상화하여 다루는 의료나 심리치료에서 자칫 간과될 수 있는 부분이기도 하고, 사회적 적응을 목표로 하는 상담 및 심리치료와는 무관하다고 간주되어 아예 다루어지지 않는 부분이기도 하다.

특히나 사회적 외상의 경우, 외상 당사자가 2차, 3차 외상을 겪을 수 있는 가능성이 많았던 이유는 그 경험에서 요구하는 '진상규명'이 기존 사회적 체제에 순응적이지 않았기 때문이다. 5.18 트라우마의 경우에는 국가폭력을 행사한 정부가 '진상규명'을 주도할 수 없었으며, 세월호 트라우마의 경우에도 정부의 무능력한 대처에 대한 철저한 반성이 없이는 '진상규명'이 이루어질 수 없었기 때문이다. 외상의 가해자가 국가나 기업처럼 사회적 권력의 담지자일 경우, 그들이 제공하는 정신의학적 치료나 상담은 그 치료자나 상담자가 아무리 진정성을 지니고 임한다고 하더라도 그 치료는 이미 시작부터 제한성을 지닐 수밖에 없다. 왜냐하면 국가나 사회정치적 차원에서 야기된 외상의 좀 더 근원적인 이유를 은폐한 채 그 권력을 방어하는 하나의 방편으로 전락하기 쉽기 때문이다.

사회적 외상의 생존자들에게도 물론 각자의 신체적인 고통과 심

---

22) 세월호 생존자 학생의 편지와 유가족 호소문에 드러난 '진상규명'에 대해서는 노성숙 (2015, pp. 54-57) 참조.

리적 정서를 위로하고 공감하는 치료가 전적으로 필요하다. 그런데 이들의 요구에서 명백하게 드러나는 것처럼 그 모든 치료작업보다 더 시급하게 해결되어야 할 것은 '왜 그러한 외상사건이 벌어졌는지'에 대한 철저한 진상규명이며, 그에 따른 사회적 조처들이다. 따라서 개인적인 차원에만 집중하는 기존의 치료체제나 혹은 사회적인 차원에서의 제도적 접근만으로는 부족하기 때문에, 이러한 치료와 접근에 대한 대안으로 개인적 차원과 사회적 차원의 연관성을 함께 다룰 수 있는 철학상담을 제안해 볼 수 있다.

아직까지는 외상에 대한 철학상담의 기회가 주어지지는 않고 있지만, 만일 그 기회가 주어진다면, 철학상담은 아도르노의 변증법적 사유를 활용하여 외상을 다룰 수 있을 것이다. 그렇다면 좀 더 구체적으로 철학상담에서 변증법적 사유는 어떻게 전개될 수 있을까? 이미 헤겔은 변증법적인 사유 속에 "부정적인 것의 엄청난 힘(die ungeheure Macht der Negatives)"(Hegel, 1986b, p. 36)에 주목한 바 있다. 외상생존자들의 고통은 기존의 체계가 문제가 되는 지점에서 발생한다. 따라서 그 고통의 근원을 문제 삼는 사유의 동인은 자신의 구체적이고 개별적인 경험을 회상하면서 바로 이전에 모순 없이 수용했던 현실을 '부정'하는 데에서 출발하지 않으면 안 된다.[23]

레비는 생존자의 기억이 진상규명을 위해 핵심적인 실질자료이지만, 그 기억을 비판적으로 성찰할 수 있어야 한다고 주장했다.

> 수용소에 대한 진실을 재건하기 위한 가장 실질적인 자료가 바로 생존자들의 기억으로 이루어져 있다는 것은 당연하고 명백하

---

23) 손봉호(1995)는 고통을 피하려는 행동이 조건반사적일 수도 있지만 반성적일 수 있다고 보았고, "인간의 사유는 고통에 근거한 부정과 무관하지 않다."(p. 46)고 주장했다.

다. 그 기억은 그것이 불러일으키는 동정심과 분노를 넘어 비판적인 눈으로 읽혀야 한다(Levi, 2014, p. 16).

무엇보다 사회적 외상을 다루고자 할 때, 철학상담에서 요구되는 것은 기존의 사회체제나 국가권력이 자아내는 폭력에 대해 비판적 사고를 전개할 수 있는 능력이다. 이러한 맥락에서 아도르노는 "이 세상에는 비판적 사고를 중지시켜도 되는 어떤 권력도 없다." (Adorno, 2015, p. 314)고 명시적으로 말했다. 대부분의 사회적 권력, 즉 경제적, 정치적, 문화적 권력들은 그 권력을 뒷받침하는 체계를 옹호하고 정당화하는 가운데, 자신들의 체계와 동일시하지 않으려는 비판적 사고를 허용하지 않는다. 그런데 "체계에 대한 비판으로서의 변증법은 체계 밖에 존재할 어떤 것을 기억하며, 그리고 변증법적 운동이 인식 속에서 풀어놓는 힘은 체계에 대들 수 있는 힘이다"(Adorno, 1977, p. 42).

이와 같이 변증법적 사유를 통해 철학상담을 전개할 경우, 기존의 권력체계에 대한 비판적 사고를 할 수 있게 되고, 그러한 인식을 갖게 되는 과정에서 체계에 저항하는 힘을 지닐 수 있게 될 것이다. 아도르노는 이처럼 '비판'과 '저항'을 가능하게 하는 사유의 힘 속에서 철학적 차원만이 지니는 '깊이'와 철학의 고유한 '사변적 계기'가 놓여 있다고 보았다. 그리고 이러한 저항의 깊이와 관계하면서 철학이 지닌 사변적 계기가 오히려 더욱 중요한 역할을 할 수 있다고 주장했다. 왜냐하면 철학이 지닌 사변적인 계기는 깊이에 대한 요구일 수 있는데,[24] 이는 기존의 권력이 구축해 놓은 표층적인 구조를 의식

---

24) 아도르노에 따르면, "철학은 그 자신의 '생각하는 숨결(denkender Atem)'의 힘으로만 깊이의 이념에 관여하는데, …… 저항은 그것의 참된 척도이다"(Adorno, 1977, pp. 28-29).

적으로 부수어 낼 수 있는 초월적 사유작용으로 이어질 수 있기 때문이다. 이로써 사변적 사유작용은 이데올로기를 벗겨 내고 저항하는 사상의 자유를 실현하기에 이를 수 있다.

그렇다면 이러한 변증법적 사유에서의 비판과 저항이 보여 주는 철학적 깊이와 사변적 계기가 사회적 외상의 진상규명을 위한 철학상담에서 과연 어떤 의미를 지닐 수 있을까? 우선, 외상을 자아낸 사태 그 자체에 대해 철학상담은 변증법적 사유를 충분히 전개할 수 있도록 도울 수 있어야 한다. 다시 말해 상담자와 내담자가 충분히 함께 머물면서 외상생존자가 겪고 있는 삶의 모순을 오랫동안 바라보고 인식하며, 그 모순에 저항하는 힘이 내담자 스스로 생겨나도록 견디고 기다릴 수 있어야 한다. 이러한 자성을 바탕으로 할 때에야 비로소 외상에 대한 기존 치료의 경직된 개념이나 체계들에서 벗어날 수 있으며, 사회적 외상을 겪는 당사자들의 절실한 요구인 '진상규명'을 해나갈 수 있는 사유의 힘을 지니게 될 것이다.

여기서 우리는 이러한 변증법적 사유에서 비판과 저항은 어디에 근거해 있으며, 무엇을 향해 나아가야 할지를 묻지 않을 수 없다. 이 지점에서 플라톤의 상기는 참된 진리로서 이데아와 관계하고 있었고, 아우구스티누스의 기억도 신적 진리에 연관된다는 점을 되돌아보지 않을 수 없다. 물론 이와 유사한 맥락에서 아도르노는 변증법적 사유의 모델이 진리의 이념을 고수한다고 주장했다. 그런데 여기서 아도르노가 말하는 진리는 이전의 철학자들이 말한 어떤 견고한 것으로 고착화된 것이 아니라는 점에 주목해야 한다.

허위에 대한 통찰, 즉 본래 변증법의 결정적 모티프인 비판적 모티프 속에는 그 필수 조건으로서 진리의 이념이 담겨 있습니다. 비판을 수행하면서 이때 그것이 지칭하는 바의 허위 자체를 규정하지 않는 것은 어불성설입니다. …… 변증법 전체에서 관건이 되는 것, 즉 한편으로 이 비판의 계기 혹은 더욱 밀고 나가는 사유의 계기 속에 거부할 수 없고 제거할 수 없게 진리의 모티프가 정립되어 있지만, 다른 한편으로 이때 진리를 현상들 너머의 어떤 사물화된 것 혹은 견고한 것으로 표상하는 것이 아니라 오히려 진리를 현상들 자체의 생명 속에서 찾는다는 점, 따라서 개별 현상 그 자체에 대해, 그 자체의 일관성에 대해 질문하고 바로 이로써 그 허위를 설복한다는 점, 이 점을 실제로 파악하는 것이야말로 다름 아닌 오늘날의 이분법적 의식이 겪는 실제 어려움입니다(Adorno, 2015, p. 317).

아도르노에게는 '허위에 대한 통찰'이야말로 진리의 이념에 다가갈 수 있는 길이었다. 그는 "허위는 그 자체와 진리의 시금석이다(falsum index sui et veri)"[25]라고 주장했다. 이로써 과학주의의 이분법적 접근이나 심리주의의 전제, 즉 "모든 종류의 진리가 그 기원으로 완전히 설명된다는 생각, 또 일단 진리를 발생시킨 것에 대해 알게 되면 진리 자체를 차지하게 된다는 생각"(Adorno, 2015, p. 318)이 비판될 수 있다.

"빛이 아니라, 특정하게 조명된 것을 보도록!"[26]이라는 아도르노의 구호에서도 드러난 것처럼, 허위를 통찰함으로써 얻어지는 진리의 이념은 단지 일반적이고 보편적인 긍정이나 전면적인 부정이

---

25) 이는 스피노자의 명제인 "verum index sui et fasi"를 뒤집어 놓은 형태이다.
26) 이 구절은 원래 괴테의 시의 한 구절인데, 아도르노는 이를 '형식으로서의 에세이'의 모토로 삼았다(Adorno, 1974a, pp. 9-33).

아니라, 개별자들의 구체적인 체험 속에 담긴 '특정한 부정', 즉 특정한 허위에 대한 통찰이 실제로 이루어지도록 해 주는 광원과도 같은 것을 말한다. 따라서 변증법적 사유를 활용하는 철학상담은 다시 반복되어서는 안 되는 허위를 찾아내고, 이를 구체적이고 개별적으로 비판하고 저항함으로써 사회적 외상의 치유에 한 걸음 더 다가갈 수 있도록 노력하지 않으면 안 될 것이다.

특히 사회적 외상생존자들이 '진상규명'을 요구하는 이유는 이미 겪은 외상사건의 공포 속에 인간성의 파괴가 "절대 다시는!"(Herman, 2007, p. 342) 반복되지 않기를 바라는 절실함이자 생존자로서 인간성을 회복하고자 하는 보편적인 외침에 근거해 있다. 따라서 외상생존자들과의 철학상담이 마련될 경우, 이러한 절실함의 계기와 인간으로서의 윤리적 요구는 이들의 기억을 통해 그 끔찍한 사건을 되돌아보고 비판과 저항을 통해 성찰하는 작업을 해나갈 수 있는 추동력으로 자리잡을 수 있게 될 것이다.

5. 외상에 대한 '회상'과 '변증법적 사유'에 기반한 철학상담

이번 장에서는 외상에 대한 기존의 PTDS 치료나 PTG의 상담 및 치료적 접근에서 '기억'이 지니는 독특한 위상에 착안하여, 아도르노의 '회상'개념과 '변증법적 사유'에 기반을 둔 철학상담이 기존의 상담 및 치료에서 다루지 않는 부분을 보완하거나 또는 대안적 접근을 시도함으로써 심리적, 사회적 외상의 치유에 전반적으로 기여할 수 있는 바가 무엇인지를 밝혀 보았다.

특히 우리 사회에서 5.18이나 세월호로 인한 사회적 외상은 그 사건자체가 개인이 사회에 대해 지녔던 신뢰가 하루아침에 무너져 내린 쇼크와 공포로 점철되었다. 그런데 바로 이러한 개인과 사회의 급격한 단절이 가져온 쇼크의 사회적 원인을 근본적으로 다루지 않고 과연 어떻게 개인의 신체, 심리, 정서 등이 회복될 수 있을까? 이러한 외상치료의 종결과 목표는 과연 사회적 적응과 개인의 심리적 안녕감이라고 단언할 수 있을까? 이러한 비판적 문제의식으로부터 이번 장에서는 PTSD 치료에서의 '장애'와 PTG에서 말하는 '성장', 그 사이에서 철학상담이 새로운 치유의 대안으로 개입할 수 있는 지점을 탐색해 보았다. 특히 외상에 대한 '기억'의 의미를 아도르노의 '회상' 개념과 '변증법적 사유'에 입각하여 새롭게 파악할 경우, 철학상담은 개인이 사회와의 관계에서 처한 모순적 현실을 솔직하게 드러낼 뿐 아니라 공동체의 구성원들이 함께 비판하고 저항하며 사유할 수 있는 기회를 제공할 수도 있을 것이다.

물론 외상에 대한 철학상담이 진행될 경우, 그 출발에 있어서 가장 유념할 점은 외상에 대한 기존의 치료 및 상담적 접근이 지닌 핵심적 내용과 성과를 미리 잘 숙지하고 있어야 한다는 데에 있다. 또한 정치적 테러나 사회적 외상에 대한 '기억'을 마주할 경우, 상담을 위한 '안전'을 확보하지 않으면 안 된다는 점, 그리고 플래시백(flashback)을 통한 침투적 기억을 충분히 이해하고 치료동맹을 맺고 나서야 비로소 그 외상에 대한 기억에 반성적으로 접근할 수 있는 '철학적' 차원, 즉 비판과 저항의 변증법적 사유 가능성이 열릴 수 있다는 점도 숙지하지 않으면 안 된다. 나아가 외상에 접근할 수 있는 철학상담의 영역이 아직 현실화되지 않은 상태에서 어떻게 기존의 상담 및 치료적 접근과 공조할 것이며, 대안으로서의 접근

가능성을 마련해 갈 것인지도 고민해야 한다. 또한 개인상담만이 아니라 사회적 지지와 연대를 함께 이끌어 낼 수 있는 다양한 집단 프로그램 등의 가능성에 대해서도 앞으로 좀 더 상세하게 논의해 가야 할 것이다.

끝으로 변증법적 사유에 기반을 둔 철학상담이 유념해야 할 척도에 대해서 생각해 보고자 한다. 아도르노는 변증법적 사유에서 내재적 척도만이 유일한 가능성이라고 주장했다. 그에 따르면, "사유는 이 시대의 징표가 된 것처럼 외부로부터 어떤 사태에 척도들을 가져다 적용할 것이 아니라, 스스로를 사태 자체에 내맡겨야 하고, 척도는 사태 자체로부터, 헤겔이 명명하듯이 '순수한 바라봄'을 통해 비로소 얻을 수 있다는 헤겔의 요구로부터 가장 결정적인 것을 배워야 하는 것"(Adorno, 2015, p. 320)이다. 이와 더불어 아도르노는 변증법이 처방이 아니라 진리가 스스로 드러나도록 하려는 시도라는 점을 분명히 했다. 그는 "변증법은 처방전을 거부합니다."(Adorno, 2015, p. 323)라고 명시적으로 말하며, 일반적으로 통용되는 '정의(Definition)'의 형식으로 진행되는 사회과학이나 자연과학에서의 외부적 잣대로 진행되는 처방전과 '통상적 확실성에 대한 포기'를 하지 않으면 안 된다고 강변했다. 변증법의 과제 중 핵심적인 것은 "무엇보다 이처럼 정의에 의존하는 사유의 기만을 흔들어놓는 것"(Adorno, 2015, p. 324)이기 때문이다.

강제수용소 외상생존자인 레비는 자신이 동물이 아닌 인간이고자 저항했던 과거의 장면들을 기억하고 증언하는 삶을 실천하며 살았다. 아도르노의 성찰을 통해서 레비와 같은 외상생존자의 증언[27]을 귀담아 듣게 될 경우, 인간이라는 존재의 척도를 '회상'하고 [28] 개인과 사회의 모순을 직면하게 해 준 외상생존자들이야말로 우리 모두에게 '인간의 조건'을 근본적으로 다시 '변증법적으로 사유'하게 만든 치유자임을 새삼 깨닫게 된다. 외상을 통해 변화하고 성장해야 할 자는 그들이 아니라 이미 손상된 우리들이자 우리 사회이기 때문이다.[29]

---

27) 광주트라우마센터는 2013년 9월부터 '마이데이'라는 증언치유프로그램을 진행해 왔으며, 그 내용을 2015년에 『제 이야기를 들어주시겠습니까?: 증언치유프로그램 '마이데이(My Day)' 기록집 I』, 2017년에 『제 이야기를 들어주시겠습니까?: 증언치유프로그램 '마이데이(My Day)' 기록집 II』로 출간했다.

28) 서경식은 레비가 자신에게 '인간의 척도'였다고 고백했다. 그에 따르면, 레비는 '강제수용소의 지옥조차 소멸시킬 수 없었던 인간성'의 증인이며, '아우슈비츠 이후'의 시대에서 '인간'의 척도이기도 하다(Suh, 2015, p. 156).

29) "아마도 잘못된 세계의 각 시민들에게 올바른 세계는 견딜 수 없을 것이다. 그들 각자가 올바른 세계를 위해서는 너무 많이 손상되었을 것이기 때문이다."(Adorno, 1977, p. 345)

참고문헌

강원대 HK인문치료사업단(2008). 인문치료. 춘천: 네오뮤즈.

광주트라우마센터 편(2014). 오월꽃 마음꽃이 피었습니다: 미술치유, 10주간의 기록.

광주트라우마센터 편(2015). 증언치유프로그램 '마이데이(My Day)' 기록집 Ⅰ: 제 이야기를 들어주시겠습니까?

광주트라우마센터 편(2017). 증언치유프로그램 '마이데이(My Day)' 기록집 Ⅱ: 제 이야기를 들어주시겠습니까?

권석만(2012). 현대심리치료와 상담이론-마음의 치유와 성장으로 가는 길. 서울: 학지사.

김상봉(2003). 그리스 비극에 대한 편지. 서울: 한길사.

김영진(1993). 임상철학을 위하여. 철학과 현실, 16, 26-37.

김영진(2004). 철학적 병에 대한 진단과 처방: 임상철학. 서울: 철학과 현실사.

김영철(2011). 아우구스티누스 사상에서의 신인식의 근거로서의 기억 개념. 동학연구, 31, 61-82.

김재철(2015). 정신의학과 하이데거의 대화. 현대유럽철학연구, 39, 31-73.

김재철(2017). M. 보스의 현존재 분석에 대한 임상철학적 연구. 칸트연구, 40, 145-186.

김정현(2006). 니체, 생명과 치유의 철학. 서울: 책세상.

김정현(2007). 니체와 텍스트 해석, 그리고 철학치료. 범한철학, 44, 145-176.

김혜경(2005). 여성주의 상담의 정의 및 특성. 김민예숙 외 공저, 왜 여성주의 상담인가: 역사, 실제, 방법론(pp. 12-27). 경기: 한울 아카데미.

김혜숙(2012). 여성주의 성찰성과 치유의 인문학. 한국여성철학, 18, 69-96.

노성숙(2000). 계몽과 신화의 변증법. 철학연구, 50, 217-241.

노성숙(2001). 주체 속에 있는 자연의 회상. 현상학과 현대철학, 16, 304-331.

노성숙(2009). 철학상담과 여성주의상담. 여성학논집, 26(1), 3-39.

노성숙(2010). 인간다운 삶을 위한 철학적 대화로의 초대: 철학상담의 배경과 발단. 인간연구, 19, 197-234.

노성숙(2011). 비극적 삶에 대한 현존재분석과 철학상담: 엘렌 베스트의 사례를 중심으로. 철학논집, 26, 59-92.

노성숙(2012). 현대 상담이론 및 심리치료적 접근의 철학적 배경. 철학연구, 99, 209-243.

노성숙(2013). 여성내담자중심치료를 위한 철학상담적 인간이해: 정신분열증 여성환자 엘렌 베스트 사례를 중심으로. 한국여성철학, 20, 143-180.

노성숙(2014). 삶의 진리를 성찰하는 해석학으로서의 철학상담: 고통받는 한국 청소년을 중심으로. 신학전망, 187, 88-126.

노성숙(2015). 가해하는 공동체? 치유하는 공동체?: 개인의 고통에 대한 성찰과 치유를 모색하는 철학상담. 철학연구, 108, 31-70.

노성숙(2016a). '세계관 해석'의 심화와 확장으로서의 철학상담: '소크라테스 대화'를 중심으로. 현대유럽철학, 40, 1-36.

노성숙(2016b). 5·18 트라우마와 치유: 개인과 사회공동체의 변증법에 대한 비판적 성찰. 신학전망, 194, 207-254.

노성숙(2017). 외상에 대한 '기억'의 철학상담적 치유가능성 모색: 아도르노의 '회상'개념과 변증법적 사유를 중심으로. 가톨릭철학, 29, 201-240.

노성숙(2018a). 철학상담으로 가는 길. 서울: 학지사.

노성숙(2018b). 상담철학과 다양한 상담적 접근의 철학적 배경. 김현아 외

공저, **상담철학과 윤리**(2판, pp. 27-62), 서울: 학지사.

노성숙(2018c). 여성주체가 겪는 고통과 치유: 철학상담의 입장에서 본 엘렌 베스트와 시몬 베유의 사례를 중심으로. **한국여성철학**, 29, 87-132.

노성숙(2019). 심리치료와 철학의 만남과 대화: 정신의학자 보스(M. Boss)와 철학자 하이데거(M. Heidegger)의 '졸리콘 세미나'를 중심으로. **가톨릭철학**, 33, 65-105.

노성숙(2020). 심리치료의 역사적 전개과정에 나타난 철학적 인간이해의 중요성. **한국여성철학**, 33, 93-141.

박소윤, 정남운(2015). 사건중심성과 외상 후 성장의 관계 분석. **상담학연구**, 16(5), 141-155.

박승찬, 노성숙(2013). **철학의 멘토, 멘토의 철학**. 서울: 가톨릭대학교 출판부.

변혜정(2006). 반성폭력운동과 여성주의상담의 관계에 대한 연구: 상담지원자의 입장에서. **한국여성학**, 22(3), 229-272.

비피기술거래, 비피제이기술거래, 미래기술정보리서치(2020). **국내외 의료 ICT 산업분야 관련 주요기술동향분석 및 시장전망과 기업종합분석**. 서울: 비티타임즈.

서홍관(2008). 질병으로부터의 고통과 우리의 대응. 인제대학교 인문의학연구소 편, 인문의학: 고통! 사람과 세상을 만나다(pp. 14-25). 서울: 휴머니스트 출판그룹.

손봉호(1995). **고통받는 인간: 고통문제에 대한 철학적 성찰**. 서울: 서울대학교 출판부.

손영삼(2006). 현존재 분석과 현존재 분석론. **대동철학**, 36, 107-124.

손영삼(2010). 현존재 분석과 실존 치료. **동서철학연구**, 58, 493-510.

신선영, 정남운(2012). 삶의 의미와 사회적 지지가 외상 후 성장에 미치는 영향: 성장적 반추를 매개 변인으로. **인간이해**, 33(2), 217-235.

안현의, 주혜선(2011). 단순 및 복합 외상 유형에 따른 PTSD의 증상 구조. **한국심리학회지: 일반**, 30(1), 869-887.

안희경(2020). **오늘부터의 세계: 세계 석학 7인에게 코로나 이후 인류의 미래를 묻다**. 서울: 메디치.

오수성(2013). 국가폭력과 트라우마. 민주주의와 인권, 13(1), 5-12.

오신택(2014). 롤로 메이의 실존주의 심리치료의 철학적 기초. 철학연구, 130, 135-159.

유성경(2018). 상담 및 심리치료의 핵심원리. 서울: 학지사.

이동식(2008). 도정신치료 입문. 서울: 한강수.

이양자, 정남운(2008). 외상 후 성장에 대한 연구 개관. 한국심리학회지: 건강, 13(1), 1-23.

이죽내(2003). 현존재분석 입문. M. Boss 저, 정신분석과 현존재분석 (Psychoanalysis and Daseinsanalysis)(pp. 11-41) (이죽내 역). 서울: 하나의학사. (원저 출판 1963년)

이지연(2004). 여성주의 상담의 적용실제와 방향. 한국심리학회지: 상담 및 심리치료, 16(4), 773-791.

이진남(2007). 철학상담에 방법론은 필요한가? 강원인문논총, 18, 231-253.

이진오(2010). 빈스방거, 보스, 프랭클의 정신의학과 현존재분석: 철학상담치료적용연구. 철학실천과 상담, 1, 221-257.

이혜성(1998). 여성상담. 서울: 도서출판 정일.

정소영(1985). 의식향상훈련이 여성의 양성공존성에 미친 효과에 관한 연구. 연세대학교 대학원 박사학위논문, 미간행.

정소영(2006). 여성주의 상담의 이론과 실제. 서울: 학지사.

정춘숙(2005). 한국 여성주의 상담의 역사. 김민예숙 외 공저, 왜 여성주의 상담인가: 역사, 실제, 방법론(pp. 46-95). 경기: 한울 아카데미.

조혜자(2002). 여성, 존재인가 과정인가: 여성심리 이론과 실제. 서울: 철학과 현실사.

진교훈(2002). 의학적 인간학. 서울: 서울대학교 출판부.

진교훈(2007). 빈스방거의 인간이해: 현존재분석을 중심으로. 서강인문논총, 22, 375-406.

최성만(2012). 해제: 언어의 마법─발터 벤야민의 비평세계. Walter Benjamin(1972-1989). 서사(敍事) · 기억 · 비평의 자리(Gesammelte Schriften, Vol. 1-7, pp. 5-100) (최성만 역). 서울: 도서출판 길. (원

저 출판 1972-1989년)

최성만(2014). 발터 벤야민 기억의 정치학. 서울: 도서출판 길.

한유림(2019). 사랑의 가능근거로서의 염려(Sorge)와 현존재분석: 메다드
보스의 '코블링 박사' 사례를 중심으로. 현대유럽철학연구, 53, 233-
270.

황경숙(2005). 발간사. 김민예숙 외 공저, 왜 여성주의 상담인가: 역사, 실제,
방법론(pp. 3-5). 경기: 한울 아카데미.

Achenbach, G. B. (1985). Der verführte Ödipus: Psychoanalyse,
Philosophische Praxis. In Gerd B. Achenbach & Thomas H.
Macho (Eds.), *Das Prinzip der Heilung: Medizin, Psychoanalyse,
Philosophische Praxis* (pp. 86-126). Köln: Verlag für Philosophie
Dinter.

Achenbach, G. B. (2000). *Das kleine Buch der inneren Ruhe.* Freiburg:
Verlag Herder.

Achenbach, G. B. (2001). *Lebenskönnerschaft.* Freiburg: Verlag Herder.

Achenbach, G. B. (2003). *Vom Richtigen im Falschen.* Freiburg: Verlag
Herder.

Achenbach, G. B. (2010a). Beiträge zur Philosophie der Philosophischen
Praxis. *Zur Einführung in die Philosophische Praxis: Vorträge,
Aufsätze, Gespräche, Essays* (pp. 221-239). Köln: Verlag für
Philosophie Dinter.

Achenbach, G. B. (2010b). Der Philosoph als Praktiker. *Zur Einführung
in die Philosophische Praxis: Vorträge, Aufsätze, Gespräche, Essays*
(pp. 129-136). Köln: Verlag für Philosophie Dinter.

Achenbach, G. B. (2010c). Die Eröffnung. *Zur Einführung in die
Philosophische Praxis: Vorträge, Aufsätze, Gespräche, Essays* (pp.
57-62). Köln: Verlag für Philosophie Dinter.

Achenbach, G. B. (2010d). Die erste Sünde wider den Geist ist die

Langeweile. *Zur Einführung in die Philosophische Praxis: Vorträge, Aufsätze, Gespräche, Essays* (pp. 19-30). Köln: Verlag für Philosophie Dinter.

Achenbach, G. B. (2010e). Die Grundregel Philosophischer Praxis. *Zur Einführung in die Philosophische Praxis: Vorträge, Aufsätze, Gespräche, Essays* (pp. 77-90). Köln: Verlag für Philosophie Dinter.

Achenbach, G. B. (2010f). Gesprächskönnerschaft. *Zur Einführung in die Philosophische Praxis: Vorträge, Aufsätze, Gespräche, Essays* (pp. 115-126). Köln: Verlag für Philosophie Dinter.

Achenbach, G. B. (2010g). Grundzüge eines Curriculums für die Philosophische Praxis. *Zur Einführung in die Philosophische Praxis: Vorträge, Aufsätze, Gespräche, Essays* (pp. 267-283). Köln: Verlag für Philosophie Dinter.

Achenbach, G. B. (2010h). Kurzgefaßte Beantwortung der Frage: Was ist Philosophische Praxis? *Zur Einführung in die Philosophische Praxis: Vorträge, Aufsätze, Gespräche, Essays* (pp. 15-17). Köln: Verlag für Philosophie Dinter.

Achenbach, G. B. (2010i). Philosophie als Beruf. *Zur Einführung in die Philosophische Praxis: Vorträge, Aufsätze, Gespräche, Essays* (pp. 147-159). Köln: Verlag für Philosophie Dinter.

Achenbach, G. B. (2010j). Philosophie nach Tisch-oder: Wer ist Philosoph? *Zur Einführung in die Philosophische Praxis: Vorträge, Aufsätze, Gespräche, Essays* (pp. 137-145). Köln: Verlag für Philosophie Dinter.

Achenbach, G. B. (2010k). Philosophie, Philosophische Praxis und Psychotherapie. *Zur Einführung in die Philosophische Praxis: Vorträge, Aufsätze, Gespräche, Essays* (pp. 289-303). Köln: Verlag für Philosophie Dinter.

Achenbach, G. B. (2010l). Philosophische Lebensberatung: Kritik der auxiliaren Vernunft. *Zur Einführung in die Philosophische Praxis: Vorträge, Aufsätze, Gespräche, Essays* (pp. 31-41). Köln: Verlag für Philosophie Dinter.

Achenbach, G. B. (2010m). Vom Aufstieg und Fall des Philosophen: Philosophische Praxis als Chance der Philosophie. *Zur Einführung in die Philosophische Praxis: Vorträge, Aufsätze, Gespräche, Essays* (pp. 184-198). Köln: Verlag für Philosophie Dinter.

Achenbach, G. B. (2010n). Warum ich? *Zur Einführung in die Philosophische Praxis: Vorträge, Aufsätze, Gespräche, Essays* (pp. 595-608). Köln: Verlag für Philosophie Dinter.

Achenbach, G. B. (2010o). Zur Mitte der Philosophischen Praxis. *Zur Einführung in die Philosophische Praxis: Vorträge, Aufsätze, Gespräche, Essays* (pp. 91-103). Köln: Verlag für Philosophie Dinter.

Adorno, T. W. (1974a). Der Essay als Form. *Noten zur Literatur. Gesammelte Schriften* (Vol. 11, pp. 9-33). Frankfurt a. M.: Suhrkamp.

Adorno, T. W. (1974b). Über epische Naivität. *Noten zur Literatur. Gesammelte Schriften* (Vol. 11, pp. 34-40). Frankfurt a. M.: Suhrkamp.

Adorno, T. W. (1977). *Negative Dialektik. Gesammelte Schriften* (Vol. 6). Frankfurt a. M.: Suhrkamp.

Adorno, T. W. (1980). *Minima Moralia: Reflexionen aus dem beschädigten Leben. Gesammelte Schriften* (Vol. 4). Frankfurt a. M.: Suhrkamp.

Adorno, T. W. (2012). 부정변증법강의(Vorlesung über Negative Dialektik) (이순예 역). 서울: 세창출판사. (원저 출판 2007년)

Adorno, T. W. (2015). 변증법 입문(Einführung in die Dialektik) (홍승용 역). 서울: 세창출판사. (원저 출판 2010년)

Adorno, T. W., & Horkheimer, M. (1984). *Dialektik der Aufklärung. Philosophische Fragmente. Gesammelte Schriften* (Vol. 3). Frankfurt a. M.: Suhrkamp.

Akavia, N. (2003). Binswangers Theory of Therapy: The Philosophical and Historical Context of "The Case of Ellen West". In N. Akavia & A. Hirschmüller (Eds.), *Ellen West: Eine Patientin Ludwig Binswanger zwischen Kreativität und destruktivem Leiden* (pp. 111-127). Heidelberg: Asanger Verlag.

Akavia, N. (2008). Writing "The Case of Ellen West": Clinical Knowledge and Historical Representation. *Science in Context, 21*(1), 119-144.

Akavia, N., & Hirschmüller, A. (Eds.). (2003). *Ellen West: Eine Patientin Ludwig Binswanger zwischen Kreativität und destruktivem Leiden.* Heidelberg: Asanger Verlag.

Akavia, N., & Hirschmüller, A. (Eds.). (2007). *Ellen West: Gedichte, Prosatexte, Tagebücher, Krankengeschichte.* Heidelberg: Asanger Verlag.

Alexander, J. C. (2007). 사회적 삶의 의미: 문화사회학(The Meaning of Social Life: A Cultural Sociology) (박선웅 역). 경기: 한울. (원저 출판 2003년)

Arendt, H. (1996). 인간의 조건(The Human Condition) (이진우, 태정호 공역). 서울: 한길사. (원저 출판 1958년)

Augustinus (2016). 고백록(성염 역). 경기: 경세원.

Beck, A. T. (1987). Cognitive models of depression. *Journal of Cognitive Psychotherapy, An International Quarterly, 1*(1), 5-37.

Beck, A. T. (1991). Cognitive therapy: A 30-year retrospective. *American Psychologist, 46*(4), 368-375.

Beck, A. T., & Mathoney, M. J. (1979). School of 'thought'. *American Psychologist, 34*, 93-98.

Beck, A. T., et al. (2005). 우울증의 인지치료(Cognitive therapy of

depression) (원호택 외 공역). 서울: 학지사. (원저 출판 1979년)

Beck. U. (2010). 글로벌 위험사회(Weltrisikogesellschaft) (박미애, 이진우 공역). 서울: 길. (원저 출판 2007년)

Benjamin, W. (1980). Über den Begriff der Geschichte. *Gesammelte Schriften* (Vol. 1/2, pp. 691-704). Frankfurt a. M.: Suhrkamp.

Benjamin, W. (2012). 서사(敍事) · 기억 · 비평의 자리(Gesammelte Schriften, Vol. 1-7) (최성만 역). 서울: 도서출판 길. (원저 출판 1972-1989년)

Binswanger, L. (1943). 6. Der Fall Ellen West. Eine anthropologisch-klinische Studie. *Schweizer Archiv für Neurologie und Psychiatrie*, *53*, 255-277.

Binswanger, L. (1944a). 3. Der Fall Ellen West. Eine anthropologisch-klinische Studie. *Schweizer Archiv für Neurologie und Psychiatrie*, *55*, 16-40.

Binswanger, L. (1944b). 4. Der Fall Ellen West. Eine anthropologisch-klinische Studie. *Schweizer Archiv für Neurologie und Psychiatrie*, *54*, 69-117.

Binswanger, L. (1944c). 5. Der Fall Ellen West. Eine anthropologisch-klinische Studie. *Schweizer Archiv für Neurologie und Psychiatrie*, *54*, 330-360.

Binswanger, L. (1955). *Ausgewählte Vorträge und Aufsätze*. Bern: Francke.

Binswanger, L. (1964). *Grundformen und Erkenntnis menschlichen Daseins*. München: Ernst Reinhardt.

Block, S. H., & Block, C. B. (2015). 외상 후 스트레스 장애 심신워크북 (Mind-Body Workbook for PTSD: A 10-Week Program for Healing After Trauma) (정도운, 정성수 공역). 서울: 시그마프레스. (원저 출판 2010년)

Boss, M. (1953). *Der Traum und seine Auslegung*. Bern: Huber.

Boss, M. (1971). *Grundriß der Medizin*. Bern: Huber.

Boss, M. (2003). 정신분석과 현존재분석(Psychoanalysis and Daseinsanalysis) (이죽내 역). 서울: 하나의학사. (원저 출판 1963년)

Cassell, E. J. (2002). 고통받는 환자와 인간에게서 멀어진 의사를 위하여(The Nature of Suffering: and the Goals of Medicine) (강신익 역). 서울: 들녘. (원저 출판 1991년)

Corsini, R. J., & Wedding, D. (2007). 현대 심리치료(제7판, Current Psychotherapies) (김정희 역). 서울: 박학사. (원저 출판 2005년)

Ellis, A. (1957a). *How to Live with a Neurotic: At Home and at Work*. New York: Crown. (Rev. ed., North Hollywood, CA: Wilshire Books, 1975)

Ellis, A. (1957b). Outcome of employing three techniques of psychotherapy. *Journal of Clinical Psychology, 13*, 344-350.

Ellis, A. (1958). Rational psychotherapy. *Journal of General Psychology, 59*, 35-49. (Reprinted: New York: Institute for Rational-Emotive Therapy).

Ellis, A. (1977). The basic clinical theory of rational-emotive therapy. In A. Ellis & R. Grieger (Eds.), *Handbook of Rational-Emotive Therapy* (pp. 13-34). New York: Springer.

Ellis, A., & MacLaren, C. (2007). 합리적 정서행동치료(Rational Emotive Behavior Therapy: A therapist's guide, 2nd ed.) (서수균, 김윤희 공역). 서울: 학지사. (원저 출판 2005년)

Enns, C. Z. (1997). *Feminist Theories and Feminist Psychotherapies: Origins, Themes, and Variations*. New York: Harrington Park.

Epictetus (2003). 엥케이리디온(The ENCHEIRIDION of Epictetus and Its Three Christian Adaptations) (김재홍 역). 서울: 까치. (원저 출판 1999년)

Faber, K. (1930). *Nosography* (2nd ed. Rev.). New York: Harper.

Fenner, D. (2017). 철학상담치료와 심리치료, 무엇이 다른가?(Philosophie

contra Psychologie? Zur Verhältnisbestimmung von philosophischer Praxis und Psychotherapie) (김성진 역). 경기: 서광사. (원저 출판 2005년)

Foa, E. B., Rothbaum, B. O., & Hembree, E. A. (2011). 외상 후 스트레스 장애 12주의 도약-성폭력 및 외상 피해 치유를 위한 지속노출치료(PE) 워크북(Reclaiming Your Life From a Traumatic Experience-Client Workbook) (조용범 역). 서울: 더트리그룹. (원저 출판 2007년)

Frankl, V. E. (1978). *The Unheard Cry for Meaning: Psychotherapy and Humanism*. New York: Simon and Schuster.

Frankl, V. E. (1988). *The Will to Meaning: Foundations and Applications of Logotherapy*. New York: Meridian.

Frankl, V. E. (2006). *Man's Search for Meaning* (rev. ed.). Boston: Beacon Press.

Frankl, V. E. (2009). *Ärztliche Seelsorge: Grundlagen der Logotherapie und Existenzanalyse*. München: Deutscher Taschenbuch Verlag.

Gadamer, H. G. (1986). *Wahrheit und Methode: Grundzüge einer philosophischen Hermeneutik*. Gesammelte Werke Bd. 1. Tübingen: Mohr.

Gadamer, H. G. (2003). *Schmerz: Einschätzungen aus medizinischer, philosophischer und therapeutischer Sicht*. Heidelberg: Universitätsverlag Winter.

Greenspan, M. (1995). 우리 속에 숨어 있는 힘(A New Approach to Women and Therapy) (고석주 역). 서울: 또 하나의 문화. (원저 출판 1983년)

Guzzoni, U. (2003). *Sieben Stücke zu Adorno*. Freiburg i. Br.: Verlag Karl Aber.

Habermas, J. (1988). *Der philosophischee Diskurs der Moderne*. Frankfurt a. M.: Suhrkamp.

Hadot, P. (2002). *Philosophie als Lebensform: antike und moderne*

Exerzitien der Weisheit. Frankfurt a. M.: Fischer Taschenbuch Verlag.

Han, Byung-Chul (2012). 피로사회(Müdigkeitsgesellschaft) (김태환 역). 서울: 문학과 지성사. (원저 출판 2010년)

Hegel, G. W. F. (1986a). *Enzyklopädie der philosophischen Wissenschaften III*. In E. Moldenhauer & K. M. Michel (Eds.), *Werke in 20 Bänden* (Vol. 10). Frankfurt a. M.: Suhrkamp.

Hegel, G. W. F. (1986b). *Phänomenologie des Geistes*. In E. Moldenhauer & K. M. Michel (Eds.), *Werke in 20 Bänden* (Vol. 3). Frankfurt a. M.: Suhrkamp.

Heidegger, M. (1972). *Sein und Zeit*. Tübingen: Max Niemeyer Verlag.

Heidegger, M. (1987). *Zollikoner Seminare*. In M. Boss (Ed.). Frankfurt a. M.: Vittorio Klostermann.

Herman, J. L. (2007). 트라우마: 가정폭력에서 정치적 테러까지(Trauma and Recovery: The Aftermath of Violence) (최현정 역). 서울: 플래닛. (원저 출판 1997년)

Hirschmüller, A. (2003). Ellen West: Drei Therapien und ihr Versagen. In N. Akavia & A. Hirschmüller (Eds.), *Ellen West: Eine Patientin Ludwig Binswanger zwischen Kreativität und destruktivem Leiden* (pp. 13-78). Heidelberg: Asanger Verlag.

Hirschmüller, A. (2007). Einleitung. In N. Akavia & A. Hirschmüller (Eds.), *Ellen West: Gedichte, Prosatexte, Tagebücher, Krankengeschichte* (pp. 7-12). Heidelberg: Asanger Verlag.

Hoffmann, K. (2003). Ludwig Binswanger und die Daseinsanalyse. In N. Akavia & A. Hirschmüller (Eds.), *Ellen West: Eine Patientin Ludwig Binswanger zwischen Kreativität und destruktivem Leiden* (pp. 79-93). Heidelberg: Asanger Verlag.

Holzhey-Kunz, A. (2003). Ellen West: Binswangers daseinsanalytische Deutung in daseinsanalytischer Kritik. In N. Akavia & A.

Hirschmüller (Eds.), *Ellen West: Eine Patientin Ludwig Binswanger zwischen Kreativität und destruktivem Leiden* (pp. 95-109). Heidelberg: Asanger Verlag.

Husserl, E. (1989). 현상학의 이념. 엄밀한 학문으로서의 철학(Die Idee der Phänomenologie) (이영호, 이종훈 공역). 서울: 서광사. (원저 출판 1973년)

Jaspers, K. (1947). *Über das Tragische*. München: Piper.

Josselson, L. A. (2008). 어빈 D. 얄롬의 심리치료와 인간의 조건(Irvin D. Yalom: on psychotherapy and the human condition) (이혜성 역). 서울: 시그마프레스. (원저 출판 2007년)

Kierkegaard, S. (2005a). *Der Begriff der Angst.* (R. Lögstrup, Trans.). München: Deutscher Taschenbuch Verlag.

Kierkegaard, S. (2005b). *Die Krankheit zum Tode.* (W. Rest, Trans.). München: Deutscher Taschenbuch Verlag.

Lahav, R. (1995). A Conceptual Framework for Philosophical Counseling: Worldview Interpretation. In R. Lahav & M. Tillmanns (Eds.), *Essays on Philosophical Counseling* (pp. 3-24). Lanham: University Press of America.

Längle, A., & Holzhey-Kunz, A. (2008). *Existenzanalyse und Daseinsanalyse*. Wien: fasultas wuv UTB.

Levi, P. (2014). 가라앉은 자와 구조된 자(I sommersi e i salvati) (이소영 역). 경기: 돌베개. (원저 출판 1986년)

Lindseth, A. (2005). *Zur Sache der philosophischen Praxis: Philosophieren in Gesprächen mit ratsuchenden Menschen.* Freiburg i Br.: Alber.

Marinoff, L. (2000). 철학으로 마음의 병을 치료한다(Plato Not Prozac: Applying Philosophy to Everyday Problems) (이종인 역). 서울: 해냄. (원저 출판 1999년)

Marinoff, L. (2006). 철학상담소: 우울한 현대인을 위한 철학자들의 카운슬링

(The Big Questions: How Philosophy Can Change Your Life) (김익
희 역). 서울: 북로드. (원저 출판 2004년)

Marquard, O. (1989). Philosophische Praxis. *Historisches Wörterbuch*
(Vol. 7, p. 1307). Basel: Schwabe Verlag.

May, R. (1950a). *The Meaning of Anxiety*. New York: The Ronald Press
Company.

May, R. (1950b). Toward an Understanding of Anxiety. *Pastoral
Psychology, 1*(2), 25-31.

May, R. (1983). *The Discovery of Being: Writing in Existential
Psychology*. New York: W. W. Norton & Company.

May, R. (1997). 자아를 잃어버린 현대인(Man's search for himself) (백상창
역). 서울: 문예출판사. (원저 출판 1967년)

May, R., Angel, E., & Ellenberger, H. F. (Eds.). (1958). *Existence: A New
Dimension in Psychiarry and Psychology*. New York: Basic Books.

Murayama, M. (1977). Heterogenetics: An epistemological restructuring
of biological and social sciences. *Acta biotheretica, 26*, 120-137.

Nietzsche, F. (1888). Aus dem Nachlaß der AchzigerJahre. In K.
Schlecta (Ed.), *Friedrich Nietzsche Werke in Drei Bänden* (Vol. 3).
Darmstadt: Wissenschaftliche Buchgesellschaft.

Nietzsche, F. (1980a). Die Dionysische Weltanschauung. In G. Colli &
M. Montinari (Eds.), *Sämtliche Werke Kritische Studienausgabe in
15 Bänden* (Vol. 1, pp. 551-577). Berlin: Deutscher Taschenbuch
Verlag de Gruyter.

Nietzsche, F. (1980b). Die Geburt der Tragödie. In G. Colli & M.
Montinari (Eds.), *Sämtliche Werke Kritische Studienausgabe in 15
Bänden* (Vol. 1, pp. 9-156). Berlin: Deutscher Taschenbuch Verlag
de Gruyter.

Noerr, G. S. (1990). *Das Eingedenken der Natur im Subjekt*. Darmstadt:
Wissenschaftliche Buchgesellschaft.

Park, C. L. (2010). Making Sense of the Meaning Literature: An Integrative Review of Meaning Making and Its Effects on Adjustment to Stressful Life Events. *Psychological Bulletin, 136*(2), 257-301.

Paulat, U. (2001). *Medard Boss und die Daseinsanalyse-ein Dialog zwischen Medizin und Philosophie im 20. Jahrhundert: Mit einer Bibliographie der Schriften von Medard Boss*. Marburg: Teetum Verlag.

Platon (2003). 에우티프론, 소크라테스의 변론, 크리톤, 파이돈(플라톤의 네 대화 편) (박종현 역). 서울: 서광사.

Poppen, R. (2008). 조셉 월피: 행동치료의 거장(Joseph Wolpe) (신민섭, 이현우 공역). 서울: 학지사. (원저 출판 1995년)

Raabe, P. B. (2016). 상담과 심리치료에서 철학의 역할(Philosophy's Role in Counseling and Psychotherapy) (김수배, 이한균 공역). 서울: 학이시습. (원저 출판 2014년)

Rogers, C. R. (1983). *Freedom to Learn for the 80's*. Ohio: Charles E. Merrill Publishing Co.

Rogers, C. R. (2007). 칼 로저스의 사람-중심 상담(A Way of Being, Rev. ed.) (오제은 역). 서울: 학지사. (원저 출판 1980년)

Rogers, C. R. (2009). 진정한 사람되기: 칼 로저스 상담의 원리와 실제(On Becoming a Person: A Therapist's View of Psychotherapy) (주은선 역). 서울: 학지사. (원서 출판 1995년)

Scheible, B. (2003). Viktor Emil von Gebsattel-der erste Analytiker von Ellen Wese. In N. Akavia & A. Hirschmüller (Eds.), *Ellen West: Eine Patientin Ludwig Binswanger zwischen Kreativität und destruktivem Leiden* (pp. 171-180). Heidelberg: Asanger Verlag.

Schiltenwolf, M. (2003). Vorwort. In H. -G. Gadamer (Ed.), *Schmerz: Einschätzungen aus medizinischer, philosophischer und therapeutischer Sicht* (pp. 11-17). Heidelberg: Universitätsverlag

Winter.

Schuster, S. C. (1999). *Philosophy Practice: An Alternative to Counseling and Psychotherapy*. Westport: Praeger.

Segal, Z. V. (1988). Appraisal of the self-schema construct in cognitive models of depression. *Psychological Bulletin, 103*(2), 147-162.

Sloterdijk, P. (1999). *Sphären. Vol. 2: Globen*. Frankfurt a. M.: Suhrkamp.

Strube, C. (2003). Die Zollikoner Seminare–eine konkrete Einübung in die phänomenolosche Hermeneutik des Daseins. In M. Riedelm, H. Seubert, & H. Padrutt (Eds.), *Zwischen Philosophie, Medizin und Psychologie: Heidegger im Dialog mit Medard Boss* (pp. 113-126). Köln: Böhlau Verlag.

Studer, L. (2003). Schriftstellerin oder Anorektikerin? Ellen West im Spannungsfeld von eigene Wünschen und gesellschaftlichen Erwartungen. In N. Akavia & A. Hirschmüller (Eds.), *Ellen West: Eine Patientin Ludwig Binswanger zwischen Kreativität und destruktivem Leiden* (pp. 149-170). Heidelberg: Asanger Verlag.

Suh, Kyungsik (2015). 시대의 증언자 쁘리모 레비를 찾아서(プリーモ・レーヴィへの旅[Primo Levi He No Tabi]) (박광현 역). 경기: 창비. (원저 출판 1999년)

Tedeschi, R. G., & Calhoun, L. G. (2004). Posttraumatic Growth: Conceptual Foundations and Empirical Evidence. *Psychological Inquiry, 15*(1), 1-18.

Tedeschi, R. G., & Calhoun, L. G. (2015). 외상 후 성장: 상담 및 심리치료에의 적용(Post traumatic Growth in Clinical Practice) (강영신, 임정란, 장안나, 노안영 공역). 서울: 학지사. (원저 출판 2013년)

Thorne, B. (2007). 칼 로저스: 인간중심치료의 창시자(Carl Rogers, 2nd ed.) (이영희, 박외숙, 고향자 공역). 서울: 학지사. (원저 출판 2003년)

Van Deurzen, E. (2017). 심리치료와 행복추구(Psychotherapy and the Quest for Happiness) (윤희조, 윤영선 공역). 서울: 씨아이알. (원저

출판 2009년)

Weishaar, M. E. (2007). 아론 벡(Aaron T. Beck) (권석만 역). 서울: 학지
사. (원저 출판 1993년)

Weissman, A. N. (1979). *The Dysfunctional Attitude Scale: A validation
study* (Ph. D. Dissertation). University of Pennsylvania.

Weizsäcker, V. V. (1947). Körpergeschehen und Neurose. In Achilles
et al. (Eds.), *Gesammelte Schriften* (Vol. 6). Frankfurt a. M.:
Suhrkamp.

Weizsäcker, V. V. (1953). Das Problem des Menschen in der Medizin. In
Achilles et al. (Eds.), *Gesammelte Schriften* (Vol. 7). Frankfurt a.
M.: Suhrkamp.

West, E. (2007). *Ellen West: Gedichte, Prosatexte, Tagebücher,
Krankengeschichte.* In N. Akavia & A. Hirschmüller (Eds.).
Heidelberg: Asanger Verlag.

Williams, M., B. & Poijula, S. (2016). 외상 후 스트레스 장애 워크북(PTSD
Workbook) (오수성, 신현균, 김상훈 외 공역). 서울: 학지사. (원저
출판 2002년)

Worell, J., & Remer, P. (2004). 여성주의 상담의 이론과 실제(Feminist
Perspectives in Therapy: Empowering Diverse Women) (김민예숙,
강김문숙 공역). 경기: 한울. (원저 출판 2003년)

Yalom, I. (1980). *Existential Psychotherapy.* New York: Basic Books.

Yalom, I. (2009). 니체가 눈물을 흘릴 때(When Nietzsche wept) (임옥희
역). 경기: 리더스북. (원저 출판 1993년)

Yalom, I. (2015). 삶과 죽음 사이에 서서(Creatures of a day: and other tales
of psychotherapy) (이혜성 역). 서울: 시그마프레스. (원저 출판
2015년)

Yalom, I. (2018). 비커밍 마이셀프: 정신과 의사 어빈 얄롬의 회고록
(Becoming Myself) (이혜성 역). 서울: 시그마프레스. (원저 출판
2017년)

Yalom, I., & Leszcz, M. (2008). 집단정신치료의 이론과 실제(제5판, The theory and practice of group psychotherapy) (최해림, 장성숙 공역). 서울: 하나의학사. (원저 출판 2005년)

Yankura, J., & Dryden, W. (2011). 앨버트 엘리스(Albert Ellis) (이동귀 역). 서울: 학지사. (원저 출판 1994년)

Zdrenka, M. (1997). *Konzeptionen und Probleme der Philosophischen Praxis.* Köln: Verlag für Philosophie Dinter.

〈웹사이트〉

네이버 지식백과, IT용어사전. "제4차 산업혁명". https://terms.naver. com/entry.nhn?docId=3548884&cid=42346&categoryId=42346에서 2020년 12월 2일 인출.

벨뷔 요양소 사진. https://upload.wikimedia.org/wikipedia/commons/ thumb/1/1d/Kreuzlingen_2010_1000971.jpg/1200px-Kreuzlingen_ 2010_1000971.jpg에서 2020년 12월 10일 인출.

오페라 엘렌 베스트. https://www.operasaratoga.org/ellen-west에서 2020년 12월 10일 인출.

한국여성의전화, "30주년비전선언문". http://hotline.or.kr/vision30에서 2020년 12월 10일 인출.

한국일보, 2018년 2월 10일자 기사, "[가만한 당신] 암에 대한 사회적 편견 수술한 최초의 의사". https://www.hankookilbo.com/News/ Read/201802100461835772

찾아보기

인명

김영진 160
손봉호 307
오수성 301

Achenbach, G. B. 27, 156, 159, 184, 195
Adorno, T. W. 293, 295, 304
Aquinas, T. 84
Arendt, H. 276
Augustinus, A. 290

Beck, A. T. 64
Beck, U. 20
Benjamin, W. 291
Binswanger, L. 57, 118, 196, 222, 223, 255, 262
Bleuler, E. 57, 125, 200, 241, 242
Boss, M. 59, 115
Buber, M. 79, 88

Calhoun, L. G. 285, 299
Cassell, E. J. 51, 113

Ellis, A. 64, 69
Enns, C. Z. 180
Epictetus 70
Eysenck, H. 63

Feyerabend 177
Frankl, V. E. 84
Freud, S. 299

Gadamer, H. 40
Gebsattel, V. E. 199, 237
Greenspan, M. 168, 183

Hadot, P. 160
Harper, R. 71
Hartmann, N. 84

Hattingberg, H. 199, 237, 252

Heidegger, M. 57, 201, 219, 223

Herman, J. 281, 298

Hoche, A. 200, 241, 242

Holland, J. 53

Holzhey-Kunz, A. 223

Horkheimer, M. 293

Hull, C. L. 62

Humbs, A. 158

Husserl, E. 57, 201

Kierkegaard, S. 79, 81

Kraepelin, E. 199, 239

Levi, P. 277, 307

Lindseth, A. 167

Marinoff, L. 160, 205

May, R. 196, 232

Murayama, M. 77

Nietzsche, F. 216

Noerr, G. S. 292

Osler, W. 53

Peabody, F. W. 53

Platon 289

Plugge 145

Remer, P. 179

Rogers, C. R. 75, 196, 232, 243, 263

Scheler, M. 84, 88

Schiltenwolf, M. 40, 41

Sloterdijk, P. 227

Smuts, J. C. 75

Socrates 27

Strube, C. 148

Szent-Gyorgyi, A. 76

Tedeschi, R. G. 285, 299

Tolman, E. C. 62

Van Deurzen, E. 22, 35, 36, 114

Watson, J. B. 61

Weizsäcker, V. V. 55

West, E. 196, 231, 234

West, K. 201

Whyte, L. 77

Wolpe, J. 62

Worell, J. 179

Yalom, I. 98, 99

내용

PTG 301, 305
PTSD 301, 305

가치관 156
강박적 신경증 239, 247
개념의 운동 296
개방성 271
개별적인 한 인간 272
개별화의 원리 216
개인과 사회의 연관성 303
거식증 234
게임중독 23
결정론적 운명성 214
경청의 들여놓음과 내놓음 182
경험의 변증법 49
계몽의 변증법 293
계몽의 야만성 293
고통 43, 46, 205
공감 181
공감적 유대 167
공격성 89
공동인간성 123
공동현존재 150
과각성 281
과학기술 22
과학기술이 가져온 양면성 36
과학적 의학 52
교사 역할 73

구성주의 287
국가폭력 301
그룹토론 149
그리스 비극 215
근본악 276
글로벌 위험사회 20
글쓰기 작업 266
긍정 193
기억 279, 290, 312
기억과 애도 282
기억의 해법 302, 305
기투 219
깊은 존중과 이해 184
깊이 308
꿈 216
꿈 해석 121

내러티브 287
내적 공허감 88
논박 73
뉴노멀 21

다양성을 지닌 통일체 85
대상성 130
대화 48
대화방식과 태도 148
대화의 개방성 49
도취 216

독서체험 119
디오니소스적 충동 216
디오니소스적인 것 216

로고테라피 87

만성통증 41
망상 126
무기력함 156
무의미함 156
무전제성 271
물리질점 128

반추의 변화과정 288
방문자 161
번아웃 23
범결정론 84
벡의 인지치료 64
벨뷔 요양소 57, 200, 240
변증법적 사유 295, 296, 302, 304,
   305, 309, 312
변화 172
병든 인간 143
병력 197
부분과 전체의 모순 304
부분과 전체의 연관성 303
부정 193, 307
불안 156
비극 193

비극성 194, 204, 215
비극적 실존 204, 214, 228
비−동일적인 것 302
비본래적 실존 221
비인격화 44
비판 308
비판적 사고 167, 308
비합리적 신념 64, 72
빠져 있음 210

사랑의 현상학 59
사물 118
사변적 계기 308
사유의 도움 120, 125
사유의 동반자 83, 161, 180
사유의 힘 308
사유하는 의사들 148
사회원인성 89
사회적 권력 276
사회적 멈춤 20
사회적 병폐 26
사회적 외상 300, 301
사회적 외상의 치유 311
사회적 적응 144
사회적인 변화 174
산파 50
삶을 긍정하는 열정 218
삶의 방식 160
삶의 의미 156

상기 299

상담자와 내담자의 평등한 관계
179, 180

상담자의 경청 181

상담자의 자기개방 183, 184

상호배려 150

상호성 183

상호존중 181

생명 76

생애사 197

생존자의 안전 282

생활세계 58

성과사회 25

성장 285, 312

세계관의 변화 305

세계기투 59, 207, 221, 223, 263

세계기투의 선천성 210, 214

세계-내-존재 58, 207

세계유희의 역동성 217

소규모 토의집단 168

소수자 264

소외 243

소크라테스 대화 27, 67

소크라테스 대화의 정신 50

소크라테스의 문답법 74

소크라테스적 산파 186

소확행 22

손님 161

순수한 바라봄 313

순응주의 89

습관 62

시간 118

시간성 131

시간-안에-있음 132

시시포스 122

신경성 식욕부진 234

신트로피 77

실존 204

실존론적 이행 226

실존분석 87

실존의 완성 212

실존적 공허 23, 88

실존적 위기 156

실존적 좌절 88

실존적 현상학적 심리학 57

실존주의 287

실존주의 사상 78

실존주의 심리치료 57, 196

실존투쟁 225

실존하는 인간 142

실존함 141

실천 83, 176

실현성향 75

심리적 탄력성 288

심신상관학 56

아스클레피오스 194

아폴로적인 것 216

압축적 근대화 26
앞서서 뛰어나오는 배려 123, 150
양육 181
억제 281
엄밀성 135
에테르의 세계 207, 210
여성상담 157
여성주의 상담 158
여성주의 치료 168
여성주의적 가치 174
역기능적 인지도식 66
역량강화 188
역량강화 모델 179
열린 대화 48, 163
열린 마음 167
열린 터 222
열정적 훈습 150
염려 225
영혼의 상기 290
오이디푸스 194, 215
오이디푸스 콤플렉스 267
온전하게 기능하는 인간 78
외로움 248
외상 후 성장 278, 285
외상 후 스트레스 장애 278
외상사건의 진상규명 306
외상생존자 305
용기 215
우울 89, 156

우울증 68, 200, 239, 247, 252
운명 194
유기체 45
유리벽 253
융합 122
은폐된 저항 175
의도적이고 반영적인 반추 299, 305
의료의 의미와 한계 47
의사와 환자의 관계 47, 88, 143, 149
의사−환자 관계의 인간적 차원 54
의식적이고 인지적인 요인 64
의식향상집단 169
인간 그 자체 54, 88, 114
인간다운 삶 191
인간성의 파괴 277, 311
인간의 구조전체성 60
인간의 조건 37, 276, 279
인간중심치료 196
인간학 56
인간학적 의학 54
인간학적 정신의학 55
인간학적 현상학 201
인간학적 해석학 251
인격적 만남 263
인지도식의 재구성 65
인지의 변화 74
인지의 재구성 65

인지의 중요성 71

인지적 왜곡 64

인지적 취약성 66

인지행동치료 65

일과 삶 23

일상인 221

일종의 그룹치료 149

임상을 뛰어넘는 문제들 87

자기 인식 266

자기 치유력 45

자기분석과 자기해명 166

자기소외 243

자기양육 188

자기주장 훈련 63

자동적 사고 66

자살시도 247

자연과학적 인간상 61

자연의 계산가능성 128, 129

자연의 회상 294

자유로운 대화 166

자조집단 168

잘 삶 37

장애 312

저항 308

적응 66, 172

전문가 신화 173

전체주의 89

전체주의적 경향성 276

절망 80, 82, 211

정보처리모델 67

정보화 44

정신 병리학의 의학적 모델 173

정신분석 196, 199

정신의학 196

정신의학의 토대 137

정신학적인 차원 88

정지상태의 변증법 292

정체성 156

정확성 135

제4차 산업혁명 21

조언을 구하는 사람 161

조작 62

조현병 126, 200, 207, 231, 242, 247

존재와 시간 57, 118, 219

존재의 단일성 84

존재의 열림 141

존재의 짐 225

존재이해 141, 142

졸리콘 세미나 116

죽음 256

죽음에 이르는 병 81, 82

죽음에 이르는 존재 220

중독 89

지배가능성 129

지혜에 대한 사랑 37

직접 노출 283

진정한 자기 자신 되기 82
질병중심의 현대 의료 51
집단 신경증 89

차원적 존재론 85
착한 사마리아 정신 54
참여 44
철학상담 27, 83, 156, 301, 304,
    305
철학실천 159, 195
철학적 대화 161
철학적 이해 177
철학적 지혜 189
철학적인 인간학 85
철학함의 생기 157
철학함의 실천 177
체계적 둔감화 63
체중과의 투쟁 261
측정가능성 130
치료적 현존 139
침투 281

타원 180
탈감작 287
탈신비화 176, 183
탈자적인 연관 145
통증 41, 205
특정한 부정 311

파시즘 293
평균화 133
평등한 관계 175
풀뿌리 운동 176, 189
플래시백 312
피투된 기투 220
피투성 219

학문적 방법의 승리 134
학습이론 63
학제간의 대화 122
한국여성의전화 158, 170
합리적 치료 70
합리정서치료 64
합리정서행동치료 71
항문에로틱 267
햄릿 215
행동주의 61
행동치료 62
행복 193
허위에 대한 통찰 310
현사실성 219
현상적 장 79
현상적인 엄밀성 142
현상학 78, 201
현상학적인 토대 79
현존성 132, 141
현존재 58, 141
현존재분석 58, 115, 121, 146,

196, 231
현존재분석론 201
현존재의 실존 144
협동적 경험주의 69
협력과 경쟁의 관계 28
형성성향 76
형이상학적인 면역결핍 227

홍수기법 283
환각 126
환원론 84
회상 291, 295, 297, 301, 305, 312
훈습 148
히스테리적 혼수상태 238, 252
힐링 22

저자 소개

노성숙(Nho, Soung-Suk)

현재 한국상담대학원대학교 상담학과 교수이다. 이화여자대학교 철학과를 졸업한 뒤, 동 대학원에서 「하이데거에 있어서 진리의 문제」라는 논문으로 석사학위를 받았고, 독일 프라이부르크대학교에서 『계몽의 자기비판과 구원: 아도르노와 호르크하이머의 '계몽의 변증법'에 나타난 계몽개념에 대한 연구』(2000)라는 논문으로 박사학위를 취득했다. 2007년부터 2009년까지 현대 철학상담 분야를 창시한 독일의 아헨바흐 박사가 주관하는 독일 GPP협회 철학상담전문가 기본과정과 심화과정을 모두 마친 철학상담전문가이다.

주요 관심 연구 분야는 한국 사회에서 철학상담의 수용과 활용, 철학상담을 통한 주체성과 관계성의 확립, 인문학에 기반한 상담학의 정립, 서구 근대적 사유에 대한 비판과 대안적 사유의 모색 등이다. 상담심리학회와 상담학회의 상담전문가와 수련감독자들에게 상담철학과 철학상담 전공 분야를 가르치고 있으며, 상담초심자와 상담전문가의 역량강화를 위한 철학상담 워크숍을 제공하고, 일반인의 생애전환기, 특히 청소년기와 중년기에 필요한 철학상담 프로그램을 개발하여 운영하고 있다.

주요 저서로는 『철학상담으로 가는 길』(학지사, 2018), 『사이렌의 침묵과 노래: 여성주의 문화철학과 오디세이 신화』(2008년 문화관광부 우수학술도서)(여이연, 2008)가 있고, 공저로는 『생각 사이—다: 청소년을 위한 인문상담』(학지사, 2017), 『상담철학과 윤리』(학지사, 2013), 『철학의 멘토, 멘토의 철학』(가톨릭대학교 출판부, 2013), 『왜 철학상담인가』(학이시습, 2012) 등이 있다.

주요 논문으로 「심리치료의 역사적 전개과정에 나타난 철학적 인간이해의 중요성」(2020), 「전인적 성숙을 위한 시민교육」(2020), 「심리치료와 철학의 만남과 대화」(2019), 「여성주체가 겪는 고통과 치유」(2018), 「외상에 대한 '기억'의 철학상담적 치유 가능성의 모색」(2017), 「'세계관해석'의 심화와 확장으로서의 철학상담」(2016), 「5.18 트라우마와 치유」(2016), 「가해하는 공동체? 치유하는 공동체?」(2015), 「삶의 진리를 성찰하는 해석학으로서의 철학상담」(2014), 「여성내담자중심치료를 위한 철학상담적 인간이해」(2013), 「현대 상담이론 및 심리치료적 접근의 철학적 배경」(2012), 「비극적 삶에 대한 현존재분석과 철학상담」(2011) 「인간다운 삶을 위한 철학적 대화로의 초대」(2010), 「철학상담과 여성주의상담」(2009) 등이 있다.

〈e-mail: nhos@kcgu.ac.kr〉